KNAUR

Über die Autorin:
Franziska Schmitt, geboren 1974 in Leipzig, studierte Betriebswirtschaftslehre, bevor sie einen Job im Marketing eines internationalen Industriekonzerns fand. Der Karriere wegen zog sie erst nach Hamburg, später nach Landshut und schließlich nach München. Als sie feststellte, dass sie an keinem dieser Orte wirklich heimisch werden würde, beschloss sie, die Welt zu bereisen, um endlich das zu finden, was ihr weder Job noch Karriere geben konnte.

FRANZISKA SCHMITT

Tausche Alltag gegen Leben

Meine Reise ins Glück

KNAUR

Besuchen Sie uns im Internet:
www.knaur.de

Originalausgabe Juli 2013
Knaur Taschenbuch

Ein Imprint der Verlagsgruppe
Droemer Knaur GmbH & Co. KG, München

Umschlaggestaltung: ZERO Werbeagentur, München
Umschlagabbildung: FinePic®, München
Satz: Adobe InDesign im Verlag
Druck und Bindung: CPI books GmbH, Leck
ISBN 978-3-426-78523-2

4 5 3

Inhalt

An ein Mädchen, das noch lebt.
An ein Mädchen, dessen Seele lächelnd schwebt.
An ein Mädchen, viel zu tough,
es durch den Wolf zu dreh'n.
Ich danke dir, du hast mich an mich erinnert.
Ich und ich war'n einander schon so fremd.
Ich komm zu mir, du hast mich an mich erinnert.
Ohne dich hätt die Welt mich überschwemmt.

AUS: »ERINNERT« VON SILLY

Prolog

»Folgen Sie mir«, sagte der Mann und lächelte mich freundlich an. Er war fast einen ganzen Kopf kleiner als ich, und ein buntes, weites Gewand umspielte seine hagere Gestalt.
Ich atmete tief durch, zog meine Schuhe aus und trat hinter ihm in eine beeindruckende Halle mit Steinfußboden und bunten Fenstern, durch die warmes Tageslicht fiel. Obwohl es draußen deutlich über dreißig Grad heiß war, umfing mich hier drin eine angenehme Kühle. Mein Blick wanderte über die hellgrün gestrichenen Wände und blieb an wunderschönen alten Holzmöbeln hängen, die entlang dieser Wände aufgestellt waren. Sie wirkten antik und sehr schwer und waren mit kunstvollen Schnitzereien verziert.
Große Glasvasen mit traumhaften Liliensträußen säumten den Eingang, und die Blüten verströmten ihren unverkennbaren Duft. An der Stirnseite der Halle entdeckte ich eine Art Altar, ebenfalls bunt geschmückt mit Verzierungen und frischen Blumen.
Wir hatten nun fast die Tür an der anderen Seite der Halle erreicht, und meine Aufregung wuchs. Noch einmal drehte ich mich um, doch der Mann bedeutete mir erneut mit einer Geste, ihm zu folgen. Nun gab es kein Zurück mehr. Bald schon würde ich den ersehnten Blick in meine eigene Zukunft werfen.

Der Mann hatte nun die Tür zu einem angrenzenden Raum geöffnet und winkte mich auffordernd zu sich. Ich beeilte mich, zu ihm aufzuschließen, und begleitete ihn in ein Zimmer, das vergleichsweise schlicht und praktisch eingerichtet

war. Auf einem Schreibtisch, der beinahe vollständig von Papierstapeln bedeckt war, entdeckte ich einen Computer. An den Wänden reihten sich Bücherregale aneinander, in denen sich eindrucksvolle alte Folianten befanden. Offenbar wurden in diesem Raum die geschäftlichen Angelegenheiten geregelt.
Der Mann nahm am Schreibtisch Platz und bot mir ebenfalls einen Stuhl an. Dann erklärte er mir, dass er der Assistent des Meisters sei und wir zuerst einige Formalitäten zu klären hätten, bevor der Meister persönlich mit mir sprechen und die Prozedur beginnen würde.
Während er die Papierstapel nach irgendetwas durchsuchte, wanderte mein Blick beinahe ehrfurchtsvoll über die Buchrücken der Folianten. Welches Wissen diese alten Werke wohl enthielten?
Nur noch ein paar Minuten, und ich würde endlich Antworten erhalten. Antworten auf all die Fragen, die mich so lange beschäftigt hatten. Mein ganzes Leben, vom ersten bis zum letzten Tag, würde der Meister vor mir ausbreiten, und ich würde endlich erfahren, ob der Weg, den ich eingeschlagen hatte, der richtige war.
Schon als ich das erste Mal vor vielen Jahren über die geheimnisvollen Palmblattbibliotheken in Indien gelesen hatte, wusste ich, dass ich eines Tages hierherkommen wollte, um mir aus meinem persönlichen Palmblatt vorlesen zu lassen.
Man sagt, dass an diesen spirituellen Orten das Wissen über die gesamte Menschheit gesammelt sei. Niedergeschrieben auf einzelnen Palmblättern, eines für jeden Menschen, der jemals auf der Erde gelebt hat. Darauf festgehalten sind der Tag der Geburt sowie der Tag des Todes und die wichtigsten Stationen und Ereignisse in der jeweiligen Biographie. Die markantesten Einschnitte, die Weggabelungen, an denen man

Ohne ein weiteres Wort verließ er die Halle, schloss die Tür hinter sich und ließ mich alleine vor dem mächtigen Thron zurück.
Es war nun absolut still um mich herum, und ich konnte mein Herz schlagen hören. Gleich war es so weit.

Einige Minuten vergingen, ohne dass ein Geräusch von draußen hereindrang. Ich betrachtete die Heiligenbilder an den Wänden, die mich zum Teil freundlich, zum Teil auch ein wenig grimmig zu mustern schienen.
Weitere Minuten vergingen. Meine Handflächen waren vor Aufregung ganz feucht geworden.
Auf einmal hörte ich ein Geräusch draußen an der Tür. Dann öffnete sie sich.

Lahmgelebt

Der Tag, an dem ich zum ersten Mal auf die Idee kam, meinen Alltag an den Nagel zu hängen, war ein Montag. Es war ein langer Tag gewesen, und ich war heilfroh, endlich zu Hause zu sein. Ich war um vier Uhr aufgestanden, um den ersten Flieger nach Hamburg zu nehmen. Ein Meeting, ein Mittagessen und einen ungemütlichen Rückflug später schloss ich nun todmüde, aber erleichtert meine Wohnungstür auf.

Kaum stand ich im Flur, hörte ich schon mein Telefon klingeln. Kurz nach halb acht. Der wöchentliche Anruf meiner Großmutter. Sie lebte in Leipzig, und wir sahen uns nur alle paar Wochen, wenn ich sie von München aus besuchen kam. Dazwischen telefonierten wir regelmäßig. So wusste ich immer, wie es ihr ging, und auch sie konnte an meinem Leben Anteil nehmen.

Eigentlich war ich an diesem Abend gar nicht in der Stimmung, etwas von mir zu erzählen. Am liebsten hätte ich mich in die Badewanne gelegt und mich anschließend mit einem guten Buch unter die Bettdecke verzogen. Zögernd schaute ich das Telefon an. Meine Omi konnte schließlich auch nichts dafür, dachte ich seufzend und nahm ab.

»Hallo Franzi«, begrüßte sie mich gleich vergnügt. »Na, wo habe ich dich denn jetzt weggeholt?«

Ich gab mir größte Mühe, ebenfalls gute Laune vorzuspielen. »Ach, Omi, ich komme gerade von einer Dienstreise. Ich war heute in Hamburg.«

Da ich ein paar Jahre in Hamburg gelebt hatte und die Hansestadt noch immer sehr vermisste, fiel es mir nicht schwer, fröhlich zu klingen, als ich ihr davon erzählte. Wir tauschten eine Weile unsere Neuigkeiten aus, und schließlich gelang es mir, über meinen Schatten zu springen und meine schlechte Laune abzuschütteln. Meine Stimmung hellte sich auf, und ich berichtete ihr von der Bergwanderung, die ich am Tag zuvor mit meinen beiden Freundinnen Steffi und Elke unternommen hatte. Es war ein herrlicher Tag gewesen, und der Ausblick vom Gipfel über die bayerischen Voralpen hatte mich den Ärger der Arbeitswoche fast vergessen lassen.

Meine Omi hörte mir zu, und ich wusste, dass sie sich für mich freute. Ich liebte es, in der Natur zu sein, und ich nutzte jede Gelegenheit, um nach der Woche im Büro zumindest meine Freizeit im Grünen zu verbringen.

»Sag mal, Franzi«, begann meine Omi auf einmal, »hast du denn nicht mal wieder jemanden kennengelernt? Jemanden, der genauso gerne wandern geht wie du?«

Na prima, dachte ich, und meine gute Laune war mit einem Schlag wieder verflogen. Nun durfte ich auch noch meiner neunzigjährigen Großmutter erklären, was es bedeutete, als Single in der Großstadt zu leben. Heute blieb mir auch einfach gar nichts erspart. Was wollte sie hören? Wie es sich anfühlte, sich auf Singlebörsen im Internet herumzutreiben oder am Sonntagnachmittag alleine spazieren zu gehen?

»Ach, Omi«, wiegelte ich ab, »wenn der Richtige an meiner Tür klingelt, rufe ich dich sofort an. Versprochen.«

Danach versuchte ich, das Gespräch so schnell wie möglich zu beenden. Es war ein unerfreulicher Tag gewesen, und ich fühlte mich leer und erschöpft und wollte einfach nur noch meine Ruhe. Der Geschäftstermin war anders verlaufen, als ich erhofft hatte, das Mittagessen hatte deutlich länger gedauert als geplant, und so war mir keine Zeit mehr geblieben, wenigstens ein paar meiner früheren Lieblingsecken in Hamburg

einen Besuch abzustatten. Stattdessen war ich zum Flughafen gehetzt, um meinen Rückflug nicht zu verpassen.
Erschlagen und auch ein bisschen enttäuscht hatte ich das Gate erreicht, kurz bevor das Einsteigen begann. Ich hatte mich auf einen Sessel im Wartebereich fallen lassen und kurz die Augen geschlossen. Da hatte ich den Herrn neben mir – einen Anzugträger um die fünfzig – so laut in sein Handy rufen hören, dass der halbe Flughafen es mitbekam: »… der braucht mal dringend einen Schuss vor den Bug, damit er weiß, dass sich die Zeiten geändert haben.«
Na wunderbar, hatte ich gedacht, auf Ruhe brauche ich hier wohl nicht zu hoffen. Genervt hatte ich wieder die Augen geöffnet und die Leute um mich herum beobachtet. Hauptsächlich waren es Männer, die irgendwie alle gleich aussahen: dunkler Anzug, Handy am Ohr, und sie wirkten unheimlich wichtig, wie sie da so telefonierten. Es ging um Bilanzen, Zahlen, ein neues Software-System oder den Chef eines anderen Bereichs, der »einfach unfähig« sei und »zu feige, unbequeme Entscheidungen zu treffen«.
Endlich wurde zum Boarding aufgerufen. Langsam hatte ich meine Jacke und Tasche zusammengepackt und überlegt, ob ich noch einen Moment sitzen bleiben sollte, bis die meisten eingestiegen waren. Mir hatte das frühe Aufstehen noch in den Knochen gesteckt, und ich war nicht sehr scharf darauf gewesen, lange in der Schlange zu stehen. Offenbar war ich die Einzige, die so dachte. Die Geschäftsmänner jedenfalls sprangen wie auf Kommando auf, und dann hatte das große Drängeln begonnen. Anscheinend zählte nur, als Erster an Bord zu sein. Warum eigentlich? Gab es einen Preis zu gewinnen, von dem ich nichts wusste? Es spielte doch nun wirklich keine Rolle, ob man mit dem ersten, zweiten oder letzten Drittel in die Maschine gelangte. Der Platz war ja

bereits gebucht, den konnte einem keiner mehr wegnehmen. Und Raum für Gepäck war auch genug vorhanden. Zur Not konnte man den Laptop auch unter den Vordersitz schieben, dann hatte man ihn nach dem Starten auch schneller wieder zur Hand.

Ich hatte den Kopf geschüttelt. Was sollte das denn? Aber natürlich hatte ich es gewusst: Es ging nicht darum, als Erster in der Maschine zu sein, sondern darum, das Alpha-Tier rauszulassen. Es den anderen zu zeigen. Mich hatte dieses Verhalten in diesem Moment so richtig angewidert. Das war es also, worauf es ankam? Darauf sollte man stolz sein können? Wenn erfolgreich bedeutet, so zu sein, dann pfeife ich auf Erfolg, hatte ich trotzig gedacht.

Als ich ein paar Minuten später meinen Platz erreicht hatte, hatte ich zu allem Überfluss festgestellt, dass der Mann, der am Gate so laut telefoniert hatte, direkt neben mir saß. Und natürlich war er schon wieder oder immer noch in sein Telefonat vertieft gewesen. Erst als der Flieger bereits in Richtung Startbahn gerollt war und die freundliche Stewardess ihn zum dritten Mal aufgefordert hatte, das Handy auszuschalten, war er widerwillig dazu bereit gewesen.

Ich hatte ihr insgeheim gedankt, dass sie hartnäckig insistiert hatte und ich von seinen weiteren Ausführungen am Telefon hatte entkommen können. Aber meine Erleichterung hatte nicht lange angehalten, denn nun hatte er seine Taktik geändert. Handy und Laptop hatte er nicht benutzen dürfen, und einfach mal die Augen schließen und ausruhen, das war natürlich nichts für eine Führungskraft wie ihn. Was war also geblieben? Richtig: Er hatte die große Tageszeitung herausgeholt und sie geräuschvoll auseinandergefaltet. Da er es gewohnt war, so viel Raum in Anspruch zu nehmen, wie er wollte, hatte es ihn auch nicht im Geringsten gestört,

dass er mir seine Zeitung dabei direkt vors Gesicht gehalten hatte.
»Könnten Sie bitte Ihre Zeitung auf Ihrem Platz lesen?«, hatte ich ihn mit einem leicht gereizten Unterton gebeten.
Er hatte mich leicht verblüfft angeblickt, offenbar war er keinen Widerspruch gewohnt. Aber zumindest hatte er seine Lektüre nun nicht mehr direkt vor mir ausgebreitet.
Um mich abzulenken, hatte ich nach dem Magazin gegriffen, das ich beim Einsteigen aus einem der Zeitungsständer mitgenommen hatte. Ich hatte es auf meinen Schoß gelegt, es aber nicht geöffnet. Eigentlich war ich viel zu müde gewesen, um zu lesen. Ich hatte die Augen geschlossen und an unsere Wanderung von gestern gedacht. An die majestätischen Bergspitzen der Voralpen, die blauen Gebirgsseen und die tiefe Zufriedenheit, die mich erfüllt hatte, als ich den Gipfel erreicht hatte. Wann hatte ich mich eigentlich das letzte Mal im Job so glücklich und mit mir selbst im Reinen gefühlt?

Wann war ich das letzte Mal mit meinem Privatleben so richtig zufrieden, dachte ich nun seufzend. Das Telefonat mit meiner Omi ging mir nicht mehr aus dem Kopf. Auch wenn ich es nicht gerne zugab, sie hatte mit ihrer Frage den Finger zielsicher in die Wunde gelegt. Natürlich genoss ich einerseits meine Freiheit als Single, wusste es zu schätzen, dass ich spontan sein und tun und lassen konnte, was ich wollte. Meine Freundinnen anrufen und etwas unternehmen, ohne auf einen Partner Rücksicht nehmen zu müssen. Den Sonntag mit einem Buch auf der Couch verbringen und nicht die Schwiegereltern besuchen müssen. All das eben.
Andererseits gab es hin und wieder auch die schwachen Momente, in denen ich mich danach sehnte, nicht alleine frühstücken zu müssen. Mich oben auf dem Berg an meinen Freund

zu kuscheln und mit ihm gemeinsam die Aussicht zu genießen. Nicht noch schnell auf dem Heimweg etwas beim Asiaten zu bestellen, sondern für zwei Personen zu kochen. Natürlich wollte ich abends lieber mit den Worten »Hallo, schön, dass du da bist« als von meiner leeren Wohnung begrüßt werden.

Auch wenn ich an den meisten Tagen mit meinem Single-Dasein kein Problem hatte, auf Dauer war ich einfach kein Einzelkämpfer, sondern ein »Teamplayer«. Wenn ich zurückdachte an früher, erinnerte ich mich, dass ich immer die Vorstellung gehabt hatte, mit Mitte dreißig einen Mann und eine eigene Familie zu haben. Ich hatte es einfach automatisch angenommen und nie in Frage gestellt. Jetzt war ich Mitte dreißig, aber eine Familie war nicht mal in Sichtweite.

Zumindest einen Partner wünschte ich mir, wenn ich ehrlich war, doch sehr: morgens gemeinsam aufwachen, abends gemeinsam einschlafen. Zusammen lachen, wenn ein Glas kaputt geht oder das Essen anbrennt. Miteinander reden, einander verstehen. Kompromisse füreinander eingehen. Jemanden haben, der für mich da war und der mich für ihn da sein ließ. Ja, ich hätte gern eine richtige große Liebe gehabt, die auch nicht so leicht an Schwierigkeiten zerbrach.

Was soll's?, dachte ich, im Grunde bin ich doch zufrieden mit meinem Leben. Ich hatte schließlich alles. Doch sosehr ich mich auch anstrengte, mich selbst davon zu überzeugen, desto weniger gelang es mir.

Um mich auf andere Gedanken zu bringen, nahm ich erneut das Magazin in die Hand, das ich im Flugzeug ungelesen in meine Tasche gestopft hatte. Es war ein Reisemagazin. Auf jeder Seite ging es um atemberaubende Landschaften, aufregende Kulturen und faszinierende Städte. Plötzlich blieb mein Blick an einem Foto hängen: Es zeigte einen See irgend-

wo, der nicht von dieser Welt zu sein schien. Er war rundum perfekt, dunkelblaues Wasser, kleine Fischerboote und idyllische Hügelketten am Horizont.
Ich konnte nicht aufhören, das Foto anzustarren und den Anblick dieses Sees in mich einzusaugen.
Schluss. Genug. Mir reicht es. Ich will nur noch weg von hier, schoss es mir auf einmal durch den Kopf. Und dann setzte sich das Gedankenkarussell in Gang: War das jetzt schon alles, würde mein Leben immer so weitergehen? Immer nur Arbeit, die mir meine Kraft raubte, mir aber nichts zurückgab? Der Traum von der Liebe, würde er jemals für mich in Erfüllung gehen? Oder würde sich nur ein grauer Alltag an den nächsten reihen? Wie war ich eigentlich in dieses Hamsterrad geraten, das sich Leben nannte? Und wie sollte ich mein Leben ändern?
Natürlich waren mir derlei Gedanken schon häufiger gekommen. Sie begleiteten mich seit langem durch den Alltag wie der Stau auf dem Weg zur Arbeit. Normalerweise hatte ich sie kurz zugelassen und sie dann schnell wieder weggeschoben, irgendwohin in die hintersten Winkel meines Gehirns. Auch jetzt kämpfte ich gegen meine trübe Verfassung an, so gut ich konnte. Doch es gelang mir nicht. An diesem Tag, so schien es, vermochte nichts mich aufzuheitern.
Ein Gefühl des Unbehagens hatte sich schon länger in mir ausgebreitet, ohne dass ich es wahrgenommen hatte. Jetzt drängte es sich geradezu in mein Bewusstsein und überforderte mich vollkommen. Was war heute nur mit mir los? Lag es an dem Telefonat mit meiner Omi, an dem Tag in Hamburg, dem Rückflug oder daran, dass alles zusammengekommen war?
Ratlos ging ich ins Bett und schaltete das Licht aus. Ich hatte das Gefühl, als hätte sich der Himmel über mir unbemerkt

immer weiter zugezogen. Nun, da ich es wahrgenommen hatte, war er bereits nachtschwarz und wolkenverhangen. Mich beschlich eine Ahnung, dass er so schnell nicht wieder aufreißen würde.
Dass sich gerade ein wahrer Wirbelsturm anbahnte, der keinen Stein auf dem anderen lassen sollte, konnte ich noch nicht ahnen.

***

Eigentlich bin ich eine überzeugte Optimistin. Das war ich schon immer. Auch wenn es mal nicht rundlief, war ich felsenfest davon überzeugt, dass schon alles gut werden würde. Das Leben erschien mir immer bunt und aufregend. Hamburg, München – ich liebte es, in der Großstadt zu leben, wo ich von Angeboten und Möglichkeiten geradezu überschwemmt wurde. Eigentlich stammte ich aus einem kleinen Dorf in Brandenburg, ganz in der Nähe von Potsdam. Aufgewachsen bin ich zu DDR-Zeiten. Als die Mauer fiel, war ich 15 Jahre alt. Zu jung, um wirklich viel mitzubekommen, aber alt genug, um Erinnerungen an diese Zeit zu haben. Wie alle meine Freunde war auch ich bei den Pionieren gewesen und hatte mein Halstuch mit Freude getragen. Es hatte uns Spaß gemacht, und dass bitterer Ernst dahintersteckte, war uns als Kindern natürlich nicht bewusst gewesen. Der Staat, in dem ich aufwuchs, hatte nicht lange genug bestanden, um Einfluss zu nehmen auf mein Leben als Erwachsene. Ein großes Glück für mich.
Als ich 1993 mein Abitur in der Tasche hatte und mir im frisch wiedervereinigten Deutschland Möglichkeiten offenstanden, von denen meine Eltern nur hätten träumen können, war ich vor allem ratlos. Was nun?

Die Schule hatte mich nicht weiter geprägt. Ich war immer eine gute Schülerin gewesen und hatte meinen Abschluss ohne größere Probleme geschafft. Aber Ideen, wie es danach weitergehen sollte, hatte ich nicht.

Meine Eltern schlugen mir vieles vor, doch keine ihrer Ideen konnte mich wirklich überzeugen. Auch meiner Schwester Dinah – drei Jahre jünger als ich – fiel es schwer, mir etwas zu raten.

»Studier doch BWL«, riet mir ein Onkel, »damit kannst du später alles machen.«

Klingt gut, dachte ich. Eine Entscheidung musste her, also probierte ich es tatsächlich mit dem BWL-Studium. Die Zeit an der Uni war leicht und unbeschwert. Ich genoss meine Freiheit, und damals packte mich zum ersten Mal das Fernweh. Als eine der Ersten in meinem Jahrgang meldete ich mich für ein Auslandssemester und verbrachte ein viel zu kurzes, dafür aber umso lustigeres halbes Jahr in den Niederlanden. Direkt im Anschluss meines Studiums, das Diplom hatte ich gerade in der Tasche, schien es mir ratsam, meine Englischkenntnisse aufzupolieren, und so zog es mich für ein weiteres knappes halbes Jahr nach England. Allein an einem fremden Ort mit einer fremden Sprache, überall warteten neue Eindrücke auf mich, es war einfach großartig! Meine Reiselust war geweckt – allerdings musste ich sie vorerst hintanstellen, denn wichtiger war mir nach meinem Abschluss, einen Job zu finden.

Auch wenn die Arbeitsplätze zu dieser Zeit nicht gerade auf der Straße lagen, war ich zuversichtlich, dass ich Glück haben würde. Ich war jung, gut ausgebildet und voller Tatendrang. Was sollte schon schiefgehen? Und tatsächlich: Ein großer internationaler Industriekonzern mit Sitz in Hamburg suchte eine Marketingfachfrau. Das war genau mein Ding. Ich bewarb mich, sie luden mich ein, und ich bekam die Stelle. Ich platzte vor Stolz und konnte es kaum abwarten, in Hamburg neu anzufangen.

In die Hansestadt hatte ich mich auf Anhieb verliebt. Stundenlang konnte ich am Hafen sitzen, den Containerschiffen zuschauen und die Atmosphäre in mich aufnehmen. Zum ersten Mal wohnte ich nun in einer Großstadt, und es war wunderbar.

Der Job war genau das, was ich mir immer gewünscht hatte. Alles war neu und aufregend, ich hatte tolle Kollegen, und mit Feuereifer stürzte ich mich in die Arbeit. Es gab viel zu tun: Marktforschung betreiben, Produktanforderungen definieren, Markteinführungen von neuen Produkten vorbereiten und durchführen, Messeauftritte organisieren, Ansprechpartner für den Vertrieb sein und so weiter. Ich ging auf in meinem Beruf, fand alles hochspannend. Natürlich musste ich viele Überstunden machen, aber das störte mich nicht. Der Job machte Spaß, und ich war so stolz darauf. Dass ich immer später das Büro verließ, fiel mir gar nicht weiter auf.

Nach ungefähr fünf Jahren bekam die glänzende Fassade meines Arbeitslebens erste Risse. Immer häufiger hatte ich das Gefühl, nur noch dasselbe zu tun, nicht mehr gefordert zu sein, mich in meinem Beruf zu langweilen. Auch wenn die Inhalte sich änderten, passierte doch immer nur dasselbe.

Ich war noch nicht bereit für Routine, also streckte ich meine Fühler aus. Während eines Seminars lernte ich einen Kollegen aus einer anderen Abteilung kennen. Er erzählte mir von einem neuen Geschäftsbereich, der aufgebaut werden sollte – allerdings in Bayern. Dafür wurden noch Leute mit Marketingerfahrung gesucht. Ich war begeistert: Aufbauarbeit! Das kam genau zur richtigen Zeit!

Kurz entschlossen rief ich den Bereichsleiter an. Nach einigen

Gesprächen und Verhandlungen wurden wir uns einig. Ich brach meine Zelte im Norden ab und zog einmal komplett durch die Republik nach München. Da war ich gerade dreißig.

»Ich habe keine Ahnung von Marketing. Aber es ist eine Schlüsselposition und muss funktionieren. Deshalb habe ich Sie eingestellt.« Mit diesen Worten empfing mich mein neuer Vorgesetzter an meinem ersten Arbeitstag. Prima, dachte ich. Ich hatte freie Hand, konnte eigentlich nichts falsch machen – es gab ja keinen Vergleich, da wir bei null anfingen. Und erneut stürzte ich mich voller Elan und Begeisterung in die Arbeit.

Während der ersten Jahre war ich voller Motivation, arbeitete manchmal fünfzig, sechzig Stunden pro Woche, reiste quer durch Europa und hatte das Gefühl, ein großartiges Leben zu führen.

Mir fehlte nichts, ganz im Gegenteil: Die Arbeit lenkte mich davon ab, dass es in meinem Privatleben zu kriseln begann. Mein damaliger Freund und ich hatten uns in Hamburg kennengelernt und dort zusammengelebt. Als man ihm eine interessante neue Stelle im Rhein-Main-Gebiet anbot, unterstützte ich ihn. Ich hatte Verständnis für seine Situation und konnte auch mit einer Fernbeziehung gut leben. Als ich allerdings nach Bayern zog, begann schleichend unsere Krise. Wir versuchten einiges, um wieder zueinanderzufinden, aber nach fünf gemeinsamen Jahren trennten wir uns schließlich. Ich hatte lange daran zu knabbern, denn eigentlich hatte ich die Trennung nicht gewollt.

Doch ich blickte nach vorn: Gut, ich war nun wieder Single und hatte noch keine eigene Familie, wie ich es eigentlich immer gehofft hatte. Sicher fehlte mir etwas von Zeit zu Zeit, aber so war es eben. Dafür baute ich mir in München einen

neuen Freundeskreis auf, der vielleicht sogar eine Art Ersatzfamilie für mich wurde.
Meine Freundinnen, allen voran Steffi und Elke, waren in einer ähnlichen privaten und beruflichen Situation, und so füllten wird das, was an freier Zeit für unser Privatleben »übrig« blieb, gemeinsam. Wir verabredeten uns zu Koch- oder Restaurantabenden, gingen ins Kino, ins Theater oder in die Oper. Am Wochenende fuhren wir in die Berge oder an einen der Seen, und wir machten sogar mehrmals zusammen Urlaub.
Alle waren wir bei irgendeiner Singlebörse angemeldet, und wir verbrachten viele Stunden mit dem Auswerten unserer Erlebnisse mit »potenziellen Partnern« – wobei die Gespräche darüber meistens wesentlich vergnüglicher waren als die Treffen selbst. Ich genoss die Zeit mit meinen Freundinnen, und ich vermisste nichts. Im Gegenteil, ich hatte das Gefühl, ein erfülltes, spannendes und abwechslungsreiches Leben zu führen – beruflich wie privat.
In meinem anfangs so geliebten Job war ich jetzt nach einigen Jahren am Ziel. Das Marketing war aufgebaut. Prozesse und Instrumente standen. Eigentlich wäre nun der ideale Zeitpunkt für neue Ideen, für neue Projekte, für neue Herausforderungen. Möglicherweise auch für berufliche Veränderung, für Aufbruch, für eine ganz neue Richtung. Ich überlegte, ob ich im selben Unternehmen bleiben oder noch einmal umziehen und an einem ganz anderen Ort neu anfangen wollte.
Eigentlich war es eine spannende Zeit. Etwas Neues gestalten, das war doch genau mein Ding.
Aber seit jenem verhängnisvollen Montag, an dem ich zum ersten Mal die dichten Wolken über meinem Leben bemerkt hatte, hielt mich irgendetwas zurück. Das vage Gefühl des Unbehagens, es blieb auch in den kommenden Wochen und

ging nicht mehr weg. Nach einer Weile brachte es schließlich noch die Zweifel mit. Führte ich wirklich das Leben, das ich mir gewünscht hatte? War es das jetzt?
Immer weniger wusste ich eine Antwort darauf. Dafür fielen mir häufiger Dinge auf, die mich störten, und zwar so sehr, dass ich sie auf einmal nicht länger ignorieren konnte. Vor allem in meinem beruflichen Umfeld gab es zunehmend Situationen, die mich nervten.
Einige Wochen nach meiner Dienstreise nach Hamburg saß ich abends noch mit ein paar Kollegen in einem Restaurant zusammen. Zunächst sprachen wir über die Arbeit und die aktuellen Projekte. Das Essen war gut, der Wein schmeckte, die Stimmung war gelöst. Mit der Zeit wurde es privater, und wir alle erzählten, was bei uns gerade so anstand. Auf einmal merkte ich, dass mich irgendetwas störte. Ich kam nicht gleich darauf, was es war. Dann realisierte ich es. »Ein alter Schulfreund von mir, er ist übrigens in der ersten Managementebene einer Unternehmensberatung …«, erzählte gerade ein Kollege. Drei Sätze später konterte ein anderer: »Meine Schwester, die einzige weibliche Bereichsleiterin in einem großen Konzern …« Der nächste schaltete sich ein: »Mein Vater, Inhaber einer sehr renommierten Anwaltskanzlei …« Erstaunt und auch befremdet folgte ich den Erzählungen meiner Kollegen und fragte mich, warum sie es nötig hatten, so penetrant unauffällig auf Titel und Positionen ihrer Verwandten und Freunde hinzuweisen. War das denn wirklich etwas so Wichtiges?
Warum legten wir nur so viel Wert auf Titel und große Erfolge, fragte ich mich. War die Schwester weniger Schwester, wenn sie nicht Bereichsleiterin geworden wäre? Der Vater weniger Vater, wenn er nicht in der renommierten Kanzlei arbeitete? Und wäre der Freund kein Freund, wenn er »nur«

Produktmanager wäre? Warum mussten wir alle immer weiter, höher, schneller sein? Warum waren wir nur stolz, wenn wir es weit nach oben schafften? Warum zählten Titel und Positionen mehr als zum Beispiel Charakter, Charme oder Lebensfreude? Warum hatten wir immer das Gefühl, etwas Besonderes, etwas unglaublich Erfolgreiches darstellen zu müssen? Waren das wirklich unsere Werte, unsere Maßstäbe? Wenig später hörte ich in einer Talkshow den Moderator und Schriftsteller Dieter Moor sagen: »Man muss auch scheitern dürfen.« Ich verliebte mich auf der Stelle in diesen Satz. Er sprach mir aus dem Herzen, und das, obwohl ich selbst noch nie »gescheitert« war. Auch wenn sich mein Leben alles andere als erfolgreich anfühlte.

Was mir jahrelang so spannend und aufregend erschienen war, nervte mich jetzt nur noch, und ich wollte auf keinen Fall dazugehören. Wenn ich von nun an auf Dienstreisen war, ließ ich den Laptop am liebsten in der Tasche und griff stattdessen zu meinem MP3-Player oder einem Buch. Am liebsten hätte ich mich noch umgezogen, den Hosenanzug gegen Jeans und Pulli getauscht. Statt der Laptop-Tasche mit dem Rucksack reisen, wie schön wäre das! Ach ja, mein Rucksack. Wann hatte ich den eigentlich zuletzt mitgehabt? Wann war ich eigentlich zuletzt unterwegs gewesen? In irgendeinem Land, in dem ich nur für mich war, weil es mich interessierte, und nicht, weil es um Marketingkonzepte ging?

Aber was sollte ich tun? Ich wusste keine Antwort. Stattdessen machte ich einfach so weiter wie bisher, versuchte, die düsteren Gedanken zu verdrängen. Etwas weniger genervt zu sein. Doch als der Frühling in den Sommer überging, spürte ich, dass ich unendlich müde geworden war. Ich hatte mich lahmgelebt. Und ich war verwirrt: Wie hatte es nur so weit kommen können? Warum hatte ich den Spaß an meinem

Leben verloren? Und: Ging dieses Gefühl von allein wieder weg?
Ich fühlte mich immer verlorener, als steckte ich in einer Sackgasse ohne Ausweg. Oder in einem Spaceshuttle, das durch ein fremdes Universum irrte, in dem es gar nicht sein wollte. Und mir wurde bewusst, dass ich nicht mehr herausfand. Ich konnte nicht vor und nicht zurück.
Wenn ich morgens aufwachte, brauchte ich immer länger, bis ich aufstehen konnte. Manchmal lag ich in meinem Bett und es fiel mir schwer, mich nur zu bewegen. Arme und Beine lagen reglos neben mir, als würden wir nicht zusammengehören. Stundenlang verharrte ich dann in derselben Position, auf die linke Seite gerollt, Beine angewinkelt, und starrte aus dem Fenster. Was war nur mit mir los? Warum hatte ich keine Lust und keine Kraft mehr? Zu gar nichts. Ich verbrachte ganze Tage mit Nichtstun, fuhr immer mehr den Kontakt zu meinen Freundinnen herunter, ich wollte sie nicht mit meiner nahezu depressiven Laune belästigen. Auch von meiner Familie zog ich mich zunehmend zurück.
Was passierte nur mit mir?, fragte ich mich. Die anderen hatten das doch auch nicht. Die kamen doch auch klar mit ihrem Leben. Was machte ich falsch?
Was war das hier, eine Midlife-Crisis? Burnout? Wie lange dauerte so was? Würde das von alleine wieder vorbeigehen? Und wenn ja, wann?

Zumindest einen Lichtblick gab es: Steffi und ich hatten im Juli eine Reise in die Mongolei gebucht. Das war schon immer ein Traum von mir gewesen, und umso mehr freute ich mich, als sich meine Freundin meinen Reiseplänen anschloss. Wir hatten einen halbwegs günstigen Anbieter gefunden, der eine Gruppenreise organisierte. Eigentlich war das nicht unser

Ding, aber die Beschreibung klang einfach zu gut: Drei Wochen lang mit Jeeps durch die Mongolei fahren, Land und Leute kennenlernen, in Zelten und manchmal in Jurten übernachten und echten Nomadenfamilien begegnen. Darauf sollten wir uns vorbereiten, indem wir unser Repertoire an deutschen Volksliedern aufpolierten, informierte uns der Reiseveranstalter. Offenbar waren die Mongolen nicht nur ein gastfreundliches, sondern auch ein sehr musikalisches Volk, und sie schätzten es, die Lieder ihrer Gäste zu hören. Steffi und ich hatten viel Spaß, uns gegenseitig vorzusingen, was uns noch aus dem Musikunterricht im Gedächtnis geblieben war.
Ich war voller Begeisterung über die anstehende Reise und konnte es kaum abwarten, endlich in den Flieger zu steigen. Doch bis es so weit war, würde es noch ein paar Wochen dauern, und ich setzte mir als Ziel, zumindest noch so lange durchzuhalten.
An dem Wochenende vor dem Urlaub klingelte abends das Telefon. Da ich wusste, dass es meine Schwester Dinah war, nahm ich ab. Sie hatte die letzten Wochen hartnäckig dagegengehalten, wenn ich versuchte, mich zu Hause einzuigeln. Ich kannte meine Schwester, sie erlaubte mir nicht, dass ich mich gehenließ. Ihr konnte ich nichts vormachen, bei ihr musste ich noch nicht einmal versuchen, gute Laune vorzutäuschen. Dinah kannte mich einfach zu gut.
Obwohl meine Schwester in Berlin lebte, sahen wir uns regelmäßig. Ich hing sehr an meiner Familie, und ich setzte mich ungefähr alle sechs Wochen freitagabends ins Auto und fuhr Richtung Norden. Bei meinen Eltern war es ganz anders als in München. Viel ruhiger, und vor allem erholsam. Es war der Ort, an dem ich nicht »spielen«, mich nicht »behaupten« musste. Hier war ich weit weg von meinem Alltag und deshalb unbeschwert wie eh und je.

Dieses Wochenende hatte Dinah allein bei unseren Eltern verbracht, und sie erzählte mir ausführlich davon. Als sie fertig war, fragte sie: »Und du, Franzi, wie geht es dir? Was hast du die letzten Tage so getrieben? Wolltest du dich nicht mit Steffi und Elke treffen?«, fragte sie.
»Ach, weißt du, ich hatte so viel zu tun. Mir hat es dieses Wochenende einfach nicht so gut gepasst«, wich ich ihr aus. Die Wahrheit war, ich hatte einfach gar nichts gemacht und die Verabredung mit meinen Freundinnen abgesagt, weil ich mich zu nichts aufraffen konnte.
»Was hattest du denn so viel zu tun?« Typisch Dinah, sie ließ sich nie einfach abspeisen.
»Ich habe noch etwas Arbeit mit nach Hause genommen, weil ich das sonst vor meinem Urlaub nicht mehr alles schaffe. Und weil ich keine Lust darauf hatte, hat alles länger gedauert als geplant. Mir macht mein Job eben zurzeit nicht so richtig viel Spaß«, gab ich zu. »Und mein Privatleben auch nicht. Und die Stadt irgendwie auch nicht mehr.«
»Das geht doch jetzt schon seit Monaten so, Franzi«, entgegnete meine Schwester besorgt. »Dann ändere doch was. Mit dem Job kannst du doch gleich anfangen, das lässt sich doch am leichtesten beeinflussen. Ich schicke dir gleich nachher alle Links zu Jobbörsen, die ich habe. Und du meldest dich sofort an! Und kauf dir eine Zeitung und guck dir die aktuellen Stellenangebote an. Vielleicht findest du ja bald was Spannendes.«
Das fehlte mir gerade noch. Eigentlich war ich in Gedanken längst im Urlaub. Aber natürlich hatte Dinah recht. Es konnte auf Dauer nicht so weitergehen. Anfangs hatte ich noch gedacht, das sei nur eine Phase, die vorüberging. Doch wenn ich ehrlich war, wusste ich, das würde nicht einfach von alleine weggehen. Ich musste etwas tun.
Die Vorfreude auf den Urlaub hatte mich für den Moment

abgelenkt, aber natürlich würde ich nach nur drei Wochen wieder zurück sein. Zurück ins »Business«, zurück zu »großen Erfolgen«, zurück in den Trott.
Ja, ich konnte mir einen neuen Job suchen. Ich war jung genug und hatte langjährige Erfahrung im Marketing. Aber ganz tief in meinem Innern wusste ich, dass das meine Probleme nicht lösen würde. Ich brauchte keinen neuen Job. Alles, was mich jetzt nervte, würde mich auch mit einer neuen Arbeit wieder nerven. Das war nicht die Lösung.
»Ja, das könnte ich schon machen«, versuchte ich, Zeit zu gewinnen. »Aber was soll ich denn in meine Bewerbung schreiben? Warum sollte mich irgendjemand nehmen? Was kann ich denn schon?«
»Meine liebe Franzi, die eigentliche Frage lautet doch: Was willst du?« Dinah brachte es mal wieder auf den Punkt.
Ertappt. Kleinlaut gab ich zu, dass mir auf diese Frage zurzeit nur eine einzige Antwort einfiel: keine Ahnung.
Das verschlug selbst meiner Schwester erst mal die Sprache. Leise sagte sie: »Mensch, Schwesterchen, du musst bald was ändern. Sonst gehst du vor die Hunde.«
Das saß. Ich? Vor die Hunde? Wow, das war drastisch!
An diesem Abend dachte ich lange über alles nach. Dinahs Worte hatten mich sehr getroffen, aber sie hatte recht: Es musste sich etwas ändern.
Ich fing schon an, mir selbst auf die Nerven zu gehen mit meiner Unzufriedenheit. Wo war meine Fröhlichkeit geblieben, meine Lebensfreude? Wie konnte ich sie wiederfinden? Wann hatte ich mich zuletzt wirklich lebendig gefühlt? Ich dachte nach. Na klar, im Urlaub. Wenn ich Zeit hatte für mich, Zeit, fremde Länder zu entdecken. Auf Reisen zu gehen!
Mit meinem Ex-Freund war ich wochenlang in Asien gewe-

sen. Nach unserer Trennung hatte mich Südamerika fasziniert, und ich hatte davon geträumt, dorthin zu fahren. Leider hatte ich niemanden davon begeistern können, doch davon ließ ich mich nicht abhalten. Kurzerhand plante ich die Reise eben für mich alleine – und machte es. Drei Wochen lang zog ich mit meinem Rucksack durch Ecuador und hatte eine grandiose Zeit.
Eigentlich war es doch genau das, was ich wollte. Ich wollte wieder Lust am Leben, an Unternehmungen mit meinen Freunden haben. Überhaupt mehr Interesse an anderen Menschen aufbringen. Neue Leute kennenlernen, Abenteuer erleben, frische Impulse bekommen.
Seitdem sich dieses Unbehagen in mein Leben geschlichen hatte, ertappte ich mich immer öfter dabei, dass ich wie früher vom Fernweh gepackt wurde. Dann verschlang ich Bücher von Aussteigern und Weltenbummlern oder surfte im Internet auf der Suche nach neuen Reiseblogs.
Damit konnte ich Stunden verbringen, so sehr faszinierte mich, was den Bloggern alles widerfuhr, wenn sie durch die Welt zogen, die unterschiedlichsten Orte besuchten, fremde Kulturen kennenlernten. Oft versank ich geradezu in der Lektüre, reiste im Geiste mit ihnen, erfreute mich an ihren Fotos und Beschreibungen. Es war nicht nur eine allzu willkommene Flucht vor meinem Alltag, sondern rief auch wehmütige Erinnerungen an meine eigenen Reiseerfahrungen zurück. Meine Fernreisen hatten mich nach Kuba, Laos, Kambodscha, Ecuador, Kenia, Thailand, Vietnam geführt und nun bald in die Mongolei.
Ich dachte zurück an die schönsten Erlebnisse. In Laos hatte ich in Luang Prabang meinen ersten buddhistischen Tempel betreten, das Vat Xieng Thong. Vor der bestimmt fünf Meter hohen Buddha-Statue ließ ich meine Kamera sinken, setzte

mich auf den Boden und sah mir diesen gütig wirkenden Gott an, der Ruhe und Zuversicht ausstrahlte. In diesem Moment habe ich zum ersten Mal verstanden, wie man Vertrauen und Trost in einer Religion finden kann.

In Vietnam verbrachte ich in der kleinen Stadt Sa Dec im Mekongdelta mehrere Tage bei einer einheimischen Lehrerin. Sie zeigte mir ihre Stadt, und abends zogen wir mit ihrer Tochter und deren Freundinnen singend und lachend durch den Ort. Zum Abschied wollte ich ihr ein Geschenk machen, aber bereits das bloße Ansinnen hatte sie brüsk zurückgewiesen.

In Ecuador hatte ich zum ersten Mal einen richtigen Dschungel zu Gesicht bekommen. Drei Tage dauerte die Tour, während deren ich immer wieder die Pflanzendichte, die wundersamen Bewohner und die unglaubliche Geräuschkulisse bestaunte.

In Kambodscha beeindruckten mich die Ruinen von Angkor Wat dermaßen, dass ich alle anderen Tempelruinen seitdem nur noch »ganz nett« finden konnte.

Alle meine Reisen – besonders die nach Asien – hatte ich sehr genossen. Sie waren etwas ganz Besonderes für mich, und ich dachte oft daran zurück, wenn der Alltag zu grau und düster wurde. Wenn mich mein Leben im Hier und Jetzt nervte und mich die Sehnsucht packte. Das Eintauchen in unterschiedliche Welten, fremde Kulturen, das Zusammenkommen mit Menschen, die völlig anders lebten als wir in unserem hoch industrialisierten Mitteleuropa, das war es, was mich faszinierte.

Noch was hatten alle meine Reisen gemeinsam gehabt: Die Zeit war jedes Mal viel zu kurz gewesen. Drei oder in Ausnahmefällen vier Wochen Urlaub reichten gerade für die bekanntesten Highlights eines Landes, oft nicht einmal dafür. Hinterher war ich zwar erfüllt von neuen Eindrücken, aber

da wäre immer noch so viel mehr gewesen, hätte ich nur mehr Zeit gehabt.
Auch wenn ich mich sehr auf die Mongolei freute, ich wusste, es würde wieder so sein. Gerade dann, wenn ich mich langsam »heimisch« fühlte, mich an den neuen Ort gewöhnt hatte, würde der Urlaub wieder vorbei sein. Würde das Leben wieder dem Alltag weichen müssen. Wenn ich doch nur mehr Zeit hätte!
So viel Zeit zum Beispiel wie die Reisenden, deren Blogs ich nun geradezu verschlang.
Aber wie sollte das gehen? Länger reisen – das war doch überhaupt nicht möglich. Schon allein wegen der Arbeit, die Möglichkeit des Sabbaticals gab es in meiner Firma nicht. Und dann waren da ja vor allem meine Familie und meine Freunde, wie sollte ich ihnen das erklären? Und ob ich das wirklich könnte, längere Zeit ohne ein festes Zuhause sein, weit weg von meinen Eltern, von Dinah, von Steffi und Elke? Bestimmt würde ich mich unendlich einsam und alleine fühlen. Und was wäre vor allem hinterher, nach der Rückkehr, wie würde es dann weitergehen? Und nicht zuletzt: So eine Reise kostete verdammt viel Geld.
Natürlich war es ein verlockender Gedanke, aber jetzt erst einmal wollte ich mir die Freude auf die anstehende Mongolei-Reise nicht trüben. Danach konnte ich immer noch überlegen, wie es weitergehen sollte.
»Franzi, du gehst noch vor die Hunde« – was hatte es nur zu bedeuten, dass mir die Worte meiner Schwester nicht mehr aus dem Kopf gingen?

Urlaub kann ja jeder

»Alle Passagiere nach Ulan-Bator: Die Maschine ist jetzt zum Einsteigen bereit«, tönte die Stimme aus dem Lautsprecher.

Es war so weit. Endlich!

»Jetzt geht's los«, strahlte Steffi mich an, und anders als bei meinen Dienstreisen konnte ich es nun kaum erwarten, als Erste in den Flieger zu kommen.

Als wir unsere Plätze eingenommen hatten, warf ich noch einen kurzen Blick durchs Fenster auf das Rollfeld von Berlin-Tegel. Der Reiseveranstalter hatte den Flug für die gesamte Gruppe von der Hauptstadt aus gebucht, und so waren Steffi und ich am Vortag aus München angereist und hatten die Nacht bei meinen Eltern verbracht.

Die übrigen Mitglieder aus unserer Gruppe kamen aus ganz Deutschland, und wir konnten sie bereits in der Abflughalle in Augenschein nehmen. Insgesamt waren wir zu zwölft, und mein erster Eindruck war glücklicherweise positiv gewesen. Zwar waren die anderen zum Teil deutlich älter als Steffi und ich, aber wir waren uns einig, dass unsere Mitreisenden insgesamt einen sympathischen Eindruck machten und wir mit Sicherheit zwei großartige Wochen verbringen würden. Trotzdem war ich froh, Steffi dabei zu haben.

Wir kannten uns nun immerhin schon seit etwa fünf Jahren, und Steffi ist eine meiner besten Freundinnen. Beide sind wir aus beruflichen Gründen nach München gezogen, ohne dass wir dort einen Freundeskreis hatten. Über eine Internetseite für Neu-Münchner haben wir uns kennengelernt, und ich werde unser erstes Treffen in einer Münchner Kneipe nie vergessen. Irgendwie hatte die Chemie gleich gestimmt, und es fiel uns schon am ersten Abend nicht schwer, Gesprächsthemen zu finden. Steffi hatte mir von ihrer Studentenzeit in Heidelberg erzählt, dann fanden wir heraus, dass wir beide gerne wandern gehen, und in den Wochen nach unserem Kennenlernen lud sie mich zusammen mit Elke, die ich bei dieser Gelegenheit kennenlernte, ein paar Mal zu sich nach Hause ein, und ich durfte von ihren beeindruckenden Kochkünsten profitieren.

Mehrmals fuhren wir auch in den Urlaub, Steffi, Elke und ich. Wir waren in St. Peter Ording an der Nordsee, in den Cinque Terre sowie den Dolomiten und auf der portugiesischen Insel Madeira. Und nun also die Mongolei!

Steffi hatte in ihrem Sitz neben mir schon ihren Reiseführer aus dem Rucksack gekramt, und gemeinsam blätterten wir ihn durch, bis die Maschine sich endlich in Bewegung setzte und Richtung Startbahn rollte.

Als wir abhoben, fühlte ich mich von einer tonnenschweren Last befreit. Drei Wochen auf Reisen, wie fantastisch war das denn! Mein Tourenrucksack, mit dem ich schon so oft die Welt bereist hatte, war sicher verstaut im Frachtraum, und anstatt meines Hosenanzugs trug ich nun wieder meine Trekkingsachen. Es würde nämlich ziemlich ursprünglich zugehen in der Mongolei: Zunächst würden wir einen Tag in der Hauptstadt Ulan-Bator bleiben, um dann ins Landesinnere weiterzureisen. Drei russische Kleinbusse würden uns durch die Steppe fahren, begleitet wurden wir von einheimischen Guides und Köchen, die uns typisch mongolische Gerichte zubereiteten. Es war eine Reise ohne viel Komfort, wir würden in Zelten übernachten, jeden Abend an einem anderen Ort. Zweimal war sogar geplant, dass wir in einem Jurten-Camp schlafen würden.

Es war genau so, wie ich es mochte: Im Rucksack nur das, was man wirklich braucht: Funktionskleidung, Schlafsack und biologisch abbaubares Shampoo. Denn die einzige Möglichkeit, sich zwischendurch zu waschen, gab es dann, wenn wir hin und wieder an einem Fluss oder See haltmachten. Der einzige Luxus, den ich mir gestattet hatte, waren eine neue Kamera mit extra Weitwinkel und fünf zusätzliche Akkus dafür. Da wir die meiste Zeit über keinen Strom haben würden, fürchtete ich, dass ich sonst nicht genug Bilder machen könnte, und da fällt es mir doch immer schwer zu sparen.

Nach etwa zehn Stunden Flug erreichten wir am frühen Abend Ulan-Bator. Nachdem unsere Reisegruppe ihr Gepäck erfolgreich in Empfang genommen hatte, wartete Saule, unsere mongolische Reiseführerin, bereits am Flughafen auf uns, um die Gruppe zum Hotel zu bringen.

Bereits während der Busfahrt schaute ich ununterbrochen aus dem Fenster und versuchte, mir keine Eindrücke entgehen zu lassen. Verkehrschaos, sozialistischer Wohnungsbau und viele, viele Reklameschilder: über der Straße, an Laternen, sogar an Balkonen. Auch unsere ersten Jurten sahen wir am Stadtrand. Endlich war ich wieder auf Reisen, wenn auch diesmal mit einer Gruppe auf einer organisierten Tour. Steffi und ich wollten in diesen drei Wochen Urlaub so viel wie möglich von diesem riesengroßen Land sehen. Ohne vorherige Organisation wäre das aber schwierig geworden, denn die Mongolei verfügt außerhalb der wenigen Ortschaften über keinerlei Infrastruktur.

Nach einem gemeinsamen Abendessen fielen wir an diesem Abend voller Vorfreude auf die kommenden drei Wochen ins Bett.

Am nächsten Tag ging unser Wecker schon ziemlich früh, Steffi und ich wollten die Stadt erst auf eigene Faust erkunden, bevor das offizielle Gruppen-Programm begann. Wir streiften durch das Viertel, in dem unser Hotel lag: Die Hauptstraßen waren breit und verstopft, die Fassaden der kleinen – beinahe englisch wirkenden – Häuschen wirkten leicht mitgenommen, vor der gesamten Front des »Sparta Café Pub« hing groß der Spielplan der aktuell stattfindenden Fußballweltmeisterschaft. Von den Einheimischen wurden wir zwar gemustert, aber in Ruhe gelassen. Das war uns an diesem ersten Tag und zumal so früh am Morgen ganz angenehm.
Später wurden wir von Saule mit unserer Reisegruppe durch die Innenstadt geführt. Auch hier dominierten heruntergekommene Häuserfassaden an den Plattenbauten. Für uns etwas überraschend gab es aber auch einige Gebäude in hypermoderner Glas- und Stahlarchitektur, auf die Saule uns stolz hinwies. Wir wechselten unsere Euros in mongolische Tugrik und gingen Mittag essen. In einem kleinen mongolischen Fastfood-Restaurant bestellten wir alle *Buutz,* mit Fleisch gefüllte Teigtaschen, die in Öl gebraten werden. Ein typisch mongolisches Gericht. So lecker waren die, ich wusste jetzt schon, dass ich davon in den nächsten drei Wochen nicht genug bekommen konnte.

Am Nachmittag fuhren wir zum buddhistischen Gandan-Kloster. Die Zeit dort verging wie im Flug, und es war einfach wunderbar. Ich kam aus dem Fotografieren gar nicht mehr heraus, und Steffi witzelte, dass auch die Extra-Akkus nicht bis zum Ende des Urlaubs durchhalten würden, wenn ich so weitermachte. Sie hatte recht, also zwang ich mich, einen Gang runterzuschalten. Das fiel mir schwer. Ich hatte mich

lange nicht so euphorisch, so glücklich gefühlt. Am liebsten wäre ich von Straßenecke zu Straßenecke gelaufen, um auch noch den entlegensten Winkel zu entdecken. Ich konnte gar nicht genug bekommen von all den neuen und fremden Eindrücken, und wollte sie alle festhalten und mitnehmen.
Gern wäre ich noch sehr viel länger im Kloster geblieben, hätte den Gläubigen bei ihren Ritualen und den Touristen beim Füttern der unzähligen Tauben zugesehen. Für einen Moment setzte ich mich von der Gruppe ab. Ich bin wieder unterwegs, wieder in Asien, jubelte ich innerlich. Meine Schultern waren leicht, ich lachte, war fröhlich und fühlte mich unbeschwert. Und freute mich auf die nächste Zeit, auf dieses Land, das so unendlich weit und so anders war.

Am Ende des Tages waren Steffi und ich völlig erschöpft. »Jetzt eine Stunde schlafen und dann ins Bett«, lachte sie. Und als ich später in mein Hotelbett sank – das letzte bequeme Nachtlager für die nächsten drei Wochen –, dauerte es nicht lang, und ich ließ mich vom Schlaf und bunten Träumen übermannen.

Als wir am nächsten Tag gemeinsam mit unseren Mitreisenden das Hotel verließen, wurden wir schon von Saule und der restlichen Crew erwartet. Unser Reiseveranstalter hatte uns gut vorbereitet, und so musste keiner von uns schlucken, als wir unsere drei Gefährte sahen, in die wir nun einsteigen und die uns drei Wochen lang über Land fahren sollten: Es waren drei Kleinbusse russischer Herkunft und älteren Datums, ohne jeglichen elektronischen Schnickschnack, aber dafür mit robuster Mechanik ausgestattet.
»Sehr gut, dann kann zur Not alles kaputt gehen, es kann ja auch alles wieder repariert werden«, lachten wir, als wir in die Busse einstiegen.

Die drei Fahrer verstauten sorgfältig unser Gepäck, und dann ging es los. Steffi und ich konnten es kaum erwarten, in die mongolische Landschaft einzutauchen. Unser Fahrer Ultzi war noch recht jung, und wir mochten ihn auf Anhieb. In gebrochenem Deutsch scherzte er mit uns, während er uns sicher aus dem scheinbar nicht zu beherrschenden Verkehrschaos der Stadt lotste.
Schnell ließen wir die Stadt hinter uns, und bald schon erstreckte sich vor uns eine sanfte grüne Grashügellandschaft. Zum ersten Mal bekamen wir eine Ahnung von der »mongolischen Weite«.
Als ich die Landschaft an mir vorbeiziehen sah, fühlte ich mich auf einmal ruhig und zufrieden. Es lagen drei großartige Wochen vor mir – eine Zeit, in der nichts von mir verlangt wurde, außer vielleicht meine Ansprüche an Komfort etwas herunterzuschrauben. Keine Termine, kein Druck, kein Frust, keine sinnlosen Aufgaben. Ich war mit mir im Reinen, ein Gefühl, das ich schon sehr lange nicht mehr so intensiv gehabt hatte. Fast kamen mir die Tränen, während ich eine Nomadenfamilie beobachtete, die mit ihren Kamelen – beladen mit ihrem gesamten Hausstand – offensichtlich gerade auf dem Weg zum nächsten Lagerort war.
Aber so wie immer, wenn einfach alles stimmt und rundum perfekt ist: Die drei Wochen vergingen viel zu schnell. Tagsüber fuhren wir mehrere Stunden in unseren Bussen durch die Steppe, und man könnte nicht gerade sagen, dass wir auf Straßen unterwegs waren. Auf unsere Fragen, wohin es denn gehe, gab es als Antwort von Saule nur ein verschmitztes »Hinter dem dritten Hügel links und dann eine Weile geradeaus«.
Nachmittags bauten wir unsere Zelte auf – im malerischen, aber stürmischen Orkhon-Tal, im Sand der »kleinen Wüste«

Bayan Gobi, hinter den Jurten einer Nomadenfamilie, am Fuß des Vulkans Horgo, am glitzernden Tahir-Fluss oder am wahnsinnig blauen Ugii-Nuur-See. Wir besuchten buddhistische Klöster, kosteten Milchtee, Milchschnaps, Milchkäse und Milchpralinen bei Nomadenfamilien. Wir ritten auf Kamelen und Pferden, badeten während eines Graupelschauers in heißen Schwefelquellen und staunten immer wieder über die Fertigkeiten unserer Köche, die jeden Tag drei Mahlzeiten in nur einem kleinen eisernen Ofen für uns zubereiteten. An einigen Abenden saß die ganze Gruppe inklusive der mongolischen Crew ums Lagerfeuer. Eine Wodkaflasche kreiste und wir sangen uns abwechselnd Lieder vor. Die Mongolen bedächtig und sehr pathetisch, wir Deutsche eher entschlossen und fröhlich. Meine Familie hatte mir glücklicherweise ein Buch mit den Texten unserer guten alten deutschen Volkslieder mitgegeben.

Nachts schliefen wir in einfachen Zwei-Mann-Zelten, die jeden Abend am neuen Rastplatz aufgebaut wurden. Eingekuschelt in meinen Schlafsack – in der Mongolei wird es auch im Sommer nachts ziemlich kalt – ließ ich die Ereignisse des Tages dann Revue passieren und verlor mich in Träumereien von einem Leben auf großer Reise. Ich war in meinem Element, fühlte mich frei und unbeschwert. Genau dort, wo ich sein wollte. Endlich konnte ich wieder fröhlich sein und scherzen, mich auf jeden neuen Tag freuen. Wie sehr hatte ich das vermisst. Voller Neugier unterhielt ich mich mit meinen Mitreisenden und lachte mit den Einheimischen, die uns begleiteten. Ich konnte nicht genug bekommen von ihren Geschichten, stellte unzählige Fragen und sog alles auf, was ich Neues entdeckte.

Eines Tages kam es zu einem Zwischenfall, als wir mit unseren drei russischen Reisebussen einen Fluss durchqueren wollten. Steffi war als Physikerin von Anfang an skeptisch gewesen, als Ultzi, unser Fahrer, gut gelaunt auf das Gewässer vor uns zeigte und uns mit den Händen zu verstehen gab, dass wir uns festhalten sollten, denn wir würden nun den Fluss durchqueren.

Während wir noch darüber nachdachten, ob das ein Scherz sein sollte, hatte der Bus sich schon in Bewegung gesetzt. Doch sehr weit kamen wir nicht, denn ziemlich genau in der Mitte des Flusses blieb der Bus auch schon stecken. Und damit nicht genug: Das Fahrzeug senkte sich bedrohlich auf die rechte Seite und drohte zu kippen.

Steffi reagierte zuerst: »Wir müssen unser Gewicht verlagern. Lasst uns alle auf die linke Seite rücken«, rief sie.

Sofort drängten wir uns auf die linke Seite des Fahrzeugs und konnten so zumindest verhindern, dass der Bus sich weiter zur Seite neigte. Jedoch blieb uns keine Zeit, erleichtert aufzuatmen, denn sofort traf uns eine weitere unschöne Erkenntnis: Ein Blick aus dem Fenster zeigte, dass das Wasser stieg. Und das bedeutete, wie uns gleich darauf klarwurde, dass das Fahrzeug tiefer in den Kies des Flussbetts sank.

Unser Bus war an dritter Position gewesen, die beiden anderen hatten den Fluss erfolgreich durchquert. Unsere Mitreisenden standen nun mit besorgten Mienen am anderen Ufer und diskutierten, wie sie uns helfen könnten. Doch wir hatten keine Zeit, uns darüber Gedanken zu machen. In der Zwischenzeit war bereits Wasser in den Fahrzeugraum eingetreten, und am Boden bildeten sich bereits erste Pfützen. Bald schon standen wir mit unseren Füßen im Wasser.

Währenddessen wurde am Ufer fieberhaft an unserer Rettung gearbeitet. An dem einen Bus war bereits ein Abschleppseil befestigt worden. Ultzi kämpfte sich mit dem anderen Ende des Seils in seiner Hand durch den Fluss, tauchte unter und befestigte das Seil an unserer Stoßstange. Dann gab er ein Zeichen, der Bus an Land ließ den Motor an und setzte sich vorsichtig in Bewegung. Wir hielten die Luft an, als sich das Seil langsam spannte. Dann Aufatmen und Erleichterung: Es klappte tatsächlich! Unser Bus bewegte sich ebenfalls nach vorn, und Meter für Meter wurden wir aus dem Wasser gezogen. Als wir endlich wieder trockenen Boden unter uns hatten, stiegen wir mit durchweichten Füßen und auch ein wenig zitternden Beinen aus.

»Zum Glück hat meine Kamera überlebt«, war das Erste, was mir einfiel.

»Na toll, dafür ist unser aller Gepäck im Kofferraum komplett durchgeweicht«, entgegnete Steffi dagegen ziemlich missmutig.

Wir schauten uns an, und plötzlich mussten wir lachen. Einer nach dem anderen stimmte ein, und die angespannte Stimmung entlud sich endlich.

Die anderen Mitreisenden wühlten in ihren Taschen und boten uns Hosen, Strümpfe, Pullis, Fleecejacken und sogar Unterwäsche an. Wir nahmen die Sachen dankbar an, und natürlich passte nichts so richtig, aber das war ganz egal. Ich war so gerührt davon, wir aus dem Unglücksbus mussten nicht einmal um Hilfe bitten.

An diesem Tag übernachteten wir nicht wie geplant in unseren Zelten, sondern fuhren gleich weiter zu einem Jurten-Camp. Sehr spät kamen wir an und hängten gleich unsere noch feuchten Sachen an den Streben der Jurten auf. Die urigen Eisenöfen in der Mitte jeder Jurte wurden sofort befeuert, und so trockneten die Kleider relativ schnell.

An diesem Abend herrschte ausgelassene Stimmung. Ein paar Wodka-Flaschen machten die Runde, und während alle anderen immer fröhlicher und lauter redeten und sangen, merkte

ich, wie mir auf einmal schwer ums Herz wurde. Irgendwann stand ich auf und entfernte mich von den anderen. Ich wollte einen Moment für mich allein sein.
Nur noch drei weitere Tage lagen vor uns, der Tag des Rückflugs näherte sich also mit großen Schritten. Und je unmittelbarer er vor uns lag, desto trauriger wurde ich. Ich ärgerte mich selbst darüber, dass ich die kostbaren Momente meiner Mongolei-Reise mit Gedanken an zu Hause verschwendete. Aber in diesem Moment, als ich da so allein stand, mitten in der mongolischen Steppe und das Gelächter der anderen zu mir herüberdrang, hatte ich einen dicken Kloß im Hals.
Auf einmal hörte ich eine Stimme neben mir: »Was ist, Franzi? Geht es dir nicht gut?« Ich hatte gar nicht mitbekommen, dass Steffi zu mir herübergekommen war.
»Ach, es ist nichts. Ich wollte nur kurz allein sein. Alles in Ordnung«, antwortete ich. Aber meine leicht zitternde Stimme verriet mich.
»Komm schon, es ist doch was. Los, erzähl schon«, forderte sie mich auf.
»Es ist nichts. Es war nur … Es war ein wirklich verrückter Tag, und eben, als wir am Feuer saßen und Saule für uns sang – das war ein Moment, den ich gerne alleine für mich genießen wollte. Damit ich ihn behalte, wenn es in ein paar Tagen wieder nach Hause geht«, erklärte ich.
»Du denkst doch nicht etwa schon an den Rückflug? Das ist doch noch ein wenig hin«, entgegnete sie. Ich wünschte, ich hätte die Dinge genauso sehen können wie Steffi. »Und überhaupt, es ist doch ein toller Urlaub. Ich finde es ja auch schade, wenn wir schon bald wieder zurück müssen, aber dann können wir uns doch bald um unsere nächste Reise kümmern.«
»Ja, vielleicht«, entgegnete ich. Dann brach es einfach so aus

mir raus, alles, was sich über Wochen und Monate hinweg aufgestaut hatte. »Steffi, ich will nicht mehr zurück. Zu Hause geht alles wieder von vorne los. Die Arbeit, der Alltag, der ganze immer gleiche Trott. Ich kann das nicht mehr. Und ich will das auch nicht mehr.«

Erschrocken sah Steffi mich an. »Mensch, Franzi, mir war gar nicht bewusst, dass es immer noch so schlimm ist. Ich dachte, der Urlaub hat dich wieder auf andere Gedanken gebracht. Du hast so unbeschwert gewirkt die letzten Wochen. Und jetzt?«

»Ich denke schon länger darüber nach, dass ich wieder mehr reisen will. So wie in den letzten drei Wochen. Einfach mit meinem Rucksack und nur dem nötigsten Gepäck durch die Welt ziehen, am liebsten durch Asien. Endlich mal wieder etwas erleben und nicht nur Tag für Tag im Büro funktionieren«, versuchte ich zu erklären. »Ich will mein Leben zurück, nicht in einem Alltag verharren, in dem ich keinen Sinn mehr sehe.«

»Ja, das verstehe ich, aber das geht halt nicht so leicht«, entgegnete Steffi sichtlich perplex. Die Arme, ich glaube, in diesem Moment jagte ich ihr tatsächlich einen Schrecken ein. »Du kannst doch nicht so lange Urlaub nehmen, oder? Was wird aus deinem Job? Und ganz alleine durch die Welt, meinst du wirklich, dass du das könntest, ich meine für länger?«

»Keine Ahnung. Aber eins ist sicher: Je länger ich einfach so weitermache, umso unglücklicher werde ich. Und es wäre ja auch nicht für immer. Ein paar Ersparnisse habe ich, wer weiß, vielleicht sollte ich mal durchrechnen, wie lange ich davon leben könnte«, sprach ich einen Gedanken aus, der mir gerade in den Sinn gekommen war.

»Aber was willst du denn dann machen?«, stellte Steffi eine berechtigte Frage.

»Keine Ahnung, das wird sich hoffentlich finden. Bisher habe ich ja auch eine Arbeit gehabt. Und meine Berufserfahrung kann mir niemand nehmen. Vielleicht brauche ich einfach nur mal eine längere Auszeit, um wieder zu mir selbst zu finden. Weißt du, was Dinah zu mir gesagt hat? Dass ich noch vor die Hunde gehe – und ich bin mir nicht sicher, ob sie damit nicht sogar recht haben könnte. Ich kann einfach nicht mehr so weitermachen.«

Ich war froh, dass ich endlich einmal aussprechen konnte, was mich so lange schon beschäftigt hatte. Nie zuvor war mir so bewusst gewesen wie an diesem Abend in der Mongolei, dass ich nicht mehr so weitermachen wollte, nicht mehr so weitermachen konnte wie in den letzten Monaten. Natürlich ging es wahrscheinlich jedem so, der nach einem schönen Urlaub wieder kurz vor der Heimreise stand, aber das hier war mehr als die normale Unlust. Innerlich hatte ich längst einen Schlussstrich gezogen, es war mir nur nicht so bewusst gewesen. Die letzten zwei Wochen war ich wie ein Vogel gewesen, der nach langer Zeit in einem viel zu engen Käfig wieder durch die Welt fliegen durfte. Und dem man nun, während er auf einem Ast saß und vor sich hin zwitscherte, sagte, dass er doch bitte schön wieder zurück in den Käfig sollte. Es ging einfach nicht mehr.

Noch hatte ich keine Ahnung, was das konkret bedeuten sollte, aber eins wusste ich sicher: Es gab für mich kein Zurück mehr.

Steffi und ich redeten an diesem Abend noch lange. Es tat gut, sich einer Freundin anzuvertrauen. Sie wusste natürlich, dass es mir in den vergangenen Monaten nicht gutgegangen war. Aber dass ich in den letzten Wochen langsam zu der Erkenntnis gekommen war, dass ich etwas ändern musste, darüber hatte ich noch mit niemandem gesprochen. Steffi verstand mich, einerseits. Andererseits war sie nun mal nicht selbst in der Situation. Am Ende des Abends sagte sie: »Ich könnte mir nie vorstellen, einfach so alles hinzuwerfen. Aber wenn das für dich wirklich das Richtige ist, dann musst du es einfach ausprobieren.«

Ja, vielleicht musste ich es ausprobieren! Ein Gedanke, mit dem ich mich durchaus anfreunden konnte.

Das Anfreunden dauerte genau diesen Abend und die darauffolgende Nacht. Eine Nacht, in der ich nicht schlief, sondern in unserem Zelt lag und versuchte, für mich zu ergründen, wie sich das anfühlen würde. Konnte ich mehrere Monate ohne festes Zuhause auskommen? Würde ich es schaffen, so lange nicht regelmäßig am Leben meiner Eltern, meiner Omi und meiner Schwester teilzuhaben? Würde ich es schaffen, längere Zeit meine Freunde nicht zu sehen?

Die Antwort war immer dieselbe: Ja! Ich konnte mich selbst auf Reisen sehen, auch für längere Zeit. Auch allein, mehrere Male hatte ich das schließlich bereits gemacht, und es war nie ein Problem gewesen. Natürlich würden mir meine Familie und Freunde fehlen, aber wir konnten uns schreiben und miteinander telefonieren. Wahrscheinlich würde ich meine Eltern zunächst schockieren, aber ich hoffte einfach, sie würden Verständnis haben. Unterwegs würde ich mit Sicherheit neue Menschen kennenlernen, Reisende wie Einheimische. Asien war größtenteils auch für allein reisende Frauen sicher. Also? Die Antwort blieb immer dieselbe: Ja!

Drei Tage später saßen wir im Flugzeug Richtung Berlin, und je näher wir der Heimat und meinem Alltag kamen, umso zufriedener wurde ich zu meinem eigenen Erstaunen. Ich hatte nun mehrfach darüber geschlafen, aber meine Entscheidung war geblieben: auf Wiedersehen schnöder Alltag, willkommen wahres Leben! Es gab natürlich tausend gute Gründe, die dagegensprachen, einen solchen Schritt zu gehen – mein Job war sicher, ich verdiente gut, ich hatte eine wunderschöne Wohnung, ein Auto, ein Leben ohne ernsthafte materielle Probleme. Ich würde meine Familie und Freunde für längere Zeit verlassen müssen, und ich wäre auf einmal ganz auf mich allein gestellt.

Dennoch wusste ich, es war richtig, das zu tun. Ich konnte es nicht genau in Worte fassen, aber ich spürte, wie sich der dicke Kloß auflöste, der sich in mir über lange Zeit zusammengeklumpt hatte. Ich fühlte mich viel leichter – auch wenn mir natürlich klar war, dass ich ein Risiko einging.

Während das Flugzeug den Landeanflug auf Berlin begann, entwarf ich im Kopf eine Liste – die erste von sehr vielen, die noch folgen sollten – mit Dingen, um die ich mich nun kümmern musste. Natürlich würde ich nicht einfach so am ersten Tag im Büro die Kündigung mitbringen und dann ins Blaue hinein eine große Reise starten. Ich hatte alle meine Reisen sorgfältig geplant, mich vorher über alles Wichtige informiert. Diesmal würde es darauf noch viel mehr ankommen, also würde ich nichts überstürzen. Ich nahm mir vor, meine Finanzen zu überprüfen und im nächsten Frühsommer aufzubrechen. Bis dahin würde ich noch ein bisschen für die Reisekasse sparen, mein Auto verkaufen, meine Möbel einlagern und alles genau vorbereiten.

Auf einmal war mir ganz leicht zumute. Endlich, endlich schien es, als hätte ich den Weg aus dieser Sackgasse gefunden, in der ich steckte, aus dem Käfig, in dem ich nicht sein wollte. Ich konnte weg von all diesen sinnlosen Fragen, die mich nirgendwohin führten und auf die ich sowieso keine Antwort hatte, egal, wie lange ich auch nachts wach lag und grübelte. WEG! Keine sinnlosen Arbeitstage mehr, keine

sinnlosen Wochenenden! Aufregung, Abenteuer! Treiben lassen! Niemand, der mir sagte, was ich zu tun oder zu lassen hatte! Wieder was zum Erzählen haben! WEG in ein neues Leben, wenigstens für einige Zeit.
Eine sehr verlockende Aussicht. Endlich hatte ich *die* Lösung gefunden. Abstand gewinnen, Kraft tanken, Zeit haben, über mein Leben nachzudenken und darüber, was ich damit anfangen wollte. Vielleicht fand ich die Antworten und eine neue Perspektive?
Kaum waren wir aus der Mongolei zurück, wurde ich sehr aktiv. Von Lähmung und Frust auf einmal keine Spur mehr. Stattdessen widmete ich jede freie Minute dem gezielten Recherchieren. Was kostete eine mehrmonatige Reise nach Asien? Wie viel Geld hatte ich zur Verfügung?
Erstaunt realisierte ich, dass meine Ersparnisse für rund anderthalb Jahre Backpacker-Leben reichen würden. Wow! Ich lehnte mich zurück und wusste erst mal gar nicht, was ich mit dieser Erkenntnis anfangen sollte.
Nach und nach, mit Hilfe diverser Internetseiten, weiterer Listen und Tabellen bekam ich eine Übersicht über Visabestimmungen, Einreiseformalitäten, Impfungen, durchschnittliche Reisebudgets und optimale Reisezeiten in diversen asiatischen Ländern, aber auch über Kündigungsfristen für Job, Wohnung, Auto, Versicherungen. Langsam entstand ein konkreter Plan, und ich hatte das Gefühl, ich konnte das Abenteuer wirklich angehen.

An einem sonnigen Samstag – mittlerweile ging der August zu Ende – schwang ich mich ohne Probleme aus meinem Bett, noch bevor der Wecker klingelte. Die letzten drei Wochen hatte ich viel recherchiert und wusste nun, was alles für die Vorbereitung meines Abenteuers notwendig war. An diesem

Tag wollte ich herausfinden, wann ich am besten startete und durch welche Länder ich in welcher Reihenfolge fahren wollte. Bewaffnet mit meinem neuen, leuchtend orangefarbenen Notizbuch fuhr ich in die Innenstadt zu einer Buchhandlung, die ausschließlich Reiseführer und -literatur, Globen, Landkarten und Atlanten im Sortiment hatte. Ein großartiger Ort! Wie für mich geschaffen.

Nachdem ich ausgiebig gestöbert hatte, ließ ich mich mit mehreren Reiseführern auf einem der Sofas nieder und fing an, sie zu studieren und meine grobe Route zu planen. Nach ungefähr zwei Stunden war ich so weit. Drei der Reiseführer nahm ich mit zur Kasse, bezahlte sie, dann trat ich aus dem Laden auf die Straße und atmete tief durch.

Es ist nahezu unbeschreiblich, wie ich mich in diesem Moment fühlte. In mir tobten die Emotionen, und mir war nach Jubeln und Schluchzen zugleich zumute. Passanten hasteten an mir vorbei, drängelten durch die Menge, wirkten gestresst. Wie in Trance ging ich in Richtung U-Bahn. Ich hatte endgültig ja gesagt: Ich würde gehen, nächstes Jahr im Juni. Für ein Jahr, vielleicht länger. Indonesien würde mein erstes Ziel sein.

Seit dem Mongolei-Urlaub hatte ich mit niemandem darüber gesprochen, auch gegenüber Steffi hatte ich meine Pläne nicht mehr erwähnt. Sie hatte mich mehrfach gefragt, dann aber nicht weiter insistiert. Ich nahm an, sie dachte, ich hätte mich wieder gefangen. Nun wollte ich am liebsten alles Dinah erzählen. Sie war so geduldig gewesen, hatte mich so sehr unterstützt, versucht, mir zu helfen und monatelang stoisch meine Litaneien ertragen. Allerdings konnte ich nicht mit ihr reden, denn in diesem Moment würde ich wahrscheinlich sofort anfangen zu heulen und erst mal nicht mehr aufhören.

Also holte ich mein Handy aus der Tasche und schickte eine

SMS von München nach Berlin: »Schwesterherz, ich habe einen Entschluss gefasst. Mir ist bewusst, dass sich das ein bisschen wahnsinnig anhört, und ich will es auch gar keinem erzählen außer dir. Ich werde zu Ende Mai meinen Job kündigen, auch meine Wohnung. Mein geliebtes Auto verkaufen und mind. ein halbes Jahr durch Asien reisen. Wenn Du das nur für eine Phase hältst, verstehe ich das gut. Dann sag einfach nichts dazu. Aber ich habe die Idee schon länger. Und es ist gar nicht so kompliziert. Und ich habe sehr, sehr große Lust darauf. Schon sehr lange. Sorry, dass ich Dich damit überfalle!« Dann steckte ich das Handy wieder ein.

In die U-Bahn konnte ich nun nicht mehr steigen. Ich wollte laufen, ich brauchte Raum um mich herum, Licht und frische Luft. Ich spürte eine unendliche Befreiung, kämpfte darum, meine Tränen zurückzuhalten, konnte keinen klaren Gedanken fassen, aber das musste ich ja auch gar nicht. Zu Fuß machte ich mich auf den Weg nach Hause.

Nach einer Weile holte ich mein Handy aus der Tasche, ein verpasster Anruf von Dinah. Auf der Mailbox ihre Nachricht: »Franzi! Du kannst mir nicht so eine SMS schreiben und dann nicht ans Telefon gehen! Oh Mann! Ruf gefälligst sofort zurück!« – Kurze Pause – »Und ich finde die Idee super! Ruf an! Bald!«

Also gut, ich rief an. Sie nahm sofort ab: »Franzi! Super! Großartig! Mach das, das ist genau das Richtige für dich!«

Ich stammelte: »Ja, finde ich auch«, dann brach meine Stimme weg. Ich legte einfach auf und schrieb eine weitere SMS: »Sorry, kann gerade nicht so gut reden. Ich melde mich gleich wieder.«

Und dann konnte ich nicht mehr. Ich schaffte es nicht einmal mehr nach Hause. Vor einem Hauseingang setzte ich mich auf eine Treppe und heulte einfach los. Mit den Tränen floss auch die ungeheure Belastung der letzten Jahre aus mir heraus. Ich fühlte mich unglaublich erleichtert, im wahrsten Sinne des Wortes. So viel fiel in diesem Moment von mir ab, ich konnte es körperlich spüren. Dinah und ich redeten später.

Einige Wochen danach hatte ich mich längst wieder beruhigt und war nur noch froh über meinen Entschluss. Das Lähmungsgefühl war nie wieder aufgetreten. Im Job waren mir die »Businessspielchen« auf einmal gleichgültig, sie trafen mich nicht mehr. Stattdessen war ich hoch motiviert – nach Feierabend und am Wochenende. Das war die Zeit, in der es um mich und meinen Plan ging, das hielt mich in dieser Zeit am Laufen.

Doch irgendwann war der Moment gekommen, wo ich es auch meinen Eltern sagen musste. Ich wusste, dass ich sie sehr, sehr traurig machen würde, ich habe ein sehr enges Verhältnis zu ihnen. Vor dem Gespräch hatte ich also wirklich Angst. Wie würden sie reagieren? Wie geschockt würden sie sein? Würden sie mich verstehen? Meinen Plan ernst nehmen? Oder mir Vorwürfe machen? Sie wussten zwar, dass die letzten Jahre für mich schwierig gewesen waren, aber sie ahnten nicht im Entferntesten, wie ich diese Schwierigkeiten zu beenden gedachte.

Im Oktober stand ein Familienwochenende bei mir in München an, auch Dinah war dabei. Den Freitagnachmittag und den ganzen Samstag verbrachten wir unbeschwert, für Samstagabend hatte ich mir vorgenommen, die Bombe platzen zu lassen. Dinah würde mir beistehen. Meine Eltern saßen auf meiner Couch, Dinah an meinem Schreibtisch und ich auf einem Kissen auf dem Boden, mit meinem Rücken an den Heizkörper gelehnt. Eigentlich war ich ganz ruhig in dieser Sekunde, wenngleich ich erwartete, dass meine Eltern geschockt reagieren würden. Aber nach und nach würden sie mich hoffentlich verstehen. Bestimmt nicht an diesem Abend und auch nicht am darauffolgenden, aber in einigen Wochen ganz sicher.

Meine Eltern blickten mich erwartungsvoll an. Ich holte tief Luft: »Mutti, Paps, ich wollte euch gern was sagen. Ihr wisst ja, dass es mir in der letzten Zeit nicht so gutging. Vor allem im Job, aber auch privat. Prinzipiell habe ich irgendwie den roten Faden in meinem Leben verloren und kann ihn nicht wiederfinden. Ein neuer Job würde mir nicht helfen, mich nerven eher grundsätzliche Sachen. Na ja, und ihr wisst ja auch, dass ich immer gern gereist bin. Ich war ja auch gerade in der Mongolei und so, und da habe ich beschlossen ..., ja also, ich werde ab nächsten Juni für ein halbes Jahr durch Asien reisen.« Ich wollte es ihnen so schonend wie möglich beibringen und erzählte darum nicht, dass ich eigentlich vorhatte, länger unterwegs zu sein.

Vollkommene Stille, meine Eltern blickten erst mich, dann sich, dann Dinah, dann wieder mich entsetzt und völlig ratlos an.

Ich redete weiter: »Mir ist bewusst, dass das für euch ein großer Schock ist. Aber ich komme hier zurzeit wirklich nicht klar.«

Dinah kam mir zu Hilfe: »Da hat Franzi recht. Sie geht vor die Hunde, wenn sie hierbleibt. Und wir drei, wir schaffen das schon.«

Mutti lief rot an, verzog ihr Gesicht, und da kullerten auch schon die Tränen. Paps konnte mich nicht ansehen, er schaute zum Fenster hinaus. Beide wussten nicht, wie sie jetzt reagieren sollten.

Schließlich fand mein Vater die Sprache wieder: »Was machst du denn mit deinem Auto? Das ist doch noch gar nicht abbe-

zahlt, das kannst du doch nicht mal verkaufen.« Ich erklärte ihm, dass ich mich darüber schon informiert hatte und dass es möglich war.
Dann fragte er: »Und dein Job? Bekommst du den wieder, wenn du zurückkommst?«
»Wahrscheinlich nicht«, sagte ich, »aber ich will ihn auch gar nicht zurück. Der Job und das ganze Umfeld sind ja ein großer Teil meines Problems.«
»Ja, aber was willst du denn dann machen?«, fragte er ratlos.
»Keine Ahnung, aber ich hoffe, dass ich während der Reise auf andere Gedanken komme und mir dann etwas einfällt.«
Mutti fragte nun: »Warum kannst du dir denn nicht einfach einen anderen Job suchen?«
»Weil mich nicht der Job oder die Firma an sich stört, sondern ganz allgemeine Sachen. Und weil ich gerade nicht weiß, was ich eigentlich machen will. Ich war die letzten anderthalb Jahre total unglücklich, aber ich habe keine Ahnung, was mich glücklich machen würde. Ich weiß es einfach nicht. Auf meinen Reisen ging es mir immer gut. Deshalb bin ich auf diese Idee gekommen. Ich möchte gern einfach weg von allem hier, zumindest für einige Zeit.«
Ich beschloss, noch ein bisschen von meinen Vorbereitungen zu erzählen, das gab ihnen Zeit, sich mit dem Gedanken weiter vertraut zu machen: »Ich habe mich in den letzten Wochen sehr ausführlich informiert. Die Vorbereitungen sind gar nicht so schlimm. Ich habe genug Geld, das war die wichtigste Frage. Meine Job-Kündigungsfrist sind drei Monate, ich werde im März kündigen. Die Wohnung hat eine Kündigungsfrist von drei Monaten, die muss ich also Anfang März kündigen und müsste zu Ende Mai ausziehen. Da habe ich einen Monat Zeit, hier zusammenzupacken. Die Möbel und meine Sachen werde ich einlagern. Meine Versicherungen

muss ich mir mal im Detail anschauen, da kann ich für die Zeit der Reise bestimmt auch einige kündigen oder zumindest aussetzen. Was jetzt sehr bald losgehen sollte, ist die Impfberatung. Aber eigentlich weiß ich schon, welche Impfungen ich brauche.«

»Wo willst du denn eigentlich genau hin?«, fragte Mutti.

»Bisher habe ich nur einen groben Plan. Anfangen werde ich in Indonesien, dann will ich weiter nach Nepal, Indien, Myanmar. Aber mich würden noch einige andere Länder interessieren. Von der Zeit her würde das alles passen. Aber ich möchte mich treiben lassen und gern länger an den Orten bleiben, die schön sind. Hier, einen Reiseführer von Indonesien habe ich schon gekauft, das ist so ein schönes Land, wollt ihr mal sehen?«

Nein, wollten sie nicht. Das war auch verständlich.

Wir redeten noch ein bisschen weiter, vor allem über den Sicherheitsaspekt. Natürlich hatten sie große Angst um mich, aber sie wussten auch, dass ich mich freiwillig nicht in unüberschaubare oder gar gefährliche Situationen begeben würde. Ich versprach ihnen, dass ich nicht in Länder reisen würde, in denen gerade politische Unruhen herrschten.

Irgendwann gingen wir alle ins Bett, aber keiner schlief wirklich gut in dieser Nacht. Mit tat es weh, ihnen weh zu tun, aber ich war mir nun mal sicher, dass diese Reise richtig für mich war. Und dass meine Eltern sich mit dem Gedanken irgendwann anfreunden würden. Zum Glück war ja noch Zeit.

Einige Wochen später sprach ich meine Mutter am Telefon noch mal auf meine Reisepläne an. Ich wollte, dass sie mich verstand, auch wenn ich davon ausging, dass es noch etwas dauern würde. Doch Mutti überraschte mich: »Hey, meine Große, es ist toll, was du vorhast!«

Wie bitte? In den Wochen zuvor hatte es immer geheißen:

»Ich kann da noch nicht drüber reden.« Was war denn plötzlich passiert? Paps – der als Erster aufgehört hatte, schockiert zu sein – klärte mich auf: »Na ja, sie hat es mehreren Leuten erzählt und wohl ein wenig Mitleid erwartet. Aber alle haben immer nur gesagt: ›Was will sie machen? Auf Reisen gehen? Das ist ja großartig!‹ Und da hat sich wohl diese Einstellung bei ihr auch durchgesetzt.« Ich war so froh!

Meinen engsten Freunden sagte ich es nach und nach. Für Steffi kam es natürlich nicht mehr ganz so überraschend, und ich freute mich, dass sie sich mit mir freute. Sie und Elke bombardierten mich gleich mit hundert Fragen, und Steffi kündigte an, dass sie mich auf jeden Fall in Nepal besuchen kommen wollte.

Auch meine Bekannten weihte ich in den nächsten Wochen ein. Und aus den einzelnen Reaktionen wurde mir wieder einmal bewusst, dass es noch mehr Leuten so ging wie mir. Offenbar traf ich mit meinem Reiseplan einen Nerv. Manch einem fehlte vielleicht noch die richtige Idee zur Veränderung. Nicht jeder wollte sicheren Boden aufgeben und allein durch die Weltgeschichte reisen. Das konnte ich natürlich gut verstehen. Und gleichzeitig war ich in diesen Momenten so unglaublich froh, dass ich »der Typ« dafür war und somit die perfekte Lösung für mich gefunden hatte.

Eine Kollegin sagte mir, wie mutig sie mich fand.

Oh nein, dachte ich, mutig bin ich ganz und gar nicht. Ich war nur endlich verzweifelt genug.

»Sprechen Sie Asiatisch?«

Kaum war der Entschluss einmal gefasst, wurde auf einmal alles ganz leicht. Ich fühlte mich wohl, hatte seit Ewigkeiten wieder das Gefühl, mit mir im Reinen zu sein. Ich hatte jetzt ein Ziel, das wirklich meins war. Konnte es kaum erwarten, endlich ein Leben zu führen, das abwechslungsreich war und nicht dominiert wurde von einem monotonen Alltag, der mich langsam, aber sicher immer mehr von dem entfernte, was mir eigentlich wichtig war.

Bald schon beanspruchte die Vorbereitung meiner Reise beinahe meine ganze Freizeit, und dadurch schien sich etwas in mir zu verändern. Die Schwere und die Lethargie verschwanden. Stattdessen kehrte meine Lebensfreude zurück, meine Fröhlichkeit. Es machte mir nichts mehr aus, morgens aufzustehen. Ganz im Gegenteil, ich wurde nun meistens vor dem Wecker wach und sprang aus dem Bett, ohne dass es mich die geringste Überwindung kostete. Seltsam, es war, als wäre ich von einer Zentnerlast befreit, als sei der Druck von zehn Jahren mit einem Mal von mir abgefallen. Es fühlte sich einfach gut an.

Endlose Bürotage, frustrierende Sitzungen, nervtötende Aufgaben? Kein Problem! Selbst der zäheste Moment konnte mir nichts mehr anhaben. Ich war immun gegen jeglichen Bürofrust, als hätte ich über Nacht ein geheimes Zaubermittel dagegen gefunden. Als mein Vorgesetzter wieder einmal eine meiner Ideen ohne Begründung vom Tisch fegte, zuckte ich nur mit den Achseln. Dann halt nicht, dachte ich. Macht doch einfach immer so weiter, wenn ihr wollt. Mir wird es bald egal sein. Ich musste an mich halten, nicht laut zu lachen,

wenn ich die angestrengten, verbissenen Gesichter um mich herum sah.
Es war überraschend schnell gegangen, aber ich hatte mich bereits verabschiedet von meinem alten Leben. Die Unzufriedenheit, die Verzweiflung darüber, dass es für immer so weitergehen würde – sie waren der Vorfreude auf eine aufregende, ungewisse Zukunft gewichen.
War es nicht bizarr? So lange hatte ich diesen Job für das Beste und Spannendste gehalten, was mir passieren konnte. Jahre hatte ich damit zugebracht, noch besser zu werden, Projekte nicht nur gut, sondern möglichst perfekt zu bearbeiten, Ideen zu entwickeln, meine Aufgaben zu erfüllen. Und lange war ich aufgegangen in meiner Arbeit, hatte mir nicht vorstellen können, dass sich das jemals ändern würde. Bis sich das Unbehagen in mir immer breiter machte. Die Sorge stärker wurde, dass es das nun gewesen sein könnte. Ich war so froh, dass ich die Reißleine gezogen hatte. Oh ja, es fühlte sich verdammt gut an.

Die nächsten Wochen vergingen geradezu wie im Flug. Ich hatte nun so viel zu tun, strotzte nur so vor Energie und Tatendrang. Ich recherchierte im Internet, welches die beste Reiseroute war, wie die Visabestimmungen waren, wogegen ich mich impfen lassen musste, wie viel ich für den Verkauf meines Autos bekommen konnte, was es mich kosten würde, meine Möbel einzulagern, und so weiter. Der Herbst kam, und ich genoss den Gedanken, dass es die vorerst letzte dunkle und kalte Jahreszeit war, die nun vor mir lag und die ich noch überstehen musste, bevor mein neues Leben begann. Ich hatte mir einen groben Zeitplan entworfen, nachdem ich herausgefunden hatte, welches die günstigste Reisezeit für meine ausgewählten Ziele war. Ich würde im Juni aufbrechen, denn dann konnte ich die schlimmsten Regenzeiten in Asien umgehen und hätte gleichzeitig ausreichend Zeit, alles Notwendige in die Wege zu leiten.

Ich musste doch meinen Job kündigen und natürlich meine Wohnung auflösen. Mein gesamtes Hab und Gut ausmisten beziehungsweise in Kisten verpacken und irgendwo unterbringen. Wie sah es mit den Versicherungen aus – Krankenkasse, Rente und so weiter? Auch darum würde ich mich kümmern müssen. Meine Liste wuchs mit jedem Tag. Eins war klar: Auch wenn man sein Leben für noch so überschaubar und unspektakulär hält, es einfach so an den Nagel zu hängen bedeutete eine ganze Menge Arbeit. Wirklich billig war es allerdings auch nicht. Allein die Impfungen würden ein kleines Vermögen verschlingen, stellte ich in Sorge um meine Reisekasse fest. Nur leider waren sie notwendig, hier war ich konservativ und auf Sicherheit bedacht. Schließlich hatte ich vor, meine Reise zu genießen – was bedeutete, dass ich nicht gleich pleitegehen, aber auch nicht krank werden wollte.

Es erstaunte mich selbst, dass ich in diesen Wochen kein einziges Mal ins Zweifeln geriet. Nicht als ich meinen Vermieter informierte, dass ich vorhatte, zum Sommer auszuziehen. Nicht als ich meine Krankenversicherung umstellte und meinen Bankberater aufsuchte, der ganz offensichtlich alles andere als begeistert von meinen Plänen war. Verständlich, die meisten Leute, die ihn anriefen, wollten vermutlich wissen, wie sie ihr Vermögen sicher anlegten und im besten Fall vergrößern konnten. Und nicht, wie sie so schnell wie möglich an ihr Festgeld kamen, um es in Asien auszugeben.

Es war schon komisch: All die Jahre hatte ich gearbeitet, um mir ein stabiles, normales Leben aufzubauen. Mit einem Bausparvertrag, einem ganzen Haufen Versicherungen, um vor allen Eventualitäten und Unwägbarkeiten des Lebens geschützt zu sein. Und nun riss ich das Gebäude, das ich fein säuberlich errichtet hatte, mit einem Mal nieder. Und es tat mir kein bisschen leid. Vor allem: Es machte mir nicht einmal Angst. Es war das Richtige, was ich da tat, davon war ich überzeugt. Denn es brachte mich endlich dem Leben näher, das ich tatsächlich führen wollte.

Und so ergänzte und verfeinerte ich kontinuierlich meine To-do-Listen, fand schließlich einen bezahlbaren Lagerraum in Brandenburg, nicht weit vom Wohnort meiner Eltern entfernt, in dem mein Hab und Gut bis zu meiner Rückkehr auf mich warten würde. Als Nächstes stand der Impfmarathon an, auf Anraten meines Arztes entschied ich mich für Auffrischungen gegen Tetanus, Diphtherie, Keuchhusten und Polio. Darüber hinaus empfahl er mir Impfungen gegen Malaria, Hepatitis A und B, Typhus, Tollwut und Cholera – Letzteres würde, so hieß es, auch gegen kleinere Magenverstimmungen und Unverträglichkeiten vorbeugen. Das überzeugte mich auf Anhieb, obwohl ich zu diesem Zeitpunkt noch keine Ahnung hatte, wie es sich tatsächlich anfühlt, mit einem rebellierenden Magen in einem indischen Hotelzimmer zu liegen und sich zu wünschen, dass man nie wieder etwas Essbares zu sich nehmen muss.

Noch wussten nur meine Familie und meine Freunde Bescheid über meine Pläne, denn ich hatte entschieden, meine Kollegen und meinen Arbeitgeber erst zu informieren, wenn die Kündigung anstand. Vermutlich merkten sie trotzdem, dass etwas los war, ich konnte meine Begeisterung und wiedergefundene Lebensfreude nur schwer verbergen. Einmal sprach mich ein Kollege an und wollte wissen, ob ich frisch verliebt sei. Wenn du wüsstest, dachte ich und lächelte vielsagend. Einerseits tat es mir leid, ihnen nicht die Wahrheit sagen zu können, denn mit vielen Kollegen war ich gut befreundet. Dennoch hielt ich es für falsch, so lange im Voraus anzukündigen, dass ich vorhatte zu gehen. Ich wollte die restliche Zeit in meinem Job professionell über die Bühne bringen. Es hätte alles durcheinandergebracht, wenn meine Pläne bekannt geworden wären.

Natürlich gab es Momente, in denen ich am liebsten damit herausgeplatzt wäre, oder noch besser: in denen ich alles hingeworfen und mich in den nächsten Flieger gesetzt hätte, um mit einem dramatischen Abgang in mein neues Leben zu starten. Wenn ich morgens auf dem Weg ins Büro im Berufsverkehr feststeckte, malte ich mir aus, wie ich einfach die Abfahrt zum Flughafen nahm, mir ein One-Way-Ticket wohin auch immer kaufte und losflog. Einfach so, ohne Gepäck, ohne Lasten, ganz frei und unbeschwert.

Ja, ich war zwar verzweifelt, aber so verzweifelt dann auch wieder nicht. Und außerdem war ich nicht der Typ, der aus einer Laune heraus davonläuft. Ich wollte ja auch niemandem etwas heimzahlen. Es war eher so, dass ich das Gefühl hatte, aus Versehen im Labyrinth meines Lebens falsch abgebogen zu sein. Orientierung war nicht meine Stärke. Aber genau das wollte ich nun korrigieren. Um sicherzugehen, dass ich diesmal die richtige Richtung einschlug, musste ich sorgfältig sein und genau planen.

Und so entschied ich mich, parallel zu meinen Impfungen auch gleich noch alle anderen Ärzte aufzusuchen, die mir einfielen. Es konnte wohl nicht schaden, mich noch einmal gründlich durchchecken zu lassen, bevor ich mich für ein Jahr aus dem deutschen Gesundheitssystem verabschiedete.

Mein Zahnarzt entließ mich mit den Worten: »Nun kann ich Sie beruhigt in die Welt ziehen lassen. Haben Sie Spaß!« Der

Orthopäde schien etwas besorgter, denn er ermahnte mich: »Passen Sie gut auf sich auf!« Mein Hausarzt versorgte mich mit prophylaktischen Antibiotika – man weiß ja nie – und klopfte mir zum Abschied aufmunternd auf die Schulter: »Damit kommen Sie schon mal recht weit. Und alles andere müssen Sie eben ertragen.«

Da hatte er vermutlich recht.

Als ich sein Sprechzimmer verließ, zwinkerte mir die Sprechstundenhilfe verschwörerisch zu. »Sie planen wohl einen längeren Urlaub?«, fragte sie.

»Eigentlich ist es gar kein wirklicher Urlaub«, versuchte ich zu erklären. »Ich gehe auf eine längere Reise.« Oje, wie dramatisch klang das denn.

»Wie aufregend, wo geht es denn hin?«, wollte sie wissen.

»Nach Asien. Ich möchte dort herumreisen, mich einfach treiben lassen.«

»Wie schön!« Sie schien ernsthaft begeistert. »Sprechen Sie denn auch ein bisschen Asiatisch?«

»Noch nicht, aber ich werde schon klarkommen«, versprach ich ihr lachend.

Weihnachten verging, Silvester ebenso. Das neue Jahr begann mit einem Paukenschlag: Mitte Januar wurde ich plötzlich gezwungen, meinen sorgfältig ausgetüftelten Zeitplan neu zu überdenken. Denn es stellte sich heraus, dass mein Vater erkrankt war und sich einer schweren Operation unterziehen musste. Meine Familie stand unter Schock, meine Mutter war verzweifelt und ich unsicher, ob ich unter diesen Umständen wirklich aufbrechen sollte. Zum Glück versicherte mir mein Vater, dass er mir nicht erlauben würde, meine Reise wieder abzublasen. Er bestand darauf, dass ich an meinen Plänen festhielt, unabhängig von seiner Situation. »Ich komme schon klar, Franzi. Mach du mal, was du dir in den Kopf gesetzt hast«, erklärte er. Wirklich überzeugt war ich nicht, aber er insistierte weiter, und so besorgt ich auch war, insgeheim war ich ihm dankbar, dass er mich gehen ließ.

Die Operation sollte im März stattfinden, danach sollte er zwei Monate in eine Reha-Klinik, um sich von dem Eingriff zu erholen. Das bedeutete, dass meine Mutter in dieser Zeit ganz alleine war, und es war ihr deutlich anzumerken, wie sehr die Erkrankung meines Vaters sie mitnahm. Zu allem Überfluss hatten sich meine Eltern entschieden, just in dieser Zeit das gesamte Wasserleitungssystem ihres Hauses zu sanieren. Die Handwerker waren bereits bestellt. Meine arme Mutter, alleine und verzweifelt auf einer Baustelle. Das konnte ich nicht zulassen.

Mein Plan, alleine für ein Jahr durch Asien zu reisen, hatte ihr schon genug zugesetzt. Und nun konnte und wollte ich sie nicht alleine lassen. Kurzerhand traf ich eine Entscheidung: Ich würde meine Zelte in München drei Monate früher abbrechen und bis zu meiner Abreise im Juni bei meinen Eltern wohnen. Bis dahin wäre mein Vater aus der Reha zurück und, wenn alles gutging, wieder auf dem Weg der Besserung.

Meine Eltern waren erleichtert und glücklich, als ich ihnen verkündete, dass wir nun noch Zeit miteinander verbringen konnten, bevor ich meine Reise antrat. Ich selbst war auch froh darüber, denn ich wusste, dass ich meine Familie sehr vermissen würde. Natürlich bedeutete meine vorgezogene Kündigung aber auch, dass ich drei Monate früher als geplant keinen Lohn mehr bekommen würde. Das wirkte sich nicht gerade positiv auf meine Reisekasse aus. Aber das war nicht ganz so wichtig.

Einen Tag später traf ich mich mit Steffi und Elke. Sie ahnten noch nichts von meiner Planänderung, und ich wusste, dass sie nicht gerade froh darüber sein würden.
»Für uns ist das natürlich schade«, sagte Elke. »Aber deine Mutter ist bestimmt beruhigt, dass sie die zwei Monate nicht alleine verbringen muss.«
Ich nickte. »Ja, es ist alles ganz schön viel für sie gerade.«
»Dann müssen wir beide dich eben noch mal besuchen kommen, bevor du abreist«, schlug Steffi vor.
»Oh, das wäre großartig!«, rief ich.
Wir verabredeten, dass die beiden zu meinem Geburtstag eine Woche vor meinem Abflug nach Berlin kommen würden. Dann könnten wir zusammen feiern und uns noch einmal sehen, bevor ich Richtung Asien aufbrach.
»Tja, Franzi, so schnell wirst du uns nicht los«, lachte Steffi.
Und ich war sehr froh darum.

Als Nächstes stand meine Kündigung an. Noch immer wusste niemand im Büro von meinen Plänen, und es tat mir fast ein bisschen leid, dass mir nicht viel Zeit blieb, mich von meinen Kollegen zu verabschieden. Denn ich hatte ausgerechnet, dass ich bereits Ende März meinen letzten Arbeitstag haben würde. Drei Monate Kündigungsfrist waren nicht viel, und ich hatte noch jede Menge Urlaubstage. Nur noch zweieinhalb Monate also.
An einem Montagvormittag im Januar machte ich mich auf den Weg in das Büro meines Vorgesetzten. Es war irgendwie surreal. Wie oft hatte ich diesen Moment in meinem Kopf durchlebt. Mir ausgemalt, wie ich einfach in sein Büro spazierte und ihm triumphierend die Kündigung auf den Tisch warf. Dann stellte ich mir vor, wie er völlig verblüfft reagierte und versuchen würde, mich umzustimmen.

Ich muss zugeben, es gab Tage, an denen mich diese Vorstellung tröstete. Nicht sehr oft, aber es ist vorgekommen. Als ich allerdings nun wirklich das Büro meines Chefs aufsuchte, fühlte ich mich kein bisschen siegessicher. Ein ganz klein bisschen aufgeregt war ich und ein wenig wehmütig. Immerhin hatte ich sehr lange eine sehr schöne Zeit gehabt in dieser Firma.

Ich klopfte an seine Tür, und er rief mich herein.

»Frau Schmitt, ich bin auf dem Sprung zum Flughafen. Was kann ich für Sie tun?«, fragte er, während er Unterlagen in seine Tasche packte.

»Ich, äh, ich möchte nur schnell …« In diesem Moment wünschte ich mich ganz weit fort. »… kündigen.« Die Worte verhallten.

Er blickte auf. An seinem Gesicht war keine Regung abzulesen.

»Oh, das ist schade«, sagte er schließlich. »Was wollen Sie denn stattdessen machen? Haben Sie eine andere Stelle gefunden?«

»Nein, ich habe keinen anderen Job. Ich möchte eine Auszeit nehmen. Ich plane eine große Asienreise.«

Er nickte. »Wissen Sie, das überrascht mich nicht. Ich hatte ohnehin den Eindruck, dass Sie unzufrieden sind. Dann ist das doch eine konsequente Entscheidung.«

»Ja, es war tatsächlich ziemlich viel in letzter Zeit. Ich hatte das Gefühl, dass es für mich so nicht weitergehen kann. Deshalb ist eine Auszeit genau das Richtige, um darüber nachzudenken, wie es weitergehen soll«, erklärte ich.

»Schade für uns, Frau Schmitt. Aber ich wünsche Ihnen alles Gute.« Ich reichte ihm mein Kündigungsschreiben, das er nickend zur Kenntnis nahm. Dann verließ ich sein Büro.

Zurück an meinem Schreibtisch hatte ich wacklige Knie. Das

war alles gewesen? Nach all den Jahren? Kein Erstaunen, kein Ärger, kein Unverständnis – nicht mal Überraschung? Er hatte wahrscheinlich bereits meinen Namen auf seiner Personalliste durchgestrichen. Vermutlich war er schon damit beschäftigt, so schnell wie möglich meine Nachfolge zu klären. Das System darf schließlich nicht ins Stocken geraten, nur weil ein Schräubchen aufgehört hat, sich zu drehen.

Franzi, du bist kindisch, sagte ich zu mir selbst und fühlte mich ertappt. Schon wieder hatte ich denselben Fehler gemacht und erwartet, dass ich an meinem Arbeitsplatz als Mensch wahrgenommen würde und nicht als Arbeitskraft, die ihr tägliches Pensum bewältigt. Reibungslos versteht sich. Vielleicht war ich nicht gemacht für diesen Kosmos. Was ist denn nur so falsch daran, Mitarbeiter zu loben, ihnen dann und wann für ihr Engagement zu danken? Das ist etwas, das ich wohl nie verstehen werde. Aber vermutlich bin ich nur naiv, wenn ich überhaupt auf solche Gedanken komme.

Ich seufzte. Was soll's, dachte ich. Ich würde es nicht mehr ändern. Und es würde mich auch nicht mehr lange beschäftigen. Nur noch zweieinhalb Monate. Es war irgendwie unvorstellbar für mich, die letzten zwölf Jahre war ich immer davon ausgegangen, dass es das für mich war, dass ich meinen Job machen würde, bis ich eines Tages in Rente ging. Nun gut, jetzt war alles anders gekommen.

Auf einmal wollte ich keine Sekunde länger warten. Ich stürmte ins Büro von Marcus, einem meiner Lieblingskollegen.

»Weißt du was, ich hab gerade gekündigt«, platzte es aus mir heraus.

Marcus sah mich verständnislos an. »Was hast du?«, fragte er.

»Gekündigt. Ich hab dem Chef gerade mein Kündigungsschreiben in die Hand gedrückt. Und Ende März bin ich weg«, strahlte ich.

»Das ist nicht dein Ernst! Das hast du wirklich gemacht? Und jetzt? Wie geht es jetzt weiter?« Die Überraschung stand ihm ins Gesicht geschrieben.

»Gar nicht. Ich nehme mir eine Auszeit. Nach all dem Stress brauche ich Ruhe. Ich weiß ja im Moment gar nicht, was ich eigentlich will. Ich weiß nur, dass es so nicht weitergehen kann. Nur noch Arbeit, keine Zeit mehr für etwas anderes, für längere Reisen zum Beispiel. Ich will nach Asien, für längere Zeit. Mich einfach treiben lassen.«

Marcus nickte nachdenklich. »Das ist wirklich mutig von dir, Franzi. Ich finde deine Entscheidung bewundernswert. Sich treiben lassen, das ist etwas, was wir viel zu selten machen.«

»Ja, wie auch«, entgegnete ich. »Ist ja normalerweise auch keine Zeit dafür.«

Die Nachricht von meiner Kündigung verbreitete sich wie ein Lauffeuer. Bis zum Nachmittag schien beinahe jeder davon erfahren zu haben, mein Telefon stand nicht mehr still, und dauernd kamen Kollegen in mein Büro, um es von mir persönlich zu hören. Es tat gut zu sehen, dass sie sich für mich freuten, dass sie meine Entscheidung nachvollziehen konnten, auch wenn wohl keiner von ihnen etwas Vergleichbares getan hätte. Und es war tröstlich, dass sie traurig waren, weil ich schon bald nicht mehr mit ihnen arbeiten würde. Das entschädigte mich für die nüchterne Reaktion meines Chefs. Ist es nicht viel wichtiger, dass die Kollegen, mit denen man den ganzen Tag verbringt, zu einem halten?

Meine Kündigung bedeutet aber auch, dass es jetzt wirklich kein Zurück mehr gab. In etwas weniger als drei Monaten würde ich keinen Job und kein festes Einkommen mehr haben. Kein Auto mehr und keine eigene Wohnung. Auf einmal schien die Zeit zu rennen. Einen Punkt nach dem anderen hakte ich in den kommenden Wochen auf meiner To-do-Liste ab: Meine letzte Steuererklärung hatte ich abgegeben, alle offenen Fragen zu meinen Versicherungen geklärt. Ich hatte Euros in Dollarnoten umgetauscht – damit würde ich in Asien am weitesten kommen. Eines Tages fand ich sogar einen Käufer für mein Auto, ein Moment, der mich trauriger machte, als ich vorher angenommen hatte. Nun war ich nicht mehr mobil und unabhängig. Obendrein hatte ich mit dem Verkauf einen finanziellen Verlust gemacht, aber das ließ sich nicht ändern. Ich brauchte jetzt das Geld und kein Auto. In ein paar Monaten würde es keine Rolle mehr spielen. Denn dann würde ich nur mit meinem Rucksack und dem notwendigsten Gepäck durch Asien reisen und mein Geld für das ausgeben, was wirklich essenziell war: Essen, Transport und Übernachtungsmöglichkeiten. Ein Leben ohne Luxus, ohne Statussymbole. Das war es, was ich wollte. Ich freute mich darauf!

Und dann war es so weit: Der erste Abschied stand an. Meine Sachen waren in unzählige Kartons verpackt, die Möbel, die ich behalten wollte, auf dem Weg nach Brandenburg.
An einem sonnigen Märztag, es war kurz vor Ostern, saß ich mit Elke und Steffi zum letzten Mal in einem Münchner Biergarten. Ich war als Erste angekommen, hatte mir einen Tisch in der Sonne gesucht und meine Reisezeitschriften, die ich mir unterwegs geleistet hatte, vor mir ausgebreitet. Als ich sie durchblätterte, kribbelte es in meinem Bauch. Nun würde es nicht mehr lange dauern, und ich musste nicht mehr länger sehnsüchtig die Geschichten anderer verfolgen, sondern durfte selbst erleben, wie sich die große weite Welt anfühlte. Die

Freiheit und die Unabhängigkeit. Nicht mehr müssen, sondern nur noch dürfen und können. Es würde großartig werden!

Auf einmal standen Steffi und Elke vor mir und ließen sich mit ihren Getränken auf der Bank gegenüber von mir nieder. Beide versuchten, sich nichts anmerken zu lassen, so zu sein wie immer. Aber ich kannte sie zu gut, um nicht zu merken, dass sie traurig waren. Und mir war auch ganz wehmütig. Es war der letzte Tag unserer gemeinsamen Zeit in dieser Stadt. Eine Zeit, die manchmal hart gewesen war, in der es aber auch so viele schöne Momente gegeben hatte. Unsere Mädelstreffen, die Biergartenbesuche, die Kino- und Theaterabende, die Gespräche, alles, was Elke und Steffi für mich zu einem Familienersatz gemacht hatten. Ich schluckte. Das war jetzt endgültig vorbei.

»Tja, Franzi, morgen wird es dann ernst«, sagte Steffi auf einmal.

»Ja, ich fahre früh los, gleich nach der Wohnungsübergabe. Ich hoffe, dass ich dann bis Nachmittag bei meinen Eltern bin«, antwortete ich. Irgendwie war es mir in dem Moment lieber, über die praktischen Aspekte meines Abschieds zu reden als über meine Gefühle.

»Hast du denn dein restliches Gepäck verstaut?«, wollte Elke wissen.

»Der Mietwagen platzt aus allen Nähten. Aber ich werde hoffentlich noch Platz für mich darin finden«, versuchte ich zu scherzen.

Wir tranken aus, aber keiner von uns war nach reden zumute. Worüber auch, wir hatten in den letzten Monaten viel über meinen Entschluss gesprochen. Ich wusste, dass Elke und Steffi sich für mich freuten.

Als meine beiden Freundinnen etwas später auf ihre Räder

stiegen und wir uns zum Abschied umarmten, wurde mir richtig schwer ums Herz. Aber ich wusste schließlich, dass meine Reise nicht das Ende unserer Freundschaft bedeutete. Wir würden uns schreiben und telefonieren, Steffi hatte tatsächlich schon einen Flug nach Nepal gebucht, und überhaupt, im Juni würden wir uns ja noch einmal in Berlin sehen.

Der erste Abschied lag nun hinter mir. Als ich München am nächsten Tag verließ und auf die A9 Richtung Berlin fuhr, war ich melancholisch. Aber die Vorfreude auf das, was kommen würde, überwog alles. Ich war frei! Konnte tun und lassen, was ich wollte. Die Welt entdecken, neue Leute kennenlernen und vielleicht auch mich selbst. Wer wusste schon, was die Zukunft für mich bereithielt. Alles war möglich.
Ich freute mich sehr darauf, die nächsten zwei Monate mit meiner Familie zu verbringen und vor allem wirklich Zeit für sie zu haben. Mein schlechtes Gewissen, weil ich sie so lange alleine lassen würde, plagte mich noch immer dann und wann, auch wenn meine Eltern sich längst mit meiner Entscheidung angefreundet hatten und mich unterstützten. Und so genossen meine Mutter und ich in den kommenden Wochen unsere Mutter-Tochter-Zeit, und währenddessen wurde ich kein einziges Mal nervös, wenn ich an meine Reise dachte. In keinem Moment stellte ich meine Entscheidung in Frage, auch wenn ich gestehen muss, dass es sentimentale Augenblicke gab. Meine Familie, die beste Familie der Welt, war mir immer wichtig gewesen. Ich war ihnen unendlich dankbar dafür, dass sie mich die letzten zwei Monate aufnahmen. Denn das bedeutete, dass sie meine mitunter etwas chaotische Vorbereitung ertragen mussten.

Noch waren ein paar Punkte auf meiner To-do-Liste verblieben, um die ich mich kümmern musste. Wieder und wieder hatte ich meine Reiseroute überdacht und verändert, aber nun stand fest, dass ich mein neues Leben in Indonesien beginnen wollte. Wie lange ich dort bleiben würde, war völlig offen. Vorerst hatte ich nur ein One-Way-Flugticket nach Jakarta gebucht und alles Weitere würde sich finden. Nach einem langen Tag in der indonesischen Botschaft hielt ich endlich ein Touristenvisum für zwei Monate in den Händen. Ich konnte mein Glück kaum fassen.
Zur Belohnung machte ich mit Dinah einen spontanen Ausflug zu einem Outdoor-Geschäft. Meine Ausrüstung musste noch vervollständigt werden, damit unterwegs nichts schiefging. Versorgt mit einem Reisewecker, Regenhüllen für beide Rucksäcke, einer Reisewäscheleine, Tape zum Reparieren meines Moskitonetzes, einer wasserfesten Plastikhülle – vielleicht würde ich ja mal mit dem Boot unterwegs sein –, Batterien für meine Stirnlampe, Mückenschutzspray und vielen weiteren Schätzen kam ich an diesem Abend bei meinen Eltern an. Ein letztes Mal zog ich die To-do-Liste hervor und hakte die noch verbliebenen Punkte darauf ab. Fertig. Ich war bereit.

Die letzten paar Wochen vor meiner Abreise vergingen wie im Flug. An meinem Geburtstag besuchten mich Steffi und Elke wie versprochen in Berlin. Gemeinsam mit ihnen und Dinah verbrachte ich zwei wundervolle Tage, wir hatten so viel Spaß. Es fühlte sich an wie immer. An meinem Geburtstag fuhren wir zu meinen Eltern, und ich war glücklich, an diesem Tag alle um mich zu haben, die mir wichtig waren. Alles war gut, meinem Vater ging es schon wieder viel besser, meine Eltern freuten sich für mich, meine beiden Freundinnen auch. Zum Abschied schenkten sie mir ein Fotobuch und eine CD mit selbst aufgenommenen Hörbüchern. So konnte ich Elke und Steffi mit auf die Reise nehmen, und sie würden mir, sollte ich mich einsam fühlen, Geschichten vorlesen. Ich war sprachlos. Was für großartige Freundinnen ich hatte. Als sie am frühen Abend ins Auto stiegen, um zurück nach München zu fahren, mussten wir wohl alle schlucken. Abschiede sind einfach blöd. Immerhin, Steffi würde im Oktober nach Nepal kommen, und bis dahin konnte ich ja nun ihre und Elkes Stimmen hören, wann immer ich wollte.

Und dann war der 19. Juni gekommen. Meine Eltern brachten mich zum Zug nach Berlin. Dinah wartete dort bereits auf mich, denn sie hatte es sich nicht nehmen lassen, mich nach Frankfurt zum Flughafen zu begleiten. Die allerletzten Stunden vor meiner Abreise gehörten nur uns beiden.

Meine Eltern waren sehr tapfer und hatten sich glücklicherweise für den Nachmittag extra etwas vorgenommen, um auf andere Gedanken zu kommen. Wir umarmten uns zum Abschied, alle darauf konzentriert, die Fassung zu behalten. Es gelang uns ganz gut, bis meine Mutter eine kleine Schachtel aus ihrer Tasche zog.

»Das hier ist für dich, liebe Franzi. Damit du unterwegs an uns denkst«, sagte sie.

Ich öffnete die Schachtel und hielt eine Kette mit einem kleinen Kleeblatt-Anhänger in Händen.

»Die soll dir Glück bringen. Außerdem hast du uns vier so immer bei dir«, flüsterte meine Mutter. Ich war gerührt und brachte kein Wort heraus. Stattdessen umarmte ich meine Eltern ganz fest. Wie dankbar ich ihnen in diesem Moment war! Dafür dass sie mich unterstützten und sich für mich freuten, obwohl es sie traurig machte, dass wir uns nun so lange nicht sehen würden.

Zum Glück fuhr in diesem Moment der Zug ein. Ein letztes Mal drückte ich meine Eltern, dann stieg ich ein, das Kleeblatt fest in meiner Hand.
Dinah nahm mich in Berlin in Empfang, und ich war froh, meine Schwester an meiner Seite zu haben. Ich mag Abschiede nicht besonders und versuche deshalb immer, sie möglichst kurz zu halten. Ursprünglich hatte ich vorgehabt, alleine zum Flughafen zu fahren, aber nun fühlte es sich gut an, dass Dinah da war.
Am Flughafen gab ich mein Gepäck auf, dann machten wir uns auf den Weg zur Sicherheitsschleuse. Jetzt war es so weit, nun musste ich mich auch von meiner Schwester verabschieden. Wir hatten uns noch nie länger als ein paar Wochen nicht gesehen, und auch wenn sie in Berlin lebte und ich in München, waren wir doch beinahe täglich in Kontakt gewesen. Wie würde es wohl sein, ab sofort ganz auf mich allein gestellt zu sein? Nicht einfach so zum Hörer zu greifen, um Dinah erzählen zu können, was ich gerade erlebt hatte?
»Schwesterherz, ab hier musst du jetzt wohl alleine weiter«, schien Dinah meine Gedanken zu erraten.
»Ja. Danke noch mal, dass du mitgekommen bist«, antwortete ich.
Wir sahen einander an, dann umarmte ich sie und drückte sie noch einmal ganz fest. Dabei versuchten wir beide, die Tränen zurückzuhalten, was zum Glück auch einigermaßen gelang.
»Ach, bevor ich es vergesse«, begann Dinah, »ich habe hier auch noch was für dich.« Sie zog ebenfalls eine kleine Schachtel aus der Tasche und überreichte sie mir. Als ich den Deckel öffnete, lag darin ein weiterer Anhänger für meine Kette. Zwei ineinander verschlungene Menschen.
»Auch wenn du weit weg bist, ich bin immer bei dir, Franzi.«

Noch einmal fielen wir uns um den Hals, und jetzt gelang es uns nicht mehr, die Tränen zurückzuhalten.
Als ich schließlich durch die Sicherheitsschleuse ging, wo mein Handgepäck durchleuchtet wurde, nahm ich alles durch einen dicken Tränenschleier wahr. Ich drehte mich nicht mehr um. Es war jetzt an der Zeit, nach vorne zu blicken.

Ich komm zu mir. Du hast mich an mich erinnert. Ohne dich hätt' die Welt mich überschwemmt. Als der Flieger über das Rollfeld zur Startbahn fuhr, gingen mir immer wieder dieselben Zeilen durch den Kopf. Zwei Tage vor meiner Abreise waren Dinah und ich in Berlin auf einem Konzert unserer gemeinsamen Lieblingsband Silly gewesen. Es war unser letzter Schwesternabend für lange Zeit gewesen, und in Gedanken durchlebte ich ihn noch mal, als wir schließlich abhoben und ich meinem neuen Leben entgegenflog.
Dinah und ich hatten einen Platz ganz weit vorne bekommen, nah an der Bühne. Da wir beinahe alle Liedtexte auswendig kannten, sangen Dinah und ich begeistert mit. Wir waren aufgedreht und hatten Spaß. Bei dem Lied »Erinnert« war mir plötzlich, als sei ich gemeint, als würde der Song nur für mich gespielt. *An ein Mädchen, das noch lebt. An ein Mädchen, dessen Seele lächelnd schwebt.*
»Ich glaube, ich werde jetzt immer an dich denken müssen, wenn ich dieses Lied höre«, rief Dinah mir zu.
Ja, auch mich würde es immer an diesen Abend erinnern und daran, dass ich am Leben war. Dass ich mein Leben nun endlich so führen konnte, wie ich wollte. Ich war zufrieden, und meine Seele war es auch. Vermutlich schwebte sie tatsächlich irgendwo lächelnd über mir. Endlich war ich zufrieden.
Ich kuschelte mich in meinen Sitz und lächelte. Das Schlimmste war geschafft. Ich hatte eine Entscheidung getroffen und

daran festgehalten. Auch wenn es manch einem noch so verrückt erschienen war, dass ich meinen sicheren Job gekündigt und mein solides Leben an den Nagel gehängt hatte, ich hatte mich von keinem Zweifel anstecken lassen. Sondern meinen Plan verfolgt, einen Punkt nach dem anderen auf meiner Liste abgehakt. Mein Leben in Kartons verpackt und ihm anschließend gekündigt. Nun ja, genau genommen hatte ich meinem Alltag gekündigt, damit ich endlich mehr Platz für mein Leben hatte.

Es erstaunte mich selbst, aber ich war kein bisschen traurig oder ängstlich, als ich mich Flugstunde um Flugstunde meinem Ziel Jakarta näherte. Ich wusste, dass meine Familie und meine Freunde hinter mir standen, dass sie sich für mich freuten und ich ihnen schon bald von meinen Erlebnissen unterwegs erzählen würde. Was mich wohl erwarten würde? Ich hoffte, schnell Anschluss zu finden und andere Reisende kennenzulernen. Mich einfach treiben lassen zu können. Wahrscheinlich würde die größte Herausforderung der ersten Wochen darin bestehen, mein gewohntes Tempo zu drosseln. Den Tag nicht genau zu planen und durchzustrukturieren, sondern dem Zufall eine Chance zu geben. Mein altes Leben abzuschütteln und abzuwarten, wohin mich meine Reise führen würde.

Noch wusste ich nicht genau, wie lange ich in Indonesien bleiben wollte. Mein Visum reichte für zwei Monate. Bei meinen Recherchen war ich auf Berichte über den Tobasee auf der Insel Sumatra gestoßen, und als ich Bilder davon sah, hatte ich mich auf Anhieb in dieses Fleckchen Erde verliebt. Ich hatte mir vorgenommen, die ersten zwei Tage in Jakarta zu verbringen, dort war auch die einzige Unterkunft, die ich von zu Hause aus gebucht hatte. Danach wollte ich zum Tobasee weiterfahren. Wie lange ich dort bleiben würde, wusste ich nicht. Das Tolle war, ich musste mir auch keine Gedanken darüber machen. Wenn es mir dort gefiel, würde ich bleiben. So lange, bis ich das Gefühl hatte, dass es an der Zeit war weiterzuziehen.

In meinem neuen Leben werde ich auf vieles verzichten müssen – eine eigene Wohnung, ein Auto oder ein festes Gehalt. Aber was ich zweifellos gewonnen hatte, war der Luxus, mit meiner Zeit zu machen, was ich wollte. Ich war nun nicht mehr fremdbestimmt, musste mich nicht mehr nach Terminen und Deadlines richten, mir keine Gedanken mehr machen, wie ich andere zufriedenstellen konnte. Alles, was nun zählte, war, was ich wollte. Was ich sehen, entdecken und tun wollte. Es war ein berauschendes Gefühl: Die ganze Welt lag mir zu Füßen. Hatte es vielleicht schon immer getan. Ich war nur zu beschäftigt gewesen, es wahrzunehmen.

Das würde mir nun nicht mehr passieren. Endlich hatte ich genug Zeit, sie zu entdecken.

Ich beschloss, dass es Zeit war für eine Runde Schlaf. Schließlich wollte ich nicht völlig übernächtigt an meinem Reiseziel ankommen.

Nach etwa vierzehn Stunden Flug setzte die Maschine zur Landung an. Schlagartig war ich hellwach. Es war so weit. Als der Flieger auf der Landebahn aufsetzte, durchzuckte mich eine Welle der Euphorie. In meinem Magen kribbelte es wie in einem Ameisenhaufen. Indonesien, ich komme!

Etwa eine Stunde später hielt ich mein Gepäck in den Händen und hatte alle Einreiseformalitäten ohne Probleme hinter mich gebracht. Geschafft, dachte ich. Nun war ich hier. Wirklich und tatsächlich. Ich konnte es noch gar nicht so richtig fassen. Als ich aus dem Flughafengebäude ins Freie trat, schlug mir sofort ein Mix aus Hitze, Luftfeuchtigkeit und

Autoabgasen entgegen. An das Klima werde ich mich gewöhnen müssen, aber irgendwie fühlte es sich auch vertraut an, beinahe als würde ich nach Hause kommen. Endlich war ich wieder in Asien! Und anders als die letzten Male hatte ich nun deutlich mehr als zwei oder drei Wochen Zeit, Land und Leute kennenzulernen. Ich konnte bleiben, solange ich wollte. Der Gedanke ließ mein Herz schneller schlagen. Gleichzeitig war das alles auch ganz schön unwirklich.

»You want a taxi, Madam?« Der Fahrer lächelte mich freundlich an.

»Yes, please«, antwortete ich gut gelaunt und lächelte zurück. Gemeinsam verstauten wir mein Gepäck im Kofferraum, dann ließ ich mich auf die Rückbank fallen.

»Selamat Datang«, begrüßte er mich mit einem Blick in den Rückspiegel. »Welcome to Indonesia! Enjoy your time here.« Und ob ich das tue, dachte ich, als sich das Taxi in den dichten Verkehr in Richtung Innenstadt einfädelte.

Tausche Alltag gegen Leben

»Here we are.« Der Taxifahrer drehte sich um und sah mich lachend an. Ja, nun war ich hier. Endlich. Ich konnte es noch gar nicht richtig fassen. Die Klimaanlage im Taxi funktionierte nicht, deshalb hatte während der Fahrt ein Fenster offen gestanden, durch das sich eine Mischung aus Autoabgasen und warmer Luft im Inneren des Fahrzeugs ausgebreitet hatte. Auf der vierspurigen Straße hatte der frühnachmittägliche Verkehr Richtung Innenstadt gestockt. Neue und alte Autos, Klein- und Reisebusse und natürlich jede Menge Mopeds – jeder drängte sich an jedem vorbei, die kleinste Lücke wurde ausgenutzt, um noch ein bisschen schneller zu sein als alle anderen. Verkehrsregeln gab es nicht, oder sie wurden ignoriert. Aber jeder war auch auf alle möglichen Aktionen der anderen Verkehrsteilnehmer gefasst. Und so funktionierte es irgendwie. Wie vertraut das alles war. Endlich wieder hier in Asien! Und ich konnte es noch immer nicht glauben, dass ich nicht nur zwei, drei Wochen Zeit hatte, diesen wunderbaren Kontinent zu erkunden.

»Terima kasih – dankeschön«, antwortete ich und stieg aus. Ich brauchte einen Moment, um mich zu sortieren. In Gedanken war ich weit weg gewesen und eingetaucht in meine neue Umgebung. Es war alles doch wieder sehr ungewohnt, der Lärm, der Gestank, das bunte Treiben. Ich fühlte mich überwältigt davon, und gleichzeitig machte es mir auch etwas Angst. Würde ich hier alleine wirklich klarkommen? Oder im dichten Straßenlabyrinth der indonesischen Hauptstadt verloren gehen?

So ein Quatsch, Franzi, ermahnte ich mich selbst. Es war

schließlich nicht meine erste Reise ganz allein, und was sollte schon groß passieren? Ich war frei, ich war unabhängig, ich hatte alle Zeit der Welt, um diese Stadt und das ganze Land in Ruhe zu erkunden. Wie großartig!

Jetzt aber schnell einchecken, meine Sachen auspacken und dann unter die Dusche!

»Sorry, Sie haben keine Reservierung.« Die junge Frau am Empfangsschalter meiner Unterkunft sah mich entschuldigend an.

Wie bitte?

Ich versuchte, ihr klarzumachen, dass ich schon vor Wochen online gebucht und für die nächsten beiden Nächte reserviert hatte. Aber es war nichts zu machen. Die Reservierung hatte offenbar nicht geklappt – ich hatte zwar eine Bestätigung bekommen, aber übersehen, dass ich diese noch mal hätte bestätigen müssen. Und da sage noch mal einer, wir hätten in Deutschland eine umständliche Bürokratie. Das Guesthouse war auf Wochen ausgebucht, noch nicht mal im größten Mehrbettzimmer war noch eine Schlafkoje für mich frei.

Na großartig.

Seufzend kramte ich meinen Stadtplan heraus und bat sie, mir andere Hostels in der Nähe zu zeigen. Vielleicht hatte ich ja woanders mehr Glück.

Mit einer beruhigenden Handbewegung gab mir die Frau am Empfang zu verstehen, dass ich mir keine Sorgen machen sollte. Ein gutes Zeichen, wie ich fand. Dann griff sie zum Telefonhörer und wählte. Einen Moment später redete sie auf jemanden ein und sah mich dabei aufmunternd an. Ich verstand kein Wort, aber offensichtlich entwickelten sich die Dinge positiv.

Schließlich legte sie den Hörer auf und grinste zufrieden.

»Ich habe in einem anderen Guesthouse angerufen, dort ist

noch ein Zimmer für Sie frei«, verkündete sie in fast fehlerfreiem Englisch.
Gott sei Dank!
»Ich zeichne es Ihnen auf der Karte ein. Sie müssen ein Tuk-Tuk nehmen, es ist etwas weiter weg.«
Ich sah sie verdutzt an. Okay, dann nahm ich mir eben ein Tuk-Tuk. Standen die vor der Tür herum, oder würde ich mir am Straßenrand eins herbeiwinken müssen?
Offenbar erriet sie meine Gedanken.
»Kein Problem, kommen Sie mit.« Sie stand auf, ging zur Tür und bedeutete mir mitzukommen. Vor dem Guesthouse winkte sie ein klappriges Dreirad heran, das einen Moment später vor uns anhielt. Eigentlich fahre ich immer ganz gern mit diesen Gefährten, aber dieses hier wirkte schon sehr instabil, und ich fragte mich, ob das Ding eine weitere Fahrt durch die Stadt überstehen würde.
Aber anscheinend war ich die Einzige, die Zweifel hatte. Weder die hilfsbereite Mitarbeiterin des Hostels noch der alte Mann, der das Tuk-Tuk fuhr und mich breit lächelnd begrüßte, schienen das Gefährt in irgendeiner Weise ungewöhnlich zu finden. Also beschloss ich, dass ich mir keine Gedanken machen musste, schnappte mir meinen Rucksack – ich hatte Sorge, dass der alte Mann sich damit einen Bruch heben könnte – und kletterte auf den etwas wackligen Sitz des Dreirads.
Die Frau vom Hostel nannte dem Fahrer den Zielort und verabschiedete sich. Zum zweiten Mal an diesem Tag wurde ich durch die Straßen Jakartas kutschiert.
Nach etwa zwanzig Minuten hielt das Tuk-Tuk vor einem großen braunen Tor. Dahinter musste das andere Hostel sein. Ich zahlte und krabbelte mit meinem Gepäck von meinem Sitz. Und leistete insgeheim Abbitte, denn das Gefährt hatte die Fahrt ohne Schwierigkeiten überstanden.

Diesmal hatte ich mehr Glück. Ein Zimmer war bereits für mich reserviert, und wie sich herausstellte, war das zweite Hostel sogar noch ein bisschen besser gelegen als das erste. Ich konnte also sofort mit meiner Erkundungstour loslegen. Nur noch eine Dusche, umziehen, und dann: Jakarta, ich komme!

Leider weckte die Dusche nicht wirklich meine Lebensgeister, nach der Fahrt war ich immer noch sehr müde.

Drei Stunden später weckte mich eine durchdringende Männerstimme. Was war passiert, wo war ich? Benommen sah ich mich um. Oh, ich war wohl eingeschlafen. Es dauerte einen Moment, bis ich realisierte, wer der Mann war und warum er so laut rief: Es war ein Muezzin, offenbar befand sich eine Moschee in der Nähe des Hostels.

Dass er mich das nächste Mal frühmorgens um halb vier aus dem Schlaf reißen würde, wusste ich in diesem Moment zum Glück noch nicht.

Ein Blick aus dem Fenster verriet mir, dass es bereits dunkel wurde. Mist, ich hatte den ganzen Nachmittag verschlafen. Was nun?

Eigentlich hatte ich rausgehen und ein Internetcafé suchen wollen. Meine Familie und meine Freunde daheim warteten sicher schon auf ein Lebenszeichen von mir. Ich hatte jedoch keinen blassen Schimmer, wo ich in der Umgebung des Hostels nach einem Internetcafé suchen sollte. Und außerdem war morgen ja auch noch ein Tag, das würden sie daheim bestimmt verstehen.

Also schnappte ich mir kurzerhand meinen Rucksack und begann mit dem Auspacken. Als alle meine Sachen vor mir auf dem Bett lagen, stellte ich mit Entsetzen fest, dass ich meine Stirnlampe zu Hause vergessen hatte. Wie hatte das nur passieren können? Für die geplanten Trekkingtouren würde ich unbedingt eine brauchen.

Ich sah mich im Zimmer um. Ein paar Steckdosen hingen aus den Wänden. Nicht sehr beruhigend, aber die gute Nachricht war, dass die deutschen Stecker passten. Also ignorierte ich alle aufkommenden Sorgen um Kurzschlüsse und andere Katastrophen und stöpselte mein Netbook an. Irgendwie war mir danach, Musik zu hören, und als ich die ersten Töne vernahm, fühlte ich mich schon viel ruhiger.

Ich schnappte mir meinen Reiseführer und machte es mir auf dem Bett bequem. Aufmerksam studierte ich die Einträge zu Jakarta, um die nächsten beiden Tage so gut wie möglich vorzubereiten. Eine Stunde später wusste ich, wie ich zum Backpacker-Viertel und zu den wenigen Highlights kam, die Jakarta bot.

Ich beschloss, dass es das Beste sei, ausreichend Schlaf zu bekommen, und machte das Licht aus. Mein Reiseführer lag neben meinem Bett, ebenso die Liste mit den wichtigsten Dingen, um die ich mich am nächsten Morgen kümmern musste. Ein Internetcafé. Ein Flugticket zur Insel Sumatra. Eine Stirnlampe.

Kaum hatte ich mich hingelegt, war ich auch schon eingeschlafen.

***

Pünktlich am nächsten Morgen verließ ich das Hostel. Der Gesang des Muezzins steckte mir noch in den Knochen, aber abgesehen davon fühlte ich mich erstaunlich frisch und erholt. Meine erste Route führte mich nach Jalan Jaksa, dem Backpacker-Viertel von Jakarta. Wie ich am Tag zuvor auf der Fahrt vom Flughafen bereits vermutet hatte, war die indonesische Hauptstadt nicht besonders schön. Dafür aber sehr sympathisch. Ich schlenderte durch die Straßen und Gassen und freute mich, als ich feststellte, dass ich keine Verständigungsprobleme hatte. Denn neben vielen anderen Relikten aus der niederländischen Kolonialzeit findet man in Jakarta an jeder Ecke Begriffe wie »Polisi«, »Apotek« oder »Dokter Spesialis Urologi«. Nein, hier würde ich bestimmt nicht verloren gehen.

Nach einer Weile entdeckte ich ein Reisebüro und buchte dort ein Flugticket in die Stadt Medan. Sie liegt auf der Insel Sumatra, meinem ersten großen Ziel in Indonesien. Schon nach ein paar Stunden in der Großstadt zog es mich in idyllischere Gefilde, und ich entschied mich für einen Flug bereits am übernächsten Tag.

Ich setzte meine Erkundungstour durch Jakarta fort. Die großen Straßen mied ich und ging stattdessen durch kleine und staubige Gassen. Die Häuser waren maximal zweistöckig, Wäsche hing über Zäunen zum Trocknen, dreirädrige Tuk-Tuks kamen mir knatternd entgegen. An einer Straßenecke stieß ich endlich auf ein Internetcafé, wo ich mir einen frisch gepressten Papayasaft gönnte und E-Mails an meine Eltern, Dinah, Steffi und Elke schrieb. Ich ließ sie wissen, dass es mir gutging, dass ich einen angenehmen Flug gehabt hatte und es nun gar nicht abwarten konnte, so viel wie möglich zu erleben. Komisch, als ich die Mails schrieb, wurde mir zum ersten Mal klar, wie weit weg sie nun waren und wie sehr ich sie vermissen würde. Zum Glück gab es das Internet, mit E-Mails und Unterhaltungen via Skype würde es leicht sein, Kontakt mit ihnen zu halten. Es wird sich schon alles finden.

Nachdem ich diese zwei wichtigen Punkte von meiner Liste abgehakt hatte, schlenderte ich weiter durch die laute, hektische City von Jakarta. Am frühen Nachmittag erreichte ich das Nationalmonument Monas: ein über 130 Meter hoher Turm, der in einer überdimensionalen Schüssel zu stehen

scheint. Seine Spitze ist vergoldet und soll eine Flamme symbolisieren. Ein wahrhaft imposantes Wahrzeichen, allerdings staunte ich nicht schlecht, als ich bemerkte, dass es bereits geschlossen hatte, es war gerade 15 Uhr. Vielleicht hätte ich meinen Reiseführer etwas gründlicher studieren sollen.
Dafür blieb mir mehr Zeit, den Park, der das Monas umgibt, zu durchstreifen. Die Stimmung dort war unglaublich schön und sehr entspannt. Es herrschte buntes Treiben: Kinder ließen Drachen steigen, Studenten saßen auf dem Rasen zusammen und redeten, Händler verkauften Wasser, Kitsch oder Naschereien. Es war herrlich. Genau so hatte ich es mir vorgestellt.
Als ich gegen Abend zurück zum Guesthouse schlenderte, blieb ich etwas unschlüssig an einer Kreuzung stehen und zog meinen Stadtplan heraus.
»Hello Miss, how are you?«, wurde ich sofort angesprochen. Ein älterer Mann kam auf mich zu, zeigte auf den Stadtplan und fragte: »Can I help you?«
»Ich suche den Weg zu meinem Guesthouse«, erklärte ich ihm, »und weiß nicht, ob ich in diese Richtung gehen muss oder in eine andere.«
Geduldig beugte er sich mit mir über den Plan und zeigte mir, wie ich am besten gehen sollte. Erleichtert bedankte ich mich bei ihm.
»Von wo kommen Sie?«, wollte er wissen.
»Aus Deutschland«, antwortete ich.
»Oh, aus Deutschland.« Er schien erfreut. »Die Deutschen haben uns den christlichen Glauben gebracht. Dafür sind wir Indonesier euch sehr dankbar.«
Aha. Dafür war er den Deutschen dankbar? Ich dachte zwar ein wenig anders über die missionarischen Aktivitäten der christlichen Kirche, aber der Mann schien wirklich froh dar-

über zu sein. Ich lächelte ihn an und machte mich dann auf den Heimweg.
Mittlerweile war es dunkel geworden, und ich hatte das Gefühl, als spazierte ich durch die Wohnstuben der Einwohner von Jakarta. Überall wurde gekocht und gebrutzelt, die Garküchen befanden sich mitten auf den Gehwegen, und ganze Familien hatten sich dort versammelt, um zu Abend zu essen.
Dabei war überall Musik zu hören, viele Einheimische saßen mit Gitarren auf dem Bordstein und musizierten. Es war wunderbar friedlich, eine ruhige, zufriedene Stimmung legte sich nach Sonnenuntergang über diese hektische, laute Stadt. Ich war ganz verzaubert davon, in der Nacht entfaltete Jakarta eine ganz eigene Schönheit.

***

Voll von diesen Eindrücken fiel ich auch an diesem Abend sofort in einen tiefen Schlaf. Und diesmal gelang es dem Muezzin nicht, mich vorzeitig zu wecken, auch wenn ich sicher war, dass er es hartnäckig versuchte.
Am nächsten Morgen brach ich früh auf zum Bahnhof Gondangdia. Ich wollte den Zug Richtung Norden ins historische Stadtviertel von Jakarta nehmen. Erstaunt stellte ich fest, dass der Zug mit geöffneten Türen fuhr. Belustigt dachte ich an all die Sicherheitsbestimmungen, wogegen das in Deutschland verstoßen würde. Hier in Indonesien hingegen war es eine Wohltat. Denn in diesem Klima wäre es vermutlich gar nicht auszuhalten, bei geschlossenen Türen und Fenstern zu fahren. Eine Klimaanlage suchte ich jedenfalls vergeblich.
Obwohl genug Plätze frei waren, blieb ich an der Tür stehen, um den frischen Fahrtwind zu genießen. Wir fuhren an ein-

tönigen grauen Häuserreihen entlang und bekamen etwas Abwechslung durch die Händler, die durch die Waggons gingen und Zeitungen, Haargummis und Getränke anboten. Dankend lehnte ich jedes Mal ab.

Auf einmal fiel mein Blick auf einen alten Mann, der mich beobachtete. Er schien gebrechlich und war auf einem Auge blind. Freundlich lächelte er mich an, dann stand er auf und bot mir mit einer Handbewegung seinen Sitzplatz an.

Eine Geste, die mich sehr berührte. Ich staunte darüber, wie freundlich und hilfsbereit die Menschen in Indonesien waren. Keinen Moment lang hatte ich bisher das Gefühl gehabt, dass man mich als westliche Touristin über den Tisch ziehen oder mir etwas andrehen wollte. Ganz im Gegenteil, die Menschen schienen ernsthaft an mir interessiert zu sein, und sie halfen mir weiter, sobald sich auch nur ein kleines Problem auftat. Warum gingen wir in Deutschland eigentlich nicht so miteinander oder auch mit Besuchern um, fragte ich mich. Und verwarf den Gedanken gleich wieder. Vermutlich war das nur wieder naiv von mir.

Ich schüttelte energisch den Kopf und gab dem Mann zu verstehen, dass er sich bitte wieder setzen sollte. Mit Händen und Füßen bemühte ich mich, ihm verständlich zu machen, dass ich lieber stehen und die frische Luft genießen wollte. So weit wäre es noch gekommen, dass ich den Sitzplatz eines alten, gebrechlichen Mannes annahm! Glücklicherweise schien er zu verstehen und setzte sich wieder.

Als ich an meiner Station ankam und den Zug verließ, nahm ich prompt die falsche Abzweigung. Statt im historischen Stadtviertel von Jakarta landete ich nun im chinesischen Viertel *Glodok* – und damit mitten in China, wie es mir schien. Hektisch und geschäftig war es hier und vor allem schnell, voll und sehr, sehr laut. Dicht gedrängt befand sich Laden an Laden. Von überall her prasselten Stimmengewirr, Motorenbrummen und Dauerhupen auf mich ein. Mein Schädel dröhnte schon nach kürzester Zeit, es war zu viel für mich, auf so einen Kontrast war ich nicht vorbereitet. Also ging ich zurück zum Bahnhof und nahm den Ausgang auf der anderen Seite. Puh, hier war es gleich viel ruhiger.

Auch im historischen Viertel Jakartas war es bunt und hektisch, aber auf eine angenehme Weise. Vor allem der Platz Taman Fatahillah war sehr belebt und wirkte dennoch unaufgeregt und überschaubar. Vermutlich lag es daran, dass es dort keinen Verkehr gab. Ich schlenderte herum zwischen kleinen Verkaufsständen, nach Farben sortierten Fahrrädern und Menschen, die im Schatten der wenigen Bäume saßen, redeten und aßen.

Auf einmal wurde ich umringt von einer jungen Frau und zwei jungen Männern, die vielleicht Anfang zwanzig waren. Sie stellten sich vor als Rida, Adji und Harko und erklärten mir, dass sie Studenten seien. Dann fragten sie mich aus, wollten wissen, woher ich kam und was ich in Jakarta tat. Ich erzählte ihnen von meiner Reise und erklärte, dass ich nur noch an diesem Tag in Jakarta war und mir so viel wie möglich ansehen wollte.

»Komm, Franziska, wir zeigen dir das Viertel«, schlug Rida schließlich vor.

Nur zu gerne schloss ich mich ihnen an, die drei waren mir sofort sympathisch. Ein bisschen unangenehm war es mir, dass sie für ihre Dienste als Stadtführer kein Geld wollten, immerhin waren sie Studenten und konnten es bestimmt gut gebrauchen. Aber dann war ich einmal mehr beeindruckt von der indonesischen Gastfreundlichkeit und schloss mich ihnen erfreut an.

Und los ging es, zuerst in Richtung Hafen, wo allerdings

nicht wirklich viel los war. Es war ein kleiner Frachthafen, in dem die Schiffe noch durch pure Muskelkraft beladen wurden. Eine Weile sahen wir uns um, dann bummelten wir weiter zu einem lokalen Markt, schließlich ins Maritim-Museum und danach auf einen Aussichtsturm.

Als ich meinen Geldbeutel herausholte, um den Eintritt zu zahlen, blockte Rida sofort ab.

»Nein, wir zahlen«, erklärte sie.

Verdutzt sah ich sie an. Das kam ja gar nicht in Frage!

»Oh doch.« Rida war wirklich beharrlich. »Du musst sagen, dass du eine Freundin von uns bist. Wir zahlen fast gar keinen Eintritt, weil wir Studenten sind. Und wir können dich mit reinnehmen.«

Tatsächlich ging ihr Plan auf, und so betrat ich den Aussichtsturm für umgerechnet etwa einen Euro. Und nicht mal diesen einen Euro wollten sie von mir wiederhaben.

Während wir die Aussicht genossen, redeten die drei ununterbrochen auf mich ein. Sie stellten viele Fragen, erzählten aber auch von Indonesien und ihrem Leben.

So erfuhr ich, dass Rida Muslima war. Energisch fügte sie aber hinzu: »Indonesien ist ein freies Land. Hier können die muslimischen Frauen selbst entscheiden, welche Kleidung sie tragen.«

Dann erzählte sie mir, dass sie einen Freund habe. Er sei Katholik, und das sei gar kein Problem. »Weißt du, vor dem Abendessen betet eben jeder zu seinem Gott.« Anscheinend konnte es manchmal so einfach sein.

Aber ganz so frei und ungezwungen ging es dann offenbar doch nicht zu in Indonesien. Denn ein wenig genervt erzählte Rida: »Bis wir heiraten, wohnt jeder zu Hause bei seinen Eltern. Und Sex ist vorher auch nicht erlaubt.« Die drei kicherten. Dann fügte Harko hinzu: »Wenn in Indonesien ein nicht

verheiratetes Pärchen alleine in einer Wohnung erwischt wird, kommt die Polizei und verhaftet sie.«
Keine sehr erfreuliche Vorstellung.
Natürlich wollten die drei wissen, ob ich einen Freund hatte. Und wieder einmal fiel mir auf, wie schwer vermittelbar es in Asien ist, dass eine Frau mit 37 weder verheiratet ist noch Kinder hat. Es schien einfach nicht vorstellbar zu sein.
Also erweckte ich kurzerhand Daniel wieder zum Leben. Er hatte mir schon mal auf einer Vietnam-Reise wertvolle Dienste erwiesen. Er war längst ein alter Vertrauter, und ich berichtete sehr überzeugend davon, wie wir uns durch die gemeinsame Arbeit kennengelernt hatten, dass er mir vor kurzem einen Heiratsantrag gemacht habe und wir bald heiraten wollten. Und dann selbstverständlich Kinder bekommen würden. Und dass es in Deutschland gar nicht so ungewöhnlich sei, dass eine Frau mit 30 – dankenswerterweise sah ich schon immer jünger aus, als ich war – unverheiratet sei. Ach ja, und natürlich begleitete Daniel mich auf meiner Reise. Er hatte nur nicht so früh Urlaub bekommen wie ich, deshalb würde er erst nächste Woche nachkommen.
Die drei nickten verständnisvoll. Okay, ich hatte ein schlechtes Gewissen, dass ich flunkerte, aber die Wahrheit hätten sie vermutlich nicht verstanden. Und ganz im Ernst, ich mochte Daniel. Er war mir immer eine große Hilfe, sah toll aus, war verständnisvoll und rundum perfekt. Was vermutlich daran lag, dass er nicht real war.
Der Tag mit meinen drei neuen Begleitern verging wie im Flug. Wir hatten jede Menge Spaß, und ich wurde in Gegenden von Jakarta geführt, die ich alleine wohl nie entdeckt hätte. Immerhin konnte ich mich am Nachmittag doch noch für ihre Stadtführung revanchieren und sie zumindest zum Essen einladen. Zwar wollten sie meinen Vorschlag erst nicht an-

nehmen, aber schließlich ließen sie es dann doch zu, dass ich die leckeren Saté-Spieße in Erdnusssoße, die uns in einer der zahlreichen Garküchen anlachten, bezahlte. Lecker!
Gegen Abend brachten mich Rida, Adji und Harko zum Zug. Offenbar hatten sie es sich zur Aufgabe gemacht, mich heil zurückzubringen, und so achteten sie streng darauf, dass ich meinen Rucksack vorne trug und nicht bestohlen wurde.
Am Bahnhof verabschiedeten wir uns sehr herzlich voneinander, und immer wieder bedankte ich mich bei ihnen für diesen Tag. Wir versprachen, uns auf Facebook anzufreunden, und ich würde mich bei ihnen melden, wenn ich noch einmal nach Jakarta kam.
Zurück im Hostel notierte ich meine Erlebnisse in meinem Reisetagebuch. Dann las ich noch einmal in meinem Reiseführer über die Insel Sumatra und packte schließlich meinen Rucksack. Am nächsten Vormittag ging es gleich weiter.

***

Größer hätte der Kontrast zwischen Jakarta und der himmlisch idyllischen Insel Sumatra gar nicht sein können! Nach der lauten, hektischen Großstadt freute ich mich nun so richtig auf den Tobasee.
Während der vierstündigen Busfahrt vom Flughafen in Medan zum See passierten wir endlose Ölbaum- und Kautschukplantagen. Noch in Deutschland hatte ich gelesen, dass der Dschungel auf Sumatra immer mehr verschwand, weil er diesen Plantagen weichen musste. Der Anblick hier erschreckte mich, war doch Sumatra vor allem für seinen überaus dichten Dschungel bekannt, die Insel wurde auch als »grüne Lunge« oder »grüne Hölle« bezeichnet. Das hier war auch eine »grüne Hölle«, allerdings anders als gedacht. Außerdem sah ich

wieder einmal fasziniert dem Treiben am Straßenrand zu. Entlang der Straße wurde alles verkauft, was der Mensch täglich brauchen kann: Autoreifen mit und ohne Felgen, pinke Kinderfahrräder, Baseball-Kappen, Polstermöbel, Obst und Gemüse, Modeschmuck, Gartentore, Holzscheite.
Zwischen den Straßenständen lagen Reis oder Kakaobohnen auf Strohmatten zum Trocknen aus, liefen Kinder, je nach Alter, in ihren weiß-blauen oder orange-braunen Schuluniformen nach Hause und tuckerten jede Menge vollbepackte Mopeds, Autos und Lastwagen durch die Gegend.
Als wir in meinem Zielort Parapat ankamen, erwischte ich gerade noch die letzte Fähre zur Samosir-Insel im Tobasee. Nach der einstündigen Überfahrt schnallte ich meine Rucksäcke auf, ging von Bord und lief etwas planlos durch die Gegend. Es wurde langsam dunkel, also musste ich mich beeilen, um noch eine Unterkunft für die Nacht und vielleicht sogar für länger zu bekommen.
Ich hatte Glück und landete bei Ana und Tim, die ein Guesthouse direkt am See führten und mich herzlich aufnahmen. Die beiden waren Anfang vierzig und seit über zwanzig Jahren verheiratet. Die beiden sahen aus wie ein typisches indonesisches Ehepaar: dunkelhaarig, er eher schmal, sie etwas füllig. Beide lachten mich freundlich an, und Ana servierte mir zur Begrüßung einen Mangosaft. Bei ihnen fühlte ich mich auf Anhieb wohl. Das Zimmer, das sie mir zeigten, war groß und sauber, von meinem Balkon aus blickte ich direkt auf den wunderschönen See. Auf dem Grundstück des Hostels gab es Bananenpflanzen, Mango-, Avocado-, Papaya- und Kakaobäume sowie einen Lotusblumenteich. Ich musste im Paradies gelandet sein!
An diesem Abend wurde ich von Ana mit großartigem Essen verwöhnt. Schließlich saßen wir gemeinsam auf der Terrasse

des Hostels. Sie fragte mich nach meinen Reiseplänen, und ich erzählte, dass ich mich treiben lassen wollte. Eine Fledermaus flog über unseren Köpfen hin und her. Ana brachte frische, selbst geerntete kleine Mangos. Geckos flitzten die Wände hoch und runter. Die Wellen vom See rauschten leise. Ein kleiner Frosch kam auf einen kurzen Besuch vorbei. Und ich saß da und war rundum zufrieden mit mir und der Welt. An diesem Abend war alles so, wie ich es mir vor meiner Abreise immer ausgemalt hatte. Von Heimweh war keine Spur, stattdessen hatte ich das Gefühl, angekommen zu sein. Ich fühlte mich stark und war stolz auf mich. Darauf, dass ich meinen Plan tatsächlich umgesetzt hatte. Dass ich mich getraut hatte, ein Leben an den Nagel zu hängen, das sicher war, sorgenfrei und mir alle materiellen Wünsche erfüllte, die ich hatte. Und das mich gleichzeitig von Tag zu Tag weiter von dem entfernte, was mich wirklich glücklich machte. War es unvernünftig gewesen, all das aufzugeben? Hätte es eine andere Lösung gegeben? Vielleicht, vielleicht auch nicht. Es kümmerte mich nicht. Denn nun war ich zufrieden, und ich hatte in diesem Moment zum ersten Mal die tiefe Gewissheit, dass alles gut werden würde. Ja, ich war allein, na und? Ich war immer gut klargekommen damit, musste nicht dauernd jemanden um mich haben. Okay, wenn ich ganz ehrlich war, wünschte ich mir, eines Tages wieder jemanden kennenzulernen, mit dem ich mein Leben verbringen wollte. Aber zum ersten Mal seit sehr langer Zeit blickte ich voller Vorfreude in die Zukunft. Sie konnte einfach alles für mich bereithalten. Warum nicht auch das Glück, nach dem ich auf der Suche war?

***

Die ruhige, friedliche Atmosphäre des Sees umfing mich vom ersten Moment an. Und sie ließ mich auch in den kommenden Wochen nicht los. Oft saß ich stundenlang auf meinem Balkon und genoss von dort aus den spektakulären Blick auf das ruhige, tiefblaue Wasser. Ich beobachtete die Fischer und die Frauen, die am Ufer Wäsche, Geschirr, ihre Kinder und sich selbst wuschen. Ich ließ mir Anas frisch gepressten Papaya-Saft auf der Frühstücksterrasse schmecken. Ich erkundete den kleinen Backpacker-Ort Tuk Tuk in der Nähe – ja, er hieß tatsächlich so – und schrieb E-Mails nach Hause. Die Tage vergingen langsam, gleichmäßig und unaufgeregt.
Wie lange war ich nicht mehr so ruhig und entspannt gewesen? Hatte jegliches Gefühl für Zeit, für Aufgaben, Pläne und Notwendigkeiten verloren. Ja, der Tobasee war ein Paradies, zumindest für mich. Denn hier erfuhr ich zum ersten Mal seit langer Zeit, wie befreiend und wunderbar es war, im Hier und Jetzt zu leben. Nicht getrieben zu sein, sondern sich treiben zu lassen. Nichts zu müssen, aber umso mehr zu dürfen und zu können. Der See zog mich magisch an. Ich konnte Stunden damit verbringen, ihn einfach nur anzusehen, und währenddessen fiel eine innere Last von mir ab, die ich so lange, ohne es zu merken, mit mir herumgetragen hatte.
Und dennoch ertappte ich mich, als aus Tagen langsam Wochen wurden, hin und wieder dabei, wie ich mir Gedanken über meine Zukunft machte – über die Zeit nach der Reise. Zwar war ich noch ganz am Beginn meines Abenteuers, noch fast ein ganzes Jahr lag vor mir, aber trotzdem schlich sich dann und wann der Gedanke ein, wie es weitergehen würde, wenn ich zurück war. Würde ich einfach so wieder einen Job in Deutschland finden? Und würde dann nicht genau das Leben wieder losgehen, das ich gerade hinter mir gelassen hatte? Würde ich wieder jemanden kennenlernen? Und wenn

ja, wann? Was war mit Kindern, mit einer eigenen Familie? Wie wichtig war mir das? Die Wahrheit war: Ich wusste es nicht. Aber irgendwie hatte ich Angst vor dem Gedanken an die Rückkehr nach Hause. Die Zeit in Asien war so unbeschwert, aber letztendlich war da dieser dunkle Schatten am Horizont, der große Berg, den ich zu erklimmen hatte, wenn das Jahr vorüber war.

Ich versuchte, diese trüben Aussichten so weit wie möglich fortzuschieben. Jetzt war ich hier. Und ich wollte mir das Jahr nicht selbst dadurch ruinieren, dass ich permanent darüber nachdachte, wie ich möglichst reibungslos wieder in die Mühle zurückfand, der ich gerade erst entkommen war.

Ich nahm die beginnende Grübelei als Zeichen dafür, dass es an der Zeit war, die Reise fortzusetzen. Noch immer strahlte der Tobasee eine unglaubliche Ruhe auf mich aus, aber dieses Gefühl der Entspannung vermischte sich nun immer mehr mit einer inneren Unruhe. Ich wollte weiter. Neue Orte entdecken, neue Menschen kennenlernen, weiterreisen.

Also überbrachte ich schweren Herzens Ana und Tim, die mittlerweile so etwas wie eine Familie für mich geworden waren, die Nachricht, dass ich sie bald verlassen würde. Als nächstes Ziel hatte ich mir Papua ausgesucht. Wie ich erfuhr, gab es einen Flug dorthin von Medan aus mit einem Zwischenstopp in Jakarta. Übers Internet buchte ich ein One-Way-Ticket, und dann packte ich einmal mehr meinen Rucksack.

Ana und Tim brachten mich wenige Tage später zur Fähre nach Parapat, und wieder hieß es Abschied nehmen. Ich dankte ihnen für ihre Gastfreundschaft und versprach ihnen, eines Tages wiederzukommen. Dann ging ich an Bord und winkte ihnen ein letztes Mal zu.

***

Meine Reise nach Papua schien, wie sich bald herausstellte, unter keinem guten Stern zu stehen. Schon als ich in Medan am Flughafen eincheckte, erfuhr ich, dass der Flieger mindestens anderthalb Stunden Verspätung hatte. Da wir einen vierstündigen Zwischenstopp in Jakarta einlegten, bevor es nach Wamena auf der Insel Papua weiterging, beunruhigte mich das zunächst nicht weiter. Als aus den anderthalb Stunden allerdings zweieinhalb wurden und man mir, als wir endlich in Jakarta gelandet waren, erklärte, ich müsste noch einmal extra für den Weiterflug einchecken, war ich schon nicht mehr so entspannt. Das Terminal, von dem aus es weitergehen sollte, war außerdem nicht zu Fuß zu erreichen. Während ich auf der Suche nach einem Shuttlebus durch das Flughafengebäude irrte, wuchs die Panik von Minute zu Minute. Der Flug war nicht gerade billig gewesen, ich konnte es mir nicht leisten, den Anschluss zu verpassen. Das Zeitpolster von ursprünglich vier Stunden war mittlerweile auf eine knappe halbe Stunde zusammengeschrumpft. In nicht einmal dreißig Minuten ging der Flieger, und ich hatte noch nicht einmal eingecheckt.

Beinahe den Tränen nahe erreichte ich schließlich den Schalter.

»Hallo, ich habe ein Ticket für den Flug nach Wamena«, flehte ich die Airline-Mitarbeiterin an. »Bin ich schon zu spät?«

Während ich ein Stoßgebet Richtung Himmel schickte, schaute sie mich erstaunt an. »Nein, warum denn?«, fragte sie. »Der Abflug ist erst in fünfzehn Minuten.«

Na klar, ich war ja hier in Asien!

Zehn Minuten vor Abflug bestiegen die Passagiere gelassen den Flieger. Und dann hieß es warten, noch einmal aussteigen, warten und wieder einsteigen. Offenbar hatten sie das Computersystem reparieren müssen. Wie beruhigend, dass es mit derselben Maschine weitergehen sollte.

Immerhin, mit etlichen Stunden Verspätung erreichte ich doch noch Wamena auf der Insel Papua. Am Flughafen entdeckte ich nach einigem Suchen den Bus, der mich in die Innenstadt fuhr. Der Fahrer verstaute meinen Rucksack, und ich fiel, völlig übermüdet von der anstrengenden Reise, auf meinen Sitz. Am liebsten hätte ich meine Augen geschlossen und ein bisschen gedöst, doch auf einmal setzte sich ein älterer, etwas ärmlich gekleideter Mann neben mich. Und zwar ziemlich dicht. Unsere Arme und Beine berührten sich. Ich rückte ein wenig zur Seite, um Platz zu machen, aber er rückte nach. Dann begann er, mich beinahe beiläufig auszufragen. Woher ich kam, wie lange ich schon in Indonesien war, wie lange ich vorhatte zu bleiben und so weiter. Brav beantwortete ich jede seiner Fragen, und er nahm alles, was ich sagte, gleichmütig zur Kenntnis. Vielleicht verstand er auch nur die Hälfte von dem, was ich ihm erzählte. Vor jeder weiteren Frage machte er eine lange Pause, als müsse er seine Worte erst ins Englische übersetzen. Die Unterhaltung war mehr als bizarr, aber irgendetwas an dem Mann rührte mich.
Es ging ihm, wie ich vermutete, nicht darum, nett zu sein, und an meinen Antworten war er offenkundig auch nicht interessiert. Ich glaube, er wollte einfach mal wieder Englisch sprechen, und ein Alien wie ich bot dafür eine gute Gelegenheit. Bevor er ausstieg, tätschelte er genauso gleichmütig mein Knie und verabschiedete sich mit den Worten: »Bye bye. Good time.« Dann verließ er den Bus, ohne mich eines weiteren Blickes zu würdigen.
Schließlich erreichten wir Wamena, und in der Nähe meines Hostels gab ich dem Fahrer ein Zeichen, dass ich aussteigen wollte und meinen Rucksack benötigte. Hilfsbereit zog er ihn aus dem Gepäckraum und stellte ihn vor mir ab. Mir blieb beinahe das Herz stehen, als ich meinen Rucksack entgegen-

nahm. Es krabbelte überall! Innen, außen, unter der Regenhülle und darüber. Mindestens dreißig Kakerlaken hatten sich voller Begeisterung auf mein Gepäck gestürzt. Der Fahrer lächelte mitleidig, stieg in den Bus und fuhr davon.
Ich blieb, ein zweites Mal den Tränen sehr nahe, am Straßenrand zurück und versuchte, meinen Rucksack von den Kakerlaken zu befreien. Vergeblich.
Plötzlich hielt ein Moped neben mir, und der Fahrer half mir dabei, die Viecher zu verjagen. In der Zwischenzeit wurde ich richtig wütend auf alles. So hatte ich wenigstens keine Zeit, mich zu ekeln. Ich hätte nicht gedacht, wie viele dunkle Verstecke so ein Rucksack für eine Kakerlake bietet, und ich schlug einfach weiter darauf ein.
Als zumindest rein äußerlich keine Tiere mehr zu sehen waren, bot mir der freundliche Mopedfahrer an, mich zu meinem Hostel zu fahren. Ich nahm das Angebot an, ermattet von der Reise und überfordert von der gesamten Situation.
Vor meinem Hostel setzte er mich ab, rief »Good luck!« über die Schulter und brauste davon. Mir war klar, dass ich das Hostel wohl kaum mit einem Rucksack betreten konnte, der immer noch nur so vor Kakerlaken wimmelte, und erneut entdeckte ich weitere von den widerlichen Mistkrabblern. Ich versuchte, auch sie zu erwischen, um endlich einchecken zu können. Eine Angestellte des Hostels kam zu mir heraus und beobachtete mich argwöhnisch. Sie hatte ganz erkennbar keine Lust, meinen mit Kakerlaken verseuchten Rucksack in einem ihrer Zimmer zu haben. Zu allem Überfluss begann sie nun auch noch, auf mich einzureden: »Oh, Sie müssen wirklich alle Kakerlaken töten. Sonst kriechen sie heute Nacht in Ihre Ohren, und das ist sehr gefährlich.«
Ha, diese Asiaten, immer höflich. Zumindest half sie mir dabei, auch die letzten Misttierchen aus meinem Rucksack zu

verjagen. Dann durfte ich das Hostel betreten und bekam sogar ein Zimmer. Da Kakerlaken kein Licht mögen, ließ ich in dieser Nacht vorsichtshalber das Licht im Zimmer an. Nicht dass mir doch noch irgendwas ins Ohr krabbelte …

***

Am nächsten Morgen verließ ich, bewaffnet mit meinem Reiseführer, das Hostel. Und sofort stürmten Einheimische auf mich zu, die mir ihre Dienste als Guide anbieten wollten. Da ich noch immer ziemlich müde war und noch gar nicht so genau wusste, wie ich den Tag verbringen wollte, lehnte ich ab. Was gar nicht so einfach war. Einige Guides schienen das Wort »nein« offenbar nicht zu verstehen.

Die Papuaner, so fiel mir auf, ähnelten äußerlich den australischen Aborigines: dunkle Hautfarbe, breite und etwas knollige Nasen, krauses Haar. Mein Reiseführer kündigte an, dass in Papua die freundlichsten Menschen der ganzen Welt lebten. Das war doch ein echtes Versprechen!

Nur, wo waren diese freundlichen Menschen? Bis jetzt wirkte der Ort eher abweisend auf mich. Zwar war die Umgebung idyllisch: Wamena liegt im Tal des Flusses Baliem auf etwa 1600 Metern Höhe. Um den Ort herum verlaufen malerische grüne Hügelketten. Die Stadt an sich allerdings war staubig, ärmlich und irgendwie fremd. Minibusse, Jeeps und Becaks – das sind fahrradähnliche, dreirädrige Gefährte – fuhren dicht an mir vorbei. Ich beobachtete die Einheimischen, die größtenteils barfuß liefen. Einige Frauen trugen Gemüse in selbstgehäkelten Stoffbeuteln mit sich herum, die Henkel um die Stirn gelegt. Die Leute starrten mich mit ernsten, unergründlichen Mienen an. Wo waren nur die freundlichsten Menschen der Welt? Noch nicht einmal andere Touristen konnte ich entdecken, und in diesem Moment hätte ich mich wirklich sehr darüber gefreut. Ich kam mir fremd vor, zum ersten Mal auf meiner Reise.

Als ich durch die Straßen lief, bemerkte ich, dass mir einer der Guides vom Hostel aus gefolgt war. Sobald ich einen Blick in meinen Reiseführer warf, stand er neben mir und bot mir Hilfe an. Zweimal lehnte ich freundlich dankend ab. Beim dritten Mal erklärte ich ihm immer noch freundlich, aber schon bestimmter, dass ich mich alleine zurechtfand. Während ich noch damit beschäftigt war, den allzu eifrigen Guide abzuschütteln, passierte etwas, worauf ich absolut nicht vorbereitet war: Wie aus dem Nichts tauchte ein kleines, nahezu nacktes altes Männchen vor mir auf. Mit einem breiten Lachen nahm er meinen Kopf in seine Hände und drückte mich immer wieder fest an sich. Alles, was er an Kleidung trug, war ein Penisfutteral – eine Hülle mit Bändern, die er um die Hüfte gebunden hatte.

Im ersten Moment war ich überrumpelt und dann nur noch überfordert. Das war zu viel, ich wollte nur noch zurück ins Hostel und meine Ruhe haben. Der Mann wich jedoch nicht von meiner Seite und verfolgte mich bis vors Hostel.

»Hast du Zigaretten?«, fragte er mich und sah mich erwartungsvoll an.

Ich verneinte und dachte, ich könnte ihn loswerden, indem ich ihm ein bisschen Geld gab.

»Hier, nehmen Sie das«, sagte ich und wollte ihm gerade einen Schein reichen. Da griff er einfach in meinen Geldbeutel und versuchte, noch mehr Banknoten herauszufischen. Jetzt war ich mehr als genervt und wehrte ihn ziemlich rüde ab. Es reichte mir. Ich floh beinahe ins Hostel, schloss mich in meinem Zimmer ein und hatte keine Lust mehr, es so schnell wieder zu verlassen.

In meinem Zimmer überfielen mich prompt starke Zweifel, die mich bis zum Abend nicht mehr losließen. Dieser Ort gefiel mir nicht. Alles war so fremd. Ich hatte das vorher gewusst, aber es fühlte sich nun ganz anders an, als ich erwartet hatte. Zum ersten Mal hatte ich den tiefen Wunsch, nicht alleine zu reisen, sondern einen Reisepartner an meiner Seite zu haben. Was nun? Sollte ich bleiben oder mir doch lieber ein neues Ziel suchen? Aber war es nicht feige, gleich die Flucht zu ergreifen?

***

Als ich am nächsten Morgen aufwachte, blickte ich auf meinen kleinen chinesischen Buddha mit seinem lila angepinselten Bauch, den ich in Jakarta in einem kleinen Touristenladen entdeckt hatte. Er stand auf meinem Nachttisch, sah mich an und lachte fröhlich und unbeschwert. Hatte er nicht recht damit? Kopf hoch, Franzi, sagte ich mir, nicht von Zweifeln auffressen lassen. Heute war ein neuer Tag und ich würde mich auf die Suche nach einem Guide machen. Und selbstverständlich würde ich alles versuchen, die freundlichen Bewohner zu finden.

Und siehe da: Als ich wenig später auf die Straße trat und vorsichtig einige Einheimische anlächelte, wurde ich mit dem ihnen eigenen breiten und überaus freundlichen Lachen belohnt. Na also, es ging doch. Den Rest würde ich auch noch schaffen.

Ich hatte gelesen, dass das einzige Internetcafé in Wamena von einem Japaner betrieben wurde, der auch Trekkingführer vermittelte. Da ich keine andere Idee hatte, wie ich an einen zuverlässigen Guide kommen sollte, machte ich mich auf den Weg zu diesem Café und saß dort zwei Stunden später Kosman gegenüber. Er war ungefähr so groß wie ich, war sehr dunkelhäutig und hatte große, freundliche Augen. Er war mir auf Anhieb sympathisch, und nachdem wir uns eine Weile unterhalten hatten, war ich mir sicher, dass ich mich auf der Trekkingtour mit ihm wohl fühlen würde. Er erklärte mir verschiedene Wanderrouten, versprach, noch einen Träger für mein Gepäck zu organisieren, und schon war unsere Tour beschlossene Sache.

»Komm doch heute Abend zum Essen zu uns«, lud Kosman mich anschließend spontan ein. »Meine Familie freut sich immer über Gäste.«

Ich war überrascht und sehr gerührt. Beinahe schämte ich mich, dass ich am Tag zuvor schon kurz davor gewesen war, aus Papua abzureisen. Überschwenglich bedankte ich mich bei ihm und sagte zu.

Am Abend machte ich mich auf den Weg zu Kosman und seiner Familie, die in einem Vorort von Wamena lebten. Seine Frau und die zwei Kinder empfingen mich herzlich. Wie ich erfuhr, gehörten sie zum Volk der Dani, und auf unserer Tour wollte Kosman mir Dörfer dieses Volksstamms zeigen. Es war ein wundervoller Abend, das Essen war köstlich, ich genoss ihre Gastfreundschaft, und wir hatten viel zu lachen.

Als Kosman mich am nächsten Morgen am Hostel abholte, war er nicht alleine. Sein neunjähriger Sohn Chris und seine dreizehnjährige Tochter Vonnie, mit denen ich mich beim Essen ein wenig unterhalten hatte, standen neben ihm. Strahlend erklärte Kosman: »Die beiden wollten dich nach gestern Abend unbedingt wiedersehen. Außerdem sollen sie ihr Englisch noch verbessern, deshalb dachte ich, dass sie für den Träger einspringen. Bist du damit einverstanden?« Natürlich war ich das, und so zogen wir gemeinsam los.

Der Tag war rundum perfekt. Die Landschaft, durch die Kosman uns führte, war spektakulär schön. Unser Weg führte entlang des tosenden Flusses Sungai Baliem, der dem Tal seinen Namen gab. Grüne Hügel erhoben sich links und rechts und gaben immer mal wieder Blicke in benachbarte Täler frei. Beinahe erinnerte mich die Landschaft an Schottland. Mit dem kleinen Unterschied, dass in Schottland keine Bananenstauden wuchsen. Und es dort auch keine Süßkartoffelfelder gab, die wunderschön violett in der Sonne schimmerten. Von Kosman erfuhr ich, dass die Menschen in Papua sich fast ausschließlich von Süßkartoffeln ernährten.

Während wir weiter am Fluss entlangwanderten, begegneten uns einige Einheimische, die vom Markt im nächstgrößeren Ort auf dem Rückweg in ihre Dörfer waren. Sie grüßten uns mit breitem Lächeln, und ebenso fröhlich winkten wir zurück.

Die meisten von ihnen waren Frauen, sie waren ärmlich gekleidet und barfuß und trugen schwere Lasten in Häkelbeuteln, die sie um die Stirn gewickelt hatten. Etwas schüchtern, aber auch staunend schauten sie mich an, als käme ich von einem anderen Planeten. Und lachten sofort zurück, wenn ich auch nur den Hauch eines Lächelns andeutete. Jetzt war ich mir ganz sicher, dass der Reiseführer nicht gelogen hatte: Zumindest im Baliem-Tal traf ich ausschließlich auf außergewöhnlich freundliche Menschen. Ich fühlte mich wohl und war glücklich, dass ich geblieben war. Was hätte ich verpasst, wenn ich vorzeitig abgereist wäre!

»Hast du ihre abgeschnittenen Finger gesehen?«, fragte mich Kosman leise, als wir an einer alten Frau vorbeikamen. Wie bitte, dachte ich, abgeschnittene Finger? Unauffällig sah ich genauer hin, und tatsächlich: Dieser Frau fehlten gleich an mehreren Fingern die oberen Glieder. Fragend blickte ich Kosman an. »Es ist eine alte Tradition, die aber nicht mehr praktiziert wird«, erklärte er mir. »Den Frauen wurden früher einzelne Fingerglieder amputiert, wenn nahe Verwandte gestorben waren.« Den Grund dafür wusste er leider nicht. Mir war das völlig neu, und heimlich schaute ich ab jetzt jeder Frau auf die Hände.

Bald kamen wir in dem Dorf an, in dem wir im Schulgebäude übernachten würden. Es war das einzige Haus in der Umgebung, das vergleichsweise massiv aus Holzbrettern gebaut worden war. Die hier ansässigen Dani lebten in kleinen, runden Hütten – *honai* genannt –, mit dünnen Holzwänden und Strohdächern.

Wir brachten unser Gepäck in das Schulhaus, dann führte Kosman mich in das Küchen-*Honai*, wo wir uns bei einer Tasse Tee ein wenig ausruhen konnten. Das *Honai* hatte eine Öffnung für die Tür, aber es gab keine Fenster und kein elektrisches Licht, nur nackten Lehmfußboden.

Gebückt trat ich durch die Türöffnung ein und staunte, wie gemütlich es in der Hütte war. Über dem offenen Feuer brodelte schon unser Teewasser. Um das Feuer herum lagen Decken und Kissen zum Sitzen. Eine Wohltat, die müden Füße auszuruhen und neue Kraft zu schöpfen.

Nach dem Tee zogen Kosman, Vonnie, Chris und ich noch einmal los, um einige umliegende Dörfer zu besuchen. Ich folgte ihnen zwischen Süßkartoffelfeldern entlang, die vereinzelt von Maispflanzen begrenzt werden, auf schmalen Pfaden bergauf und bergab. In allen Dörfern waren wir eine echte Attraktion. Kosman musste jedes Mal aufs Neue erklären, aus welchem Land ich kam und wie lange wir bleiben würden. Überall strömten die Menschen zusammen, um mich anzusehen. Ich wurde freudig begrüßt und musste viele Hände schütteln. Einige wischten vorher nochmal schnell über ihre laufenden Nasen und dann über den Rock oder die Hose.

Mir war vorher schon aufgefallen, dass vielen Kindern, aber auch einigen Erwachsenen scheinbar permanent die Nase lief. Litt ihr Immunsystem unter der einseitigen Ernährung? War es ein Anzeichen einer verbreiteten Krankheit? Oder waren alle schlicht erkältet, weil es nachts sehr kalt wurde? Ich beschloss, Kosman später danach zu fragen.
Zunächst erklärte er mir – unter lebhafter Anteilnahme aller Dorfbewohner – die Struktur der Dani-Dörfer: »Jedes Dorf hat ein Küchen-Honai, so wie das, in dem wir uns vorhin ausgeruht haben. Ein Honai für alle im Dorf. Dann gibt es in jedem Dorf eine Kirche. Die Schulen und die Kirchen sind die einzigen Gebäude, die massiv gebaut werden. Siehst du die große längliche Hütte dort links? Die ist für die Männer zum Schlafen.«
Ich sah ihn erstaunt an: »Und die Frauen, wo schlafen die?«
»Die Frauen haben ihre eigenen Hütten. Das sind die kleineren dort hinten.« Er zeigte in die andere Richtung.
»Und wenn ein Mann und eine Frau mal gemeinsam übernachten möchten?«, fragte ich irritiert weiter.
»Tja«, sagte Kosman verschmitzt, »dann geht der Mann eben zu seiner Frau. Und alle anderen Männer merken, was los ist.«
Na klar, ganz einfach.
Zurück in unserem Dorf war es Zeit für das Abendessen. Wir hatten für uns und die Einheimischen Reis, Gemüse, Fleisch und Mandarinen mitgebracht. Kosman bereitete bei Kerzenlicht und über offenem Feuer das Essen zu. Als ich ihm dabei zusah, wurde mir klar, warum viele der Kinder und auch einige der Erwachsenen dauernd schniefend herumliefen. Der Rauch konnte aus den Honai nicht abziehen, da es keine Fenster gab. So biss er in die Schleimhäute und verursachte »Rotznasen«. Glücklicherweise hatte ich genügend Taschentücher dabei, aber die Einheimischen benutzten lieber ihre Hand.
Die Nacht verbrachten wir nebeneinander auf dem harten

Holzfußboden des Schulhauses. Ich kuschelte mich in meinen Schlafsack und schlief tief und fest bis zum nächsten Morgen.

***

Die Trekkingtour mit Kosman und seinen beiden Kindern dauerte insgesamt zwei Wochen. Viel zu schnell ging die Zeit vorbei, so sehr genoss ich die Landschaft, die Herzlichkeit der Einheimischen und die lustigen und spannenden Gespräche mit meinen wunderbaren Guides.

Als wir nach vierzehn Tagen nach Wamena zurückkamen, wurde mir das Herz ganz schwer, als ich mich von Kosman und seinen Kindern verabschieden musste. Die drei waren mir sehr ans Herz gewachsen, und ich bedankte mich immer wieder für ihre Gastfreundschaft und die fantastischen zwei Wochen. Wir umarmten uns zum Abschied, als sie mich vor dem Hostel absetzten. Kosman wollte schon am nächsten Tag mit einem neuen Kunden auf Tour gehen, und auf Chris und Vonnie wartete ein paar Tage später wieder die Schule.

An der Rezeption checkte ich ein. Bevor ich auf die Trekkingtour aufgebrochen war, hatte ich für die letzten beiden Nächte in Wamena bereits ein Zimmer reserviert.

Nun freute ich mich darauf, meine Schuhe auszuziehen, meinen Rucksack auszupacken und unter die Dusche zu gehen. Eine Stunde später war ich erfrischt, einigermaßen ausgeruht und vor allem überglücklich. Gut, dass ich geblieben war, die vergangenen vierzehn Tage hätte ich auf keinen Fall missen wollen.

Da es erst früher Abend war und die Sonne von einem klaren blauen Himmel herablachte, beschloss ich, mir einen Platz auf der Terrasse des Hostels zu suchen und dort ein wenig zu lesen. Ich schnappte mir meinen Reiseführer, um mir ein neues Ziel auszusuchen. Für Papua hatte ich zwei Wochen anberaumt, die waren nun vorbei, und ich hatte Lust, einen neuen Ort zu entdecken.

»Hallo, bist du aus Deutschland?«, hörte ich auf einmal eine Stimme hinter mir.

Überrascht drehte ich mich um. Wer sprach mich denn hier in Papua auf Deutsch an? Ich blickte in ein freundliches Gesicht, das direkt einem Feenmärchen entsprungen zu sein schien. Eine junge Frau, zierlich, mit langen blonden Haaren, großen Augen und heller Haut lächelte mich freundlich an.

»Äh ja, woher weißt du das?«, antwortete ich perplex.

»Dein Reiseführer«, lachte sie und zeigte auf das vor mir liegende Buch. Dann setzte sie sich gegenüber von mir an den Tisch. »Hallo. Ich bin Jasmin.«

»Franziska«, stellte ich mich vor. »Bist du auch alleine unterwegs?«

»Ja, ich reise schon seit zwei Jahren durch Asien. Ich komme aus Köln und habe mir eine Auszeit von meinem Studium gegönnt. Jetzt warte ich darauf, dass mein Visum verlängert wird. Blöde Bürokratie.« Ihr Lachen war feenhaft.

Ich hatte noch nie jemanden mit einer solchen Ausstrahlung wie Jasmin getroffen, ich mochte sie vom ersten Moment an. Wir erzählten uns gegenseitig von unseren Reiseerlebnissen, und ich berichtete ihr ausführlich von der Trekkingtour, die ich gerade unternommen hatte.

»Wenn du einen guten Guide suchst, sag Bescheid«, sagte ich, »ich kann dir da jemanden empfehlen.«

»Danke«, antwortete Jasmin, »aber ich weiß noch nicht so recht, ob das hier der richtige Ort für mich ist. Ich kann die Energien hier noch nicht richtig spüren.«

Ich sah sie sprachlos an. Wie bitte?

»Weißt du«, erklärte sie mir nun mit vollem Ernst, »es gibt

nicht nur die eine Welt, die wir kennen. Es existieren mehrere Universen parallel, und wir können vom einen zum anderen wandern. Die Frage ist, ob ein Universum etwas Gutes in uns bewirkt. Wenn die Energien an einem Ort es gut mit uns meinen, dann küssen sie uns auf die Nase.«

Okay, dachte ich. Das war mir neu, aber was wusste ich schon von Welten und dem Universum? Als eher rational veranlagter Mensch glaubte ich doch eher an die Dinge, die ich sehen und zumindest ansatzweise begreifen konnte.

»Na ja, wenn du meinst«, sagte ich vorsichtig. »Am Anfang war ich mir auch nicht so sicher, ob es mir auf Papua gefällt. Ich hatte einen ziemlich missglückten Start hier. Aber dann wurde es richtig schön.«

Ich erzählte ihr von meiner Ankunft in Wamena, von meinen Zweifeln am ersten Abend und wie sehr ich die Zeit dann doch genossen hatte.

»Du bist sehr tapfer, Franziska«, sagte Jasmin und lächelte ihr Feenlächeln. »Und wirklich mutig.«

»Ach …«, wollte ich abwiegeln, aber dann hielt ich inne. Vielleicht hatte sie ja recht. Am ersten Abend wäre ich am liebsten in den nächsten Flieger gestiegen und zurück zum Tobasee geflohen. Aber ich hatte diesem Impuls nicht nachgegeben und war geblieben. Und hatte es nicht bereut. Ich hatte es durchgezogen und nicht gleich aufgegeben. Zum ersten Mal auf meiner Reise war ich ein ganz kleines bisschen stolz auf mich.

Wir unterhielten uns noch lange an diesem Abend, und Jasmin erzählte mir, dass sie gerade von Sulawesi kam, einer der anderen indonesischen Inseln.

»Kennst du Bira? Das Stranddorf?«, fragte sie mich. »Das ist ein magischer Ort«, sagte sie, und ein Strahlen machte sich auf ihrem Gesicht breit.

»Nein, das kenne ich nicht. Was ist denn dort?«, fragte ich.

»Es ist ein kleines Dorf im Süden der Insel«, erklärte sie. »Dort werden direkt am Strand wunderschöne traditionelle Segelschiffe gebaut, die sie *Pinisi* nennen. Schau mal hier, ich habe ein paar Fotos dort gemacht.« Sie wühlte in ihrer Tasche und zog einen Umschlag mit Bildern hervor. Spektakuläre Bilder! Bira schien wirklich ein besonderer Ort zu sein. Schon der Anblick der Fotos überzeugte mich sofort, dass es die Energien dort gut meinten.

»Das sind tolle Fotos«, sagte ich. »Die Schiffe sind wirklich faszinierend. Ich glaube, da könnte es mir auch gefallen.«

»Dann fahr doch hin und finde es heraus«, bestärkte sie mich.

Ja, warum eigentlich nicht? Ich war ja frei und unabhängig, und wenn mir ein Ort gefiel, konnte ich dorthin reisen und so lange bleiben, wie ich wollte. Außerdem war ich ohnehin gerade auf der Suche nach einem neuen Ziel gewesen. Warum also nicht einfach mal spontan sein?

Bevor ich an diesem Abend einschlief, recherchierte ich im Internet, wie ich am besten nach Bira kam. Am nächsten Tag begleitete mich Jasmin in ein Reisebüro, und ich kaufte ein Flugticket nach Makassar, dem größten Flughafen auf Sulawesi.

Ich freute mich darauf, einen ganz neuen Ort abseits von meiner ursprünglichen Reiseroute zu entdecken. Ich packte meinen Rucksack – diesmal ganz sicher ohne Kakerlaken –, dann traf ich mich ein letztes Mal mit Jasmin auf der Terrasse des Hostels, bevor ich aufbrach.

»Was meinst du: Ob mich die Energien in Bira auf die Nase küssen werden?«, fragte ich und verkniff mir ein Grinsen.

Sie sah mich völlig ernst an. »Ja. Wenn es der richtige Ort für dich ist, werden sie das tun.«

Wir verabschiedeten uns, dann machte ich mich auf den Weg zum Flughafen. Noch wusste ich nicht, wie sehr Jasmin mit ihren Theorien recht behalten sollte.

Auf die Nase geküsst

Es dauerte eine gefühlte Ewigkeit, bis ich vom Flughafen in Makassar aus mit einem »local bus« über halb befestigte Straßen holpernd endlich in Bira ankam. Jasmin hatte nicht zu viel versprochen: Dieses malerische Dorf am Strand wirkte freundlich und einladend auf mich. In einem kleinen und eher einfachen Guesthouse mietete ich mich für die nächste Zeit ein. Die Besitzer waren unglaublich nett, die Terrasse bot einen sagenhaften Blick aufs Meer und das Essen war einfach köstlich.

Wie schon am Tobasee ließ ich mich auch in Bira die ersten Tage einfach nur treiben. Es war der perfekte Ort dafür. Mittags brannte die Sonne, und eine angenehme Trägheit lag über dem ganzen Ort mit seinen bunten Häusern. Kaum etwas regte sich, lediglich einige Ziegen liefen die leeren, von blühenden Bougainvilleen gesäumten Straßen entlang. Am späten Nachmittag, wenn die Luft etwas abgekühlt war, wurde es lebendig. Kleine Läden öffneten und verkauften Badesachen oder Dinge des täglichen Bedarfs: Lebensmittel, kleine blaue Gasflaschen oder Snacks. Fischer flickten ihre Netze oder reparierten an ihren Booten herum, Restaurants öffneten ihre Terrassen für Besucher, und noch mehr Ziegen liefen die jetzt nicht mehr leeren Straßen entlang.

Morgens schlief ich lange, genoss das ausgiebige Frühstück auf der herrlichen Terrasse, schrieb Tagebuch und E-Mails an meine Lieben zu Hause und erkundete den traumhaften Strand. Der Sand war beinahe wie Puderzucker, so weich rieselte er mir zwischen den Zehen hindurch. Stundenlang saß ich da, den Blick auf das nahe Riff gelenkt, und bewunderte die Korallen, die von dort angeschwemmt wurden. Es war in der Tat ein magischer Ort!

»Oh, das ist ja jetzt blöd. Was meinst du, was sollen wir tun?«

Es war Abend, und ich saß auf der Terrasse, um einmal mehr die wunderbare Küche der Guesthouse-Betreiber zu genießen. Offenbar war ich nicht die Einzige, die ihre Kochkünste zu schätzen wusste, denn alle fünf Tische waren besetzt.

Ein junges Pärchen stand etwas ratlos umherblickend auf der Terrasse. Ihrem Akzent nach zu urteilen waren sie Schweizer. Ich hatte sie einige Tage zuvor schon beim Frühstück kennengelernt, wir hatten ein paar Sätze gewechselt. Auch sie schienen mich wiederzuerkennen, denn sie kamen direkt auf mich zu.

»Hallo! Franziska, richtig?«, fragte mich die junge Frau.

Ich lächelte. »Ja, genau.«

»Erinnerst du dich an uns? Simona und Georg, wir haben uns vorgestern schon mal unterhalten.«

»Ja, ich erinnere mich. Wollt ihr euch nicht zu mir setzen«, lud ich sie ein.

»Ja, schon«, antwortete Georg, »aber schau, du sitzt allein und Stephen auch.« Er zeigte auf einen Mann am Nebentisch.

»Das ist ja blöd, wenn einer alleine bleibt«, sagte Simona. »Macht es dir was aus, wenn wir Stephen dazuholen und alle gemeinsam essen?«

Nein, das machte mir natürlich nichts aus. Die beiden Schweizer waren mir sympathisch, und Stephen, der kurz darauf an unserem Tisch Platz nahm, auch.

Ich erfuhr, dass er aus Australien kam, aber schon seit einigen Jahren auf Bali lebte. Er hatte beruflich in Bira zu tun, offenbar ging es dabei um die Schiffe, die hier am Strand gebaut wurden.

Wir vier hatten einen wunderbaren Abend. Simona und Georg erzählten von ihren Reisen, und auch ich berichtete, was ich bislang erlebt hatte. Stephen hörte uns mit scheinbar unbewegter Miene zu. Irgendwie hatte ich den Eindruck, er lächelte insgeheim über uns. Vielleicht hielt er uns auch für ein bisschen naiv und fern der Realität des Lebens.

Also fragte ich ihn: »Und du, Stephen, was genau macht deine Firma hier in Bira?«

»Wir statten eines der *Pinisis* mit der Bordelektronik aus. Deshalb bin ich einmal im Monat hier, um nach dem Rechten zu sehen«, erklärte er.

Sofort waren wir Feuer und Flamme. »Du hast mit den *Pinisis* zu tun, das ist ja spannend«, rief Georg.

Und Simona setzte gleich nach. »Können wir uns nicht mal so ein Schiff ansehen?«

»Ja, warum nicht?« Stephen zuckte mit den Schultern.

»Großartig! Können wir morgen vorbeikommen und du führst uns ein bisschen herum?«, schlug ich vor.

»Na klar. Am besten kommt ihr gleich am Vormittag.«

Diese Einladung nahmen wir gerne an, und wir brachen am nächsten Morgen gleich nach dem Frühstück auf. Zunächst schlenderten wir durch das wirklich sehr charmante Dörfchen und an jeder Ecke begegneten wir Ziegen. Dann ging es weiter am Hafen vorbei und durch einen Kokospalmen-Hain weiter am Strand entlang. Von weitem sahen wir bereits die Holzboote und -schiffe in allen Baustadien: vom kleinen Kanu bis hin zu den Riesenschonern, den klassischen *Pinisis.* Das sind große Segelschiffe aus Holz, die nach jahrhundertealten und überwiegend mündlich überlieferten Plänen in dieser Region gebaut wurden. *Pinisis* sind echte Handarbeit, und die *Bugis,* die Bewohner dieses Landstrichs, beherrschen die Kunst des Schiffbaus perfekt. Sie sind ein echtes Seefahrervolk, das auf diesen Booten zwischen den indonesischen Inseln hin und her fährt, Güter transportiert und Handel treibt.

Stephen erwartete uns bereits. »Da seid ihr ja«, begrüßte er uns. »Wie wäre es mit einer kleinen Rundtour?«

Natürlich legte das Boot nicht ab, es war ja auch noch gar nicht fertiggebaut, und so fand die Tour an Bord statt. Stephen führte uns über zahlreiche Treppen und Leitern zunächst tief hinunter in den Bauch des Schiffes.

»Wird das der Lagerraum?«, fragte ich, als wir unten angekommen waren.

»Nein«, erklärte Stephen, »dieses *Pinisi* wird kein Transportschiff. Es wird für eine wohlhabende Familie gebaut, die es privat nutzen wird.«

Nicht schlecht, dachte ich. So ein privates Schiff würde mir auch gefallen.

Vom Bauch des Schiffes kletterten wir all die Stufen und Sprossen wieder hinauf, bis wir vom Deck aus einen phänomenalen Blick auf den Strand hatten. Das dunkle Holz für den Schiffbau stapelte sich überall und lag zwischen den grünen Palmen auf dem weißen Sand. Davor das türkisfarbene Wasser – es war ein wunderschöner Anblick. Fast zu schön, um echt zu sein.

Den halben Vormittag verbrachten wir auf dem Schiff, und Stephen beantwortete geduldig all unsere Fragen. Schließlich erklärte er lachend, dass er nun noch etwas zu tun habe, und so traten die beiden Schweizer und ich schließlich den Rückweg zum Hostel an.

Am Nachmittag saß ich wieder einmal auf der Terrasse des Guesthouses und genoss den Blick über die Bucht.

»Hallo, Franziska«, sagte plötzlich eine Stimme neben mir. Ich blickte auf und sah Stephen vor mir stehen. »Hättest du vielleicht Lust auf einen Spaziergang am Strand?«

»Ja, natürlich«, antwortete ich. »Hast du schon Feierabend?«
»Ja«, nickte er. »Für heute bin ich fertig mit dem Boot.«
»Na dann«, lachte ich und stand auf. Ein Strandspaziergang war jetzt genau das Richtige. Ich liebte diesen Strand!
Als ich an Stephens Seite durch den Puderzuckersand ging, unterhielten wir uns über seine Arbeit in Indonesien und wie es war, hier zu leben. Ich erzählte von meinem Job in Deutschland, den ich aufgegeben hatte, und zu meiner Überraschung musste ich Stephen nicht lange erklären, was mich dazu bewogen hatte. Nach einer Weile schilderte ich ihm auch die Krise, die mich dazu gebracht hatte, meiner Heimat den Rücken zu kehren. Stephen hörte mir aufmerksam zu und stellte mir viele Fragen. Ich hatte das Gefühl, als würde er mich wirklich verstehen. Tatsächlich verriet er mir, dass er einige Male in seinem Leben an einem ähnlichen Punkt gewesen sei wie ich.
Je länger wir uns unterhielten, umso mehr hatte ich das Gefühl, als würde sich in mir etwas verändern. Mit einem Mal wurde alles ganz leicht. Der Spaziergang wurde zu einem der schönsten meines Lebens. Stephen und ich hörten gar nicht mehr auf zu erzählen, zu reden, einander Fragen zu stellen. Ich ertappte mich dabei, wie ich über Dinge sprach, die ich normalerweise nicht so schnell preisgeben würde. Und auch Stephen erzählte mir von seinem Privatleben, als sei es ganz selbstverständlich. Es war, als flössen die Worte einfach so aus uns heraus. Wir erzählten von unserem Leben, von vergangenen Beziehungen, von Freundschaften, von Fehlern, die wir gemacht, von Krisen, die wir durchlebt hatten. Von unseren Vorstellungen von der Zukunft, von Plänen und Träumen.
Ich erfuhr, dass Stephen seit fünf Jahren auf Bali lebte, aber eigentlich gerne wieder zurück nach Australien gehen würde. Er war lange verheiratet gewesen, aber nach der Scheidung

hatte er Abstand gebraucht und deshalb zusammen mit ein paar anderen Australiern die Firma in Indonesien gegründet. Er hatte ein Haus auf Bali, dort war auch der Sitz seiner Firma. Offenbar stellte auch Stephen sich gerade die Frage, wie seine Zukunft aussehen sollte.

Unsere Unterhaltung ließ mich einen ganz neuen Blick auf die Fragen, die mich in den ersten Wochen meiner Reise so oft umgetrieben hatten, werfen. Einen freieren, unvoreingenommeneren, optimistischeren. Es tat gut, jemandem von meinen Gedanken und Sorgen zu erzählen, der sich gerade mit ähnlichen Themen befasste. Es fühlte sich gut an, auch wenn wir uns gerade erst kennengelernt hatten.

Stephen war sehr sanft. Ich hatte keine Ahnung, wie alt er war, und schätzte ihn auf etwa fünfzig. Es überraschte mich, wie gut wir uns verstanden, obwohl es doch einen deutlichen Altersunterschied zwischen uns gab. Doch davon war nichts zu spüren, als wir uns an diesem Nachmittag unser Leben erzählten. Ich fühlte mich gut, verstanden und war zufrieden. Und gleichzeitig verwirrt. Was geschah hier? Schnell wurde mir bewusst, dass ich mich in Stephens Gegenwart wohl fühlte. Das alles schien völlig natürlich zu passieren. Dennoch konnte ich nicht aufhören, mich über die ganze Situation zu wundern. Wie war das denn alles so plötzlich gekommen? Dieser Tag, die Bootsbesichtigung, der Spaziergang, unser Gespräch? Mein Kopf jonglierte gleichzeitig Hunderte Fragen, während mein Bauch sich entspannte und zufrieden war.

An diesem Abend aßen wir wieder gemeinsam mit Simona und Georg auf der Terrasse. Als die beiden sich verabschiedeten, um schlafen zu gehen, redeten Stephen und ich weiter. Die halbe Nacht. Bis die Guesthouse-Betreiber das Licht ausmachten und uns damit zu verstehen gaben, dass es auch für uns langsam Zeit wurde. Zeit? Die hatte ich völlig vergessen.

»Was hältst du davon, wenn wir morgen zusammen den Süden der Insel erkunden?«, fragte mich Stephen, als wir die Terrasse verließen.
»Das wäre schön«, antwortete ich. »Du kennst dich hier sicher gut aus.«
»Ich würde mich freuen, dir die Highlights von Sulawesi zu zeigen«, bot er mir lachend an.
Das konnte ich unmöglich ablehnen, und so verabredeten wir, uns am nächsten Tag ein Moped zu mieten und über die Insel zu fahren.

***

Der nächste Morgen brach an, und ich wachte mit einem ziemlich unwirklichen Gefühl auf. Mein Kopf hatte gerade die Oberhand, meine Gedanken kreisten unaufhörlich um alle möglichen Fragen. Was hatte der Tag gestern zu bedeuten? War das ein normales, freundschaftliches Gespräch gewesen? Warum hatte ich einem quasi Fremden so schnell so viel von mir erzählt? Und war es wirklich eine gute Idee, mit Stephen einen weiteren Tag zu verbringen? Mein Bauch bejahte die Frage eindeutig, aber ich war mir dennoch nicht sicher. Wohin sollte das führen? Und was war da überhaupt zwischen uns? Immerhin war Stephen bestimmt fünfzehn Jahre älter als ich.
Ich traf ihn beim Frühstück auf der Terrasse. Erst waren wir beide ein wenig verlegen. Offenbar waren Stephen ähnliche Gedanken wie mir durch den Kopf gegangen. Als wir anfingen zu essen, konnten wir uns kaum ansehen, und zunächst redeten wir auch nicht viel. Ich hatte keine Ahnung, wie er über den gestrigen Tag dachte, und ihm schien es ähnlich zu gehen. Schließlich hatten wir uns eine Menge privater Dinge

erzählt. Bereute er das jetzt vielleicht? Nein, den Eindruck machte er nicht.
»Ich habe uns übrigens schon ein Moped organisiert«, brach Stephen endlich das Schweigen.
»Das ist großartig«, sagte ich. »Wo fahren wir denn als Erstes hin?«
»Wir könnten ins Nachbardorf Tanah Beru fahren. Dort gibt es noch mehr *Pinisis* am Strand.«
»Klingt gut«, antwortete ich fröhlich. Auf einmal fühlte ich mich gar nicht mehr verlegen. »Wollen wir gleich los?«

Vor dem Guesthouse stand tatsächlich schon ein Moped für uns bereit.
»Genau das richtige Fahrzeug für eine Inselrundfahrt«, lachte Stephen. »Komm, steig auf.«
Ich kletterte auf den Sitz hinter ihm und beschloss, nicht darüber nachzudenken, dass man in Deutschland so ein Gefährt nur mit Helm benutzen durfte. Wir waren schließlich nicht in Deutschland, und irgendwie hatte ich ohnehin das Gefühl, dass mir mit Stephen nichts passieren würde.
»Halt dich fest, es geht los«, rief Stephen mir zu, dann ließ er den Motor an und gab Gas.
Während wir über die südlichste Spitze Sulawesis fuhren, hatte ich immer wieder das Bedürfnis, mich an ihn zu lehnen. Aber so recht traute ich mich nicht. Hin und wieder drehte er sich zu mir um und fragte mich, ob ich irgendwo anhalten oder eine andere Strecke fahren wollte. Jedes Mal schüttelte ich den Kopf. Nein, es war alles perfekt. Dennoch freute ich mich, dass er so bemüht war, mir einen schönen Tag zu bereiten. Es fühlte sich gut an.
Als wir durch Tanah Beru schlenderten, klingelte plötzlich Stephens Handy. Stirnrunzelnd warf er einen Blick darauf.

»Wenn du zu tun hast, dann können wir umkehren«, bot ich ihm an. Schließlich war Stephen nicht zu seinem Vergnügen auf der Insel.
Er sah mich an und antwortete schlicht: »Oh nein, ich genieße deine Gesellschaft.«
Ich lächelte vor mich hin. Bei diesen Worten wurde mir ganz warm im Bauch. Und gleich fühlte ich mich noch ein bisschen wohler mit ihm.
»Komm, wir fahren weiter.« Auch Stephen wirkte unbeschwert, und er schien den Tag ebenso zu genießen wie ich. Wir erkundeten die Insel und fuhren durch beschauliche kleine Dörfer. Ich war völlig verzückt: Der Himmel war strahlend blau, überall wuchsen bunte Bougainvilleen, wunderschöne Holzhäuser erstrahlten in allen Farben mit den für diese Gegend typischen Giebeln. Und überall rief man uns aus den Gärten, den Häusern oder vom Straßenrand aus fröhlich zu: »Hello Mister, how are you?«
Kinder kamen auf die Straße gerannt und hielten uns ihre Hände entgegen. Da die Straßen auf Sulawesi ein echtes Schlagloch-Problem haben, konnten wir ohnehin nicht schnell fahren, und so schüttelten wir sehr viele Kinderhände an diesem Tag.
Irgendwann landeten wir an einem weiteren perfekten Puderzuckerstrand mit traumhaften Kokospalmen. Nun ja, abgesehen von dem Müll Streifen, der sich direkt hinter dem Strand entlangschlängelte, war es ein perfektes Postkartenmotiv. Aber den ignorierten Stephen und ich. Kein Mensch war zu sehen. Und so setzten wir uns auf einen Felsen und schauten auf das türkisfarbene Wasser vor uns. Mit einem Mal wurden wir beide ganz still.
Nach einer Weile sagte Stephen: »Das ist der schönste Strand, den ich bisher in Indonesien gesehen habe.« Er stockte kurz,

dann fügte er hinzu: »Und du machst diesen Ort zu einem noch schöneren.«
Nun konnte ich nicht mehr, ich umarmte ihn, und wir blieben eine Weile schweigend nebeneinander sitzen.
»Franziska, es gibt da ein paar Dinge, die du über mich wissen solltest«, unterbrach er schließlich das Schweigen.
»Was?«, fragte ich.
»Zum Beispiel mein Alter.« Er sah mich ernst an. »Ich bin siebenundfünfzig.«
»Okay.« Mehr wusste ich nicht dazu zu sagen.
»Du bist nicht schockiert?«, fragte er unsicher.
»Nein«, entgegnete ich. »Ich habe durchaus bemerkt, dass du älter bist. Aber ich fühle mich trotzdem wohl mit dir«, sagte ich verschmitzt und hoffte, der Situation ein wenig den Ernst zu nehmen. Stephen lächelte tatsächlich und Arm in Arm schwiegen wir wieder.
Ich hatte nun verstanden, dass es Stephen offenbar tatsächlich ernst war. Bei dem Gedanken wurde mir ganz warm im Bauch, aber er überforderte mich auch. Ich hatte die letzten zwei Tage mit ihm sehr genossen, und ich spürte, dass uns etwas verband. Dass da etwas zwischen uns war. Aber ich war gerade auf einer einjährigen Asienreise. Danach würde ich nach Deutschland zurückgehen und mein Leben neu ordnen müssen. Auch wenn mir diese Vorstellung einen kalten Schauer über den Rücken jagte. Abgesehen davon, dass Stephen und ich uns gerade mal zwei Tage kannten und wir beide an einem Punkt in unserem Leben waren, wo wir uns die Frage stellten, wie unsere Zukunft überhaupt aussehen sollte. Er spielte mit dem Gedanken, wieder nach Australien zurückzugehen. Ich war noch nie in Australien gewesen, es hatte mich auch nie dorthingezogen. Im Grunde konnte ich mir eigentlich gar keinen anderen Ort als Deutschland zum Le-

ben vorstellen. Eine lange Reise ist das eine, ein ganzes Leben etwas völlig anderes. Und überhaupt: Ich war noch immer ziemlich am Anfang meiner Reise, ich hatte noch so viele Ziele, die ich unbedingt besuchen wollte. Es passte einfach im Moment gar nicht, mir Gedanken über eine mögliche Beziehung zu machen.

Und dennoch, als wir da schweigend auf dem Felsen saßen und in meinem Kopf die Gedanken Karussell fuhren, schien mein Bauch vor Freude kleine Luftsprünge zu machen. Und mein Herz.

Nun war ich es, die das Schweigen brach. »Stephen, die letzten beiden Tage mit dir habe ich sehr genossen. Aber das kommt alles sehr plötzlich für mich, du weißt ja, dass ich diese Reise sehr lange geplant habe.«

»Das weiß ich«, entgegnete er leise. »Aber was spricht dagegen, wenn du auf deiner Reise einen Abstecher nach Bali machst? Ich würde dir gerne zeigen, wo ich lebe.«

Ausgerechnet Bali! Das war der Ort, den ich, als ich meine Reise plante, nie ins Auge gefasst hatte. Zu touristisch und überhaupt, irgendwie hatte ich die Insel nicht so interessant gefunden. Das hatte sich jetzt schlagartig geändert.

»Ich würde dich sehr gerne wiedersehen, Stephen«, sagte ich, und es war die Wahrheit.

»Ich muss morgen zurück nach Bali«, erklärte er. »Die Arbeit ruft. Warum überlegst du es dir nicht in Ruhe und meldest dich bei mir, wenn du bereit bist, mich besuchen zu kommen?«

»Fürs Erste werde ich hier auf Sulawesi bleiben, die Insel gefällt mir. Als Nächstes geht es nach Tana Toraja, und danach wollte ich nach Kalimantan und auf einem Hausboot durch den Dschungel fahren«, überlegte ich laut.

Ich hatte den Eindruck, als würde Stephen mich etwas ent-

täuscht ansehen. Offenbar hatte er gehofft, wir würden uns schneller wiedersehen.
»Weißt du was«, schlug ich vor, »ich denke noch mal darüber nach, ja? Es hängt natürlich auch davon ab, ob ich einen günstigen Flug bekomme und irgendein Hostel ein Zimmer für mich frei hat.« Bali war schließlich ein wahres Touristenparadies.
Stephen sah mich ernst an und antwortete: »Ich würde jedes Hostel abbrennen, in dem man auch nur darüber nachdenkt, dir ein Zimmer zu vermieten.« Jetzt lächelte er. »Ich habe ein Gästezimmer, das ich dir nur zu gerne anbieten würde.«
Wow, das war eine klare Ansage. Ich war sprachlos.
Gegen Abend fuhren wir zurück zum Guesthouse. Leider hatte Stephen vor seiner Abreise noch einiges zu tun, und so mussten wir vorerst Abschied nehmen. Wir tauschten Telefonnummern und E-Mail-Adressen aus. Und ich versprach ihm, mich so bald wie möglich bei ihm zu melden, wenn ich wusste, wann ich ihn auf Bali besuchen kommen würde.

***

Als ich am nächsten Morgen zum Frühstück auf die Terrasse kam, war Stephen bereits abgereist. Alles fühlte sich irgendwie unwirklich an, als hätte ich einen Film gesehen und würde nun in die Realität zurückkehren. Was war mir denn da passiert? Und was sollte daraus werden? Wollte ich wirklich nach Bali?
Um mich vom Grübeln abzulenken, begann ich, meine nächsten Stationen im Norden der Inseln zu planen. So schön die letzten beiden Tage auch gewesen waren, ich konnte und wollte meine Reise nicht unterbrechen. Sie hatte schließlich gerade erst begonnen.

Ich beschloss, am nächsten Morgen mit dem Bus in Richtung Norden zu fahren. Zunächst wollte ich nach Makassar zurück, um von dort aus den Nachtbus nach Rantepao in Tana Toraja zu nehmen. Das war das Gebiet nördlich von Makassar. Die Gegend war bekannt für außergewöhnliche Bestattungsrituale, wie ich durch die Lektüre meines Reiseführers erfahren hatte. Das klang faszinierend und sehr spannend, aber Begräbnisse waren nun mal eine höchst private Angelegenheit, und so machte ich mir wenig Hoffnung, diesen Zeremonien selbst beiwohnen zu dürfen. Darüber hinaus war die Region berühmt für ihre umwerfend schöne Landschaft, und ich freute mich auf die zweite größere Trekkingtour nach Papua.

***

Am nächsten Morgen war es so weit. Wieder einmal schnallte ich mir meinen Rucksack um und stieg in den Bus. Noch immer kreisten meine Gedanken um Stephen und darum, ob ich ihn wirklich auf Bali besuchen sollte. Zum Glück wurde ich schnell abgelenkt und hatte während der gesamten Fahrt keine Zeit mehr, über Stephen nachzudenken. Denn ich musste mich auf die Straße und den Verkehr konzentrieren. Eigentlich wäre das natürlich die Aufgabe des Fahrers gewesen. Der war jedoch völlig übermüdet und schlief zwischendurch immer wieder am Steuer ein.

»He du«, sagte er zu mir, denn ich saß direkt hinter ihm. »Bitte erzähl mir doch was. Irgendwas von dir. Keine Sorge, ich will nichts von dir, ich habe nur Angst, dass ich einschlafe.«

Oh ja, davor hatte ich auch Angst, also plapperte ich wild drauflos. Erzählte von mir, von Deutschland und redete ununterbrochen auf ihn ein, damit er nur ja nicht einnickte.

Stunden später kamen wir in Makassar an. Er war schon wieder einigermaßen munter, während ich mich fühlte, als hätte ich nächtelang kein Auge zugemacht.
»Danke für die Unterhaltung«, rief mir der Fahrer noch gut gelaunt hinterher, als ich den Bus verließ.
In Makassar versuchte ich zunächst, mich irgendwie zu orientieren. Ich brauchte ein Ticket für den Nachtbus nach Rantepao.
»Hello Miss«, sprach mich ein junger Mann an. »Kann ich Ihnen helfen?«
Er war groß und muskulös, ziemlich ungewöhnlich für einen Indonesier, und hatte einen rasierten Kopf. Er wirkte überaus selbstbewusst. Sympathisch war er mir nicht, aber vielleicht wusste er ja, wie ich zum Nachtbus nach Tana Toraja und an die Tickets dafür kam.
»Ich will den Bus nach Rantepao nehmen«, erklärte ich ihm. »Wissen Sie, wo er abfährt? Und ein Ticket brauche ich auch noch.«
»Du willst nach Tana Toraja?«, fragte er interessiert. »Bist du ganz alleine unterwegs?«
»Ja«, antwortete ich.
»Du willst bestimmt dort trekken gehen«, sagte er eifrig. »Ich bin Guide, und wir können das zusammen machen. Morgen fahre ich auch nach Rantepao, dann treffen wir uns und besprechen alles Weitere. Ich bin Hadjuk und meistens in Mart's Café, na ja, du wirst mich schon finden.«
Er drückte mir seine Visitenkarte in die Hand und schärfte mir mehrfach ein, dass ich mich am nächsten Tag bei ihm melden sollte. Dann erklärte er mir, wo der Bus abfuhr und wie ich an ein Ticket kam.
Etwas überrumpelt nickte ich. Der schien nicht gerade unter Minderwertigkeitskomplexen zu leiden, dachte ich. Ein wirk-

lich gutes Gefühl hatte ich bei ihm nicht, auf der anderen Seite würde ich für die Trekkingtour sicherlich einen Guide brauchen. Eigentlich hatte ich vorgehabt, mir vor Ort einen zu suchen. Der Gedanke, mehrere Tage mit Hadjuk auf Trekkingtour zu gehen, behagte mir nicht so recht. Aber das musste ich ja nicht gleich entscheiden. Erst einmal musste ich überhaupt in Rantepao ankommen. Dann konnte ich immer noch überlegen, ob ich mich bei Hadjuk meldete oder mir einen anderen Guide suchte.

***

Der Bus benötigte für die 300 Kilometer nach Rantepao fast die ganze Nacht. Die Klimaanlage arbeitete hervorragend, und es war angenehm kühl. Fast zu kühl, aber auch dafür war vorgesorgt: Jeder Passagier bekam eine Decke mit aufgedruckten großen gelben Fröschen. Die Frösche hatten überdimensionale Augen und riesige Pupillen. Sie sahen aus, als hätten sie Drogen genommen. Ich beneidete sie, denn am liebsten hätte ich auch welche genommen. Der Bus schlängelte sich nämlich in Serpentinen kleine Bergstraßen hinauf, und das fand mein Magen gar nicht witzig.
Doch ich überlebte auch diese Fahrt, und etwas gerädert stand ich am frühen Morgen vor einem Hostel in Rantepao. Ich hatte Glück und bekam noch ein Zimmer, wo ich es mir kurz gemütlich machte, um mich von meinem Ausflug mit dem Nachtbus zu erholen.
Gegen Mittag machte ich mich auf den Weg. Ich wollte die Trekkingtour organisieren, die ich für die kommenden Tage geplant hatte. Rantepao war nicht sehr groß, und die Straßen verliefen nahezu rechtwinklig zueinander. Das machte die Orientierung einfach. An der Hauptstraße fand ich einen

Supermarkt, Fotogeschäfte und Ticketbüros von Busunternehmen. Die Stadt hatte sich eindeutig auf den Tourismus ausgerichtet, und so mangelte es im Zentrum nicht an Reisebüros, Internetcafés und Souvenirläden. Entlang der Nebenstraßen verkauften Einheimische Obst, Gemüse, Fisch und Fleisch. Die Stimmung war geschäftig, und permanent rauschte der Verkehr an mir vorbei.

»He, was soll das?«, fragte ich ungehalten, als mich jemand am Arm packte. Der Angreifer lachte. Es war Hadjuk, der mir stolz verkündete, dass er auch gerade angekommen sei. Offenbar hatte er nicht die Strapazen eines Nachtbusses auf sich genommen, denn er wirkte ausgesprochen frisch und ausgeruht.

»Lass uns über die Tour sprechen«, forderte er mich auf. »Das haben wir ja gestern so verabredet.«

Ach ja, hatten wir das? Ich hatte das anders verstanden. Aber was soll's?, dachte ich. Ich hatte ein wenig im Internet über ihn recherchiert. Hadjuk hatte überwiegend gute Kritiken und schien zumindest die Gegend gut zu kennen.

Also stimmte ich zu, und wir setzten uns in ein Café, um über den Trek zu sprechen. Doch dann kam die nächste Überraschung.

»Wir können in drei Tagen losgehen«, erklärte Hadjuk in seinem bestimmenden Ton.

»Erst in drei Tagen? Also, eigentlich wollte ich ja gleich …«, setzte ich an.

Aber er unterbrach mich sofort. »Nein, vorher habe ich keine Zeit.«

Allmählich war ich genervt davon, dass ich nicht gefragt wurde, sondern er mir lediglich mitteilte, was wir beide tun würden. Gut, ich wollte sowieso ein paar Tage in der Stadt bleiben, also beschloss ich, nicht länger zu diskutieren.

»Am Anfang nehmen wir das Moped«, erklärte Hadjuk nun zufrieden. »Dann gehen wir zu Fuß weiter, ungefähr zwei Tage. Hier, ich zeige dir die Route.«
Er zog eine Karte aus der Tasche und schlug mir eine Tour vor. Seine Idee klang gut, auch der Preis, den er mir auf einen Zettel schrieb, war in Ordnung.
»Okay«, nickte ich etwas besänftigt. »Lass uns das machen.«
»Sehr gut«, er strahlte. »Dann unterschreib hier.«
Er hielt mir den Zettel mit den Konditionen hin, die er gerade notiert hatte. Offenbar war er ein echter Geschäftsmann, der Absprachen gerne schriftlich festhielt, dachte ich leicht amüsiert. Wir unterschrieben beide. Das war geklärt. Eine erste Anzahlung wollte er sofort haben, und ich gab sie ihm.
»Jetzt muss ich dir noch die Verhaltensregeln erklären«, fuhr er mit ernster Miene fort.
Wie bitte?
»Welche Verhaltensregeln?«, fragte ich nach. Es war nicht meine erste Trekkingtour, ich wusste durchaus, wie ich mich unterwegs zu verhalten hatte.
»Wenn wir auf dem Moped fahren, darfst du dich nicht hinten festhalten«, begann er. »Das ist nicht sicher. Am besten legst du deine Arme um mich, dann fällst du nicht herunter.«
Na klar! Ich grinste. Wie durchschaubar war das denn? Egal, ich würde mit Sicherheit nicht mit Hadjuk darüber diskutieren, wie ich mich auf dem Moped festhalten würde. Und ganz sicher würde ich seine »Verhaltensregeln« nicht befolgen.
»Ach ja«, sagte er dann, »unterwegs werden wir sehr einfach übernachten. Ich hoffe, das ist kein Problem?«
»Nein.« Ich schüttelte den Kopf. Natürlich nicht, es war ja eine Trekkingtour.
»Ich meine nur«, redete er weiter, »es kann dann auch schon mal eng werden.« Dabei grinste er mich an.

Was sollte das denn? Bildete er sich ein, dass auf der Tour etwas zwischen uns laufen würde? Das war wirklich lächerlich. Selbst wenn ich nicht jede Sekunde an Stephen gedacht hätte, Hadjuk wäre der Allerletzte gewesen, mit dem ich es mir »enger« hätte vorstellen können. Ich war nun ziemlich genervt von seiner Art. Dass er aufdringlich, bestimmend und fordernd war, hätte ich vielleicht noch ignorieren können. Aber jetzt wurde es mir doch zu viel. Gerade wollte ich ihm meine Sicht auf seine Regeln erklären, da fiel er mir ins Wort: »War nur Spaß. Aber jetzt muss ich los.« Und schon sprang er auf. »Aber du musst mir vorher noch versprechen, dass du die drei Tage hier wartest.« Schon wieder eine Forderung.

»Ja, okay«, stammelte ich etwas perplex. »Aber wir sollten noch mal …«

Doch er war schon weg. Na toll, nun hatte ich einen Guide gebucht, der mir mittlerweile ganz schön zuwider war. Diesmal waren sich mein Bauch und mein Kopf einig: Vielleicht war es doch keine so gute Idee, mit Hadjuk auf die Tour zu gehen.

Aber es würde schon nicht so schlimm werden, versuchte ich mich zu beruhigen. Ich würde ihm einfach, bevor wir losfuhren, erklären, dass er sich das mit dem Umarmen und Engbeieinander-Liegen abschminken konnte. Wenn er sich nicht darauf einließ, würde ich die Tour mit ihm gar nicht erst antreten.

Zufrieden mit meinem Entschluss spazierte ich durch die engen Straßen von Rantepao. Auf einem kleinen Platz setzte ich mich hin und beobachtete das bunte Treiben um mich herum. Auf einmal kam eine Frau auf mich zu. Sie war etwa in meinem Alter und reichte mir etwa bis zu den Schultern.

»Hallo«, sprach sie mich an. »Ich bin Sri. Brauchst du einen Guide?«

Nein, ich habe schon einen, dachte ich amüsiert. Ich antwortete: »Ich gehe in drei Tagen auf eine Trekkingtour, aber vorher würde ich mir gerne Rantepao und die Umgebung ansehen.«

»Ich zeige dir alles«, schlug sie begeistert vor. Sri war mir deutlich sympathischer als Hadjuk, also stimmte ich zu.

»Heute ist ein großer Tiermarkt, und morgen findet in der Nähe eine Beerdigungszeremonie statt«, erklärte sie.

Auf Anhieb war ich Feuer und Flamme. Vielleicht gab es ja doch eine Möglichkeit, dass ich eine dieser Zeremonien miterleben durfte.

»Na klar, das ist kein Problem«, erklärte mir Sri, als ich sie fragte. »Es kommen häufig Touristen zu den Beerdigungen.«

Offenbar schien sie der Gedanke gar nicht weiter zu verwundern.

»Ich habe schon von diesen Zeremonien gehört«, sagte ich. »Was hat es denn genau damit auf sich?«

»Die Menschen hier glauben, dass man nach dem Tod ins Jenseits reist. Und um den Toten zu verabschieden und ihn auf die Reise zu schicken, gibt es eine große und aufwendige Beerdigungsfeier, die meistens mehrere Tage dauert.«

»Was passiert denn da alles?«, wollte ich wissen.

»Wenn die Familie des Toten es sich leisten kann, dann werden ihm eine Menge Wasserbüffel geopfert. Sie sind ein Statussymbol hier und stehen für Reichtum und Macht. Es gibt unterschiedliche Wasserbüffel, die kostbarsten sind Albinobüffel, aber die sind kaum zu bezahlen.«

»Und was macht man, wenn man sich keinen Wasserbüffel leisten kann?«, fragte ich erstaunt.

»Die Familie spart, bis sie es kann. Das kann Wochen oder Monate dauern«, erklärte Sri ernst.

»Aber was passiert in der Zeit mit dem Toten?« Jetzt staunte ich wirklich.
»Der wird einbalsamiert und bleibt so lange im Haus, bis die Beerdigung stattfinden kann. Offiziell heißt es, er schläft oder ist krank. Man bringt ihm auch weiter Essen und Trinken.«
»Und was passiert dann, wenn man das Geld beisammen hat?«, fragte ich.
»Dann beginnt die Zeremonie. Die Familie empfängt die Trauergäste und nimmt Geschenke entgegen. Das sind vor allem lebende Büffel und Schweine«, erzählte Sri. »Manchmal gibt es auch Hahnenkämpfe. Und an einem Tag wird dann geschlachtet: die Wasserbüffel, aber auch Schweine oder andere Tiere. Sie sind Opfergaben, um dem Toten die Reise ins Jenseits zu erleichtern.«
»Und es ist wirklich möglich, dass Fremde an dieser Zeremonie teilnehmen?«, fragte ich noch einmal. Irgendwie erschien mir das immer noch befremdlich.
»Nein, das ist kein Problem«, lachte Sri. »Du wirst nicht die einzige Touristin sein. Morgen ist der zweite Tag der Zeremonie für eine ältere Frau aus der Gegend hier. Sie ist schon vor ein paar Monaten gestorben.«
Nun gut, ich beschloss, Sri zu vertrauen. Neugierig war ich auf jeden Fall.
Und tatsächlich, als wir einen Tag später am Ort der Trauerfeier ankamen, stellte sich heraus, dass Sri recht gehabt hatte. Ich war in der Tat nicht die einzige Touristin, was mir reichlich bizarr vorkam. Ich stellte mir vor, wie es in Deutschland wohl ankäme, wenn Wildfremde bei Beerdigungen auftauchen würden. Aber wir warteten ja auch nicht monatelang damit, die Toten unter die Erde zu bringen.
Sri zog mich hinter sich her und steuerte auf eine Frau zu, die anscheinend zur Familie der Toten gehörte. Auf Sris Empfeh-

lung hin hatten wir uns vorbereitet und ein Gastgeschenk besorgt – Zigaretten. Ich hatte sie fragend angesehen, aber Sri hatte mir erklärt, dass das das übliche Mitbringsel bei einer solchen Zeremonie war. Vermutlich wollte die Tote auf ihrer Reise ins Jenseits hin und wieder entspannt eine rauchen.
Die Frau nahm unsere Zigaretten denn auch dankbar entgegen und zeigte uns, wo wir während der Zeremonie sitzen durften. Jemand brachte uns sogar Tee und Gebäck. Ich staunte und fühlte mich sonderbar. Aber was in der westlichen Welt eine höchst private Angelegenheit ist, ist in Asien häufig nahezu öffentlich. Schon allein, weil Familien und Dorfgemeinschaften viel größer und einander mehr verpflichtet sind, als wir das kennen.
Außerdem, erklärte mir Sri, hatten die Toraja verstanden, dass man mit dem Tourismus Geld verdienen konnte. Auch das war ein Grund, warum die Beerdigungszeremonien für Touristen geöffnet waren. Eine Reise ins Jenseits war nun mal eine kostspielige Angelegenheit.
An diesem Tag war ich sehr dankbar dafür, dieser Feier beiwohnen zu dürfen. Und ich schämte mich für einige der anderen Touristen, die offenbar nichts mit den Worten »zurückhaltend« und »respektvoll« anfangen konnten und den Familienangehörigen immer wieder ihre Teleobjektive in die Gesichter rammten. Anscheinend wollten sie etwas für ihre Gastgeschenke geboten bekommen.
Die Zeremonie setzte ein, und wie ich zu meinem großen Bedauern feststellte, hatte ich den Teil mit den Tieropfern erwischt. Auf dem Platz, der von der Trauergemeinde umringt wurde, lagen an Bambusstangen festgebundene Schweine. Sie quiekten und zappelten, einige konnten sich sogar losreißen und liefen aufgeregt herum. Auch ein Büffel lag auf Bananenblättern auf dem Boden, glücklicherweise war er bereits tot.

Denn nun traten barfüßige Männer zu ihm hin und begannen damit, ihm die Hufe abzuschneiden und die Haut abzuziehen. Mit großen Messern hackten sie auf den toten Büffel ein, bis ihre Füße fast in seinem Blut versanken. Schließlich hatten sie auch noch den Kopf abgetrennt und den Rest des leblosen Körpers zerkleinert.

Mir wurde beim Zusehen ganz anders.

Während sich die Männer am toten Büffel zu schaffen machten, wurde ein Schwein nach dem anderen abtransportiert. In der Nähe prasselten bereits Feuer, dort wurden die Tiere am Stück gegart. Später sollten damit die Gäste verköstigt werden.

Doch vorher war es Zeit für die Prozession der Familie. Sie wurde begleitet von traditionellen Bambusflötenklängen. Die beiden Enkelkinder der Toten, ein Junge und ein Mädchen, führten den Trauerzug an. Die beiden Kinder trugen typische Toraja-Tracht – rot mit schmalen Längsstreifen und orangefarbenen Fransen –, die übrige Familie hingegen war dunkel gekleidet. Nach und nach zogen weitere Familienzweige und die restliche Dorfgemeinschaft ein, sie alle übergaben Geschenke und nahmen auf bereitgestellten Stühlen Platz. Erneut landeten weitere festgebundene und erbärmlich quiekende Schweine in der Mitte. Auf ihren Rücken waren Zettel befestigt.

Ich fragte mich, was wohl auf diesen Zetteln stand, und gleichzeitig taten mir die armen Schweine unendlich leid.

Lange musste ich nicht auf eine Antwort warten, denn als Nächstes standen drei Männer mit Mikrophonen auf. Sie liefen zwischen den Schweinen hindurch, nahmen die Zettel von ihren Rücken und begannen, laut vorzulesen. Sri übersetzte für mich: »Sie lesen vor, welches Schwein von wem geschenkt wurde und vor allem: was es gekostet hat.«

Große Lautsprecher beschallten nun den Platz abwechselnd

mit Musik von den Bambusflöten, Musik vom Band oder zahlreichen Durchsagen an die Trauergemeinde. Dazu kam das erbärmliche Gequieke der Schweine. Spätestens jetzt war mir klar, so eine Zeremonie war eine ziemlich laute Angelegenheit.

Eine Weile schauten Sri und ich dem Geschehen noch zu. Als sich immer mehr Fremde verabschiedeten und wir das Gefühl hatten, dass die Familie und ihre Gäste nun lieber für sich sein sollten, gingen wir. Es war ein wirklich aufregender Tag gewesen. Und ich war froh, dass ich das »große Schlachten«, von dem Sri mir erzählte, nicht miterlebt hatte. Der Büffel hatte mir gereicht, mehr musste ich wahrlich nicht sehen.

***

Am nächsten Tag verabredeten Sri und ich, dass wir aufs Land fahren wollten. Die Gegend um Rantepao war spektakulär schön, und so freute ich mich darauf, sie zu erkunden. Und tatsächlich wurde ich nicht enttäuscht. Sri und ich wanderten zunächst durch eine malerisch schöne Umgebung und beschauliche kleine Dörfer.

»Die Dörfer in dieser Gegend hier haben eine ganz besondere Bauweise«, erklärte Sri mir.

Ich sah gleich, was sie meinte. Die Häuser, allesamt aus Holz gebaut, waren auf Stelzen errichtet worden. Eins neben dem anderen bildeten sie zwei parallele Reihen.

»Diese Häuser heißen *Tongkonan*«, fuhr Sri fort. »Die Häuserreihen werden von Norden nach Süden ausgerichtet.«

»Oh, und sie haben darauf überall Büffelhörner angebracht«, stellte ich fest.

»Ja, damit zeigen die Bewohner der Häuser, wie wohlhabend sie sind«, sagte Sri.

Diese Art von Statussymbol sah doch gleich viel besser aus als ein nagelneues Auto vor der Einfahrt, dachte ich. Auch wenn arme Tiere dafür gestorben waren.
Schließlich ließen wir die Dörfer hinter uns und wanderten an riesigen Reisterrassen entlang weiter. Es war absolut friedlich: blauer Himmel, grüne Hügel in der Ferne, ein paar Wasserbüffel, die strahlende Sonne, Sri und ich. Stundenlang folgten wir den schmalen Pfaden mitten durch die Reisfelder. Es war herrlich. Immer wieder drehte ich mich nach allen Seiten um, um nur ja nichts zu verpassen. Immer wieder zog ich meine Kamera aus der Tasche und schoss Fotos.
»Vorsicht, pass auf«, rief Sri auf einmal. Doch es war schon zu spät.
Zwischen den Reisterrassen zu laufen war ein bisschen wie auf einem Schwebebalken zu balancieren. Und als ich gleichzeitig versuchte zu gehen, zu schauen und zu fotografieren, kam es, wie es kommen musste: Ich setzte meinen Fuß zu weit neben den Pfad, rutschte ab und landete etwa eineinhalb Meter tief im Reisfeldmatsch.
Mist. Meine erste Sorge galt meiner Kamera, reflexartig hielt ich sie über meinen Kopf, bis Sri sie mir abnahm. Dann reichte ich ihr meinen Rucksack, und am Ende versuchte sie, mich aus dem Reisfeld zu ziehen. Sie hievte mich hoch, und wir fingen an, schallend zu lachen. Ich sah aus wie ein Wasserbüffel direkt nach dem Schlammbad.
Zum Glück ist, wo es Reisterrassen und Wasserbüffel gibt, auch Wasser nicht weit. Nachdem ich mich notdürftig gesäubert und den meisten Schlamm von meinen Kleidern abgewaschen hatte, gingen wir weiter durch die paradiesische Landschaft. Viel zu schnell war unsere Wanderung auch schon wieder zu Ende, als wir uns dem Dorf näherten, in dem der Bus zurück nach Rantepao abfuhr.

Beim Aussteigen machte ich dann eine ziemlich unschöne Entdeckung: Mein Knie war dick angeschwollen und schmerzte höllisch. An auftreten, geschweige denn laufen, war nicht zu denken. Jede Bewegung trieb mir vor Schmerz die Tränen in die Augen.

Verdammt, am nächsten Tag wollte ich doch mit Hadjuk auf die Trekkingtour gehen. Ich betrachtete mein Knie. Es war dunkelrot und mittlerweile doppelt so umfangreich wie normal. Eine mehrtägige Wandertour war ausgeschlossen. Wirklich Mist!

Sri sah mich mitleidig an und entschuldigte sich immer wieder, obwohl sie überhaupt nichts dafür konnte.

»Ich bin dein Guide«, sagte sie zerknirscht, »ich bin verantwortlich für dich.«

»Es ist allein meine Schuld, Sri«, versuchte ich, ihr zu erklären. »Ich habe nicht aufgepasst und bin danebengetreten.«

»Ich kenne einen Masseur, der kann dir vielleicht helfen«, schlug sie vor.

Warum nicht, dachte ich. Einen Versuch war es wert, vielleicht war er ja ein Wunderheiler und konnte mein Knie doch noch fit machen für die Trekkingtour.

Leider war er kein Wunderheiler, wie ich eine halbe Stunde später feststellte, als Sri und ich im Wohnzimmer einer einheimischen Familie standen. Der Masseur zeigte auf einen Stuhl, auf den ich mich setzen sollte, dann begann er mit der Massage.

Sie tat wirklich gut, auch wenn mein Knie danach kein bisschen weniger schmerzte. Und dick geschwollen war es auch immer noch. Immerhin, ich bat ihn, auch noch das andere Bein zu massieren.

Sri brachte mich zurück zu meinem Hostel, und ich bedankte mich bei ihr für die zwei wunderbaren Tage. Erneut versuchte ich, ihr begreiflich zu machen, dass sie nichts für meinen Sturz konnte. Aber ich hatte den Eindruck, dass sie immer noch ein schlechtes Gewissen hatte, als sie sich schließlich von mir verabschiedete.

Zurück auf meinem Zimmer wählte ich Hadjuks Nummer. Ich musste ihm erklären, was passiert war und dass ich unmöglich auf die geplante Tour gehen konnte.

Ich hatte zwar nicht unbedingt mit seinem Mitgefühl gerechnet, aber seine Reaktion machte mich erneut sprachlos.

»Das geht nicht«, sagte er barsch. »Ich habe den Trip schon organisiert, wir müssen gehen.«

»Es tut mir auch sehr leid«, versuchte ich, ihn zu beschwichtigen. »Aber du musst ihn stornieren. Ich kann auf gar keinen Fall gehen, ich habe mich am Knie verletzt.«

»Nein«, insistierte er. »Ich habe schon alles gebucht.«

»Das habe ich verstanden«, entgegnete ich, nun leicht genervt. »Aber ich kann nicht wandern gehen. Mein Knie tut weh.«

Er war zu keiner Einsicht zu bewegen, also verabredeten wir uns für den nächsten Morgen zur Lagebesprechung. Wütend legte ich auf. Langsam wurde mir klar, dass ich mich nie auf ihn hätte einlassen sollen.

Ein paar Minuten später klingelte mein Telefon. Es war Hadjuk. Nanu, dachte ich, was wollte er denn jetzt noch?

Ohne Vorwarnung brüllte er mir durch den Hörer entgegen: »Du hast versprochen, dass du die drei Tage wartest und wir auf die Trekkingtour gehen. Du hast einen sehr großen Fehler gemacht.«

Ich war fassungslos und verstand die Welt nicht mehr. Wovon redete er da nur? Ich versuchte, ihm noch einmal verständlich zu machen, was passiert war. Aber ich hatte keine Chance. Er brüllte einfach weiter.

»Sag mir, wer die letzten zwei Tage dein Guide war«, verlang-

te er. Langsam ging mir sein Befehlston auf die Nerven. »Gib mir den Namen.«
Ich lachte. »Das werde ich nicht tun. Falls du dir um deine Guide-Gebühr Sorgen machst: Das musst du nicht. Ich werde dich bezahlen, wie wir es abgemacht haben.« Damit hoffte ich, den Zirkus zu beenden. Doch selbst die Aussicht auf das Geld konnte ihn nicht beruhigen.
Immer weiter brüllte er auf mich ein. Was mir eingefallen sei, einen anderen Guide zu nehmen, während ich auf ihn wartete. Wie bitte? Langsam wurde mir das Ganze ein wenig unheimlich. Als er sich gar nicht beruhigen wollte, legte ich einfach auf. Er versuchte noch mehrere Male, mich anzurufen, aber ich ging nicht ran. Stattdessen schrieb ich ihm eine SMS und sagte ihm, dass ich morgen früh in einem Café in der Nähe des Hostels auf ihn warten und ihm sein Geld geben würde.
Mir war ganz schön mulmig bei dem Gedanken, mich mit ihm zu treffen. Aber das Café war ein öffentlicher Ort, und außerdem fand ich es nur fair, ihn zu bezahlen, auch wenn die Tour nicht stattfinden konnte. So sonderbar Hadjuk auch war, dafür konnte er schließlich nichts.
Als ich das Handy weglegte, merkte ich, wie ich zitterte. Hadjuks Wutausbruch hatte mich wirklich schockiert. Es war das erste Mal auf meiner Reise – abgesehen von dem alten Mann auf Papua –, dass ich in eine Situation geraten war, in der ich mich unwohl fühlte. Ich musste zugeben, ich hatte sogar ein bisschen Angst vor Hadjuk. Würde er mich morgen wieder anbrüllen? Oder gar Schlimmeres machen? Ich beschloss, morgen im Hostel Bescheid zu sagen, wo ich mich mit ihm treffen würde. Nur für den Fall, dass etwas passierte. Aber wirklich beruhigt war ich immer noch nicht. Ich lag auf meinem Bett, mein Knie schmerzte immer noch höllisch, und

ich wusste nicht, wie ich meine Reise fortsetzen sollte. Wenn man ganz alleine an einem fremden Ort ist, quälen selbst kleine Blessuren sehr viel mehr. Und in diesem Moment wusste ich noch nicht mal, ob ich mit meinem Knie vielleicht sogar zu einem Arzt gehen musste. Mir war elend zumute. Ich fühlte mich allein und weit weg von allen, die mir etwas bedeuteten. Immerhin, Stephen war nicht wirklich so weit weg, schoss es mir durch den Kopf. Stephen. In den letzten drei Tagen hatte ich fast ununterbrochen an ihn gedacht. Wir hatten uns SMS geschrieben, und ich wusste, dass er wieder gut auf Bali gelandet war und schon wieder arbeitete. Ich hatte ihm kurz von meinen Ausflügen mit Sri berichtet, aber nun merkte ich, wie sehr mir die Gespräche mit ihm fehlten.

Kurz entschlossen wählte ich seine Nummer. Und hatte gleich wieder ein angenehmes Gefühl im Bauch, als ich hörte, wie sehr er sich über meinen Anruf freute.

Ich erzählte ihm von Hadjuk und seinem Wutausbruch am Telefon. Stephen schien ernsthaft besorgt und sagte, es sei eine gute Idee, anderen zu erzählen, wo ich mich mit ihm treffen wollte. Mehrfach insistierte er, dass ich mich auf keinen Fall im Hostel mit ihm treffen durfte, sondern unbedingt an einem öffentlichen Ort.

Dann sagte er: »Ich würde mich am liebsten ins nächste Flugzeug setzen, aber ich kann hier gerade nicht weg. Außerdem würde ich sowieso nicht rechtzeitig bei dir sein.«

Bei diesen Worten schlug mein Herz schneller.

»Danke, aber ich schaffe das morgen schon«, erklärte ich tapfer. »Hauptsache, mein Knie wird bald wieder besser.«

Wir legten auf, und erst jetzt fühlte ich mich etwas ruhiger. Es wird schon alles gutgehen, sagte ich mir. Schade nur, dass ich nicht wandern gehen konnte wie geplant. Auch wenn ich froh war, die nächsten drei Tage nicht mit Hadjuk verbringen zu müssen. Was sollte ich stattdessen machen? Vor allem mit einem dicken Knie?

Ich verschob diese Überlegung auf den nächsten Tag. Als Erstes musste ich diesen wahnsinnigen Guide loswerden.

***

Am nächsten Morgen wartete Hadjuk bereits im Café auf mich. Unfreundlich sah er mich an, als ich auf ihn zuhumpelte. Noch bevor er den Mund aufmachen konnte, sagte ich: »Wenn du wieder anfängst zu brüllen, gehe ich. Und zwar sofort. Und dann wirst du dein Geld gar nicht bekommen.«

Ich hatte keine Lust, noch einmal ein Gespräch wie am Vorabend zu führen.

Zu meiner Überraschung nickte er.

Noch einmal erklärte ich ihm, was passiert war. »Ich werde nicht darüber diskutieren, dass ich die letzten Tage mit einem anderen Guide unterwegs war. Du hattest ja keine Zeit, also geht dich das nichts an.« Ich war wirklich sauer.

Anscheinend hatte es ihm die Sprache verschlagen. Er starrte auf mein inzwischen dunkellila gefärbtes Knie, das ihn offenbar tatsächlich zu überzeugen schien, dass eine Trekkingtour ausgeschlossen war.

Ich fragte ihn, wie viel er als Entschädigung für seinen Verdienstausfall wollte. Beinahe kleinlaut nannte er mir eine Summe. Ich legte das Geld auf den Tisch und humpelte davon.

Draußen auf der Straße atmete ich tief durch. Das war ja viel leichter gegangen als befürchtet. Eine Zentnerlast fiel von mir ab, ich war erleichtert, doch nicht mit Hadjuk auf die Tour gehen zu müssen, ich hatte von Anfang an kein gutes Gefühl gehabt –, und ich war froh, dass die Sache nun geklärt war.

Doch was nun? Weiterreisen würde schwierig werden, und die Vorstellung, die nächsten Tage alleine im Hostel zu sitzen, war auch nicht gerade verlockend.
In diesem Moment piepste mein Handy. Eine SMS von Stephen: »Sonntagmorgen um neun geht ein Flug von Makassar nach Bali. Abflug um 9 Uhr 10. Flugnummer JT741. Ich ruf dich an.«
Gerührt starrte ich auf das Display. Mein Herz machte einen Luftsprung. Ja, ich konnte es kaum abwarten, Stephen wiederzusehen.
So schnell mich mein verletztes Knie trug, humpelte ich ins nächste Reisebüro und buchte ein Ticket für den Flieger nach Bali. Dann eilte ich zurück ins Hotel und begann zu packen.

»Reisen ist nicht gut für Sie!«

Während ich in Bali auf mein Gepäck wartete, sah ich Stephen draußen stehen. Wieder hatte ich ein komisches Gefühl im Bauch. Einerseits freute ich mich auf unser Wiedersehen. Andererseits … Mit mir warteten neben einigen Einheimischen vor allem junge, schöne Surferpärchen am Gepäckband. Und ich? Wurde von einem älteren Mann erwartet. Na ja. Als ich mit meinem Rucksack durch die Glastür hinausging, kam Stephen auf mich zu. Mit einem Lachen im Gesicht, er freute sich wirklich sehr, mich zu sehen. Wir umarmten uns und mir wurde ganz warm. Jetzt war es gut, dass ich hierhergekommen war.

In seinem Haus in Nusa Dua zeigte er mir als Erstes das Gästezimmer: »Wenn du möchtest, kannst du hier schlafen. Ehrlich. Ich habe keinerlei Erwartungen. Ich freue mich einfach nur, dass du jetzt hier bist.« Um eine Antwort drückte ich mich erst mal herum, ich wollte zunächst das ganze Haus sehen.

Stolz winkte er mich in die Küche: »Nach dunklem Brot musste ich wirklich lange suchen, aber ich habe welches gefunden und vorhin noch schnell gekauft. Hier, im Kühlschrank sind auch Käse und Joghurt. Und Mangojuice, den hast du in Bira immer getrunken. Und hier die Papaya, die ist auch für dich.«

Ich war total gerührt. Das gesamte Haus gefiel mir sofort, keinerlei Anzeichen eines »Junggesellenhaushalts«, davor hatte ich ein bisschen Angst gehabt. Schließlich lebte Stephen hier seit circa fünf Jahren allein. Aber alles war wunderschön mit indonesischen Möbeln eingerichtet und super aufgeräumt. Und Überraschung: Das Gästebad war nur halb überdacht,

Hände waschen und duschen fanden unter dem blauen Himmel statt. »Ja«, lachte Stephen, als er meine Verblüffung bemerkte, »das ist hier auf Bali nichts Ungewöhnliches.« Ungewöhnlich war es offensichtlich auch nicht, ein Zimmer und ein winziges Bad für etwaige Hausangestellte zu haben. »Eigentlich war mir das nicht so recht, ich wollte lieber allein in meinem Haus sein. Aber Freunde und Kollegen haben auf mich eingeredet, dass ich Einheimische beschäftigen müsste. Also hat hier ein indonesisches Ehepaar gewohnt, zumindest eine Zeitlang. Der Mann hat in unserer Firma gearbeitet, und sie hat sich hier um den Haushalt gekümmert«, erklärte Stephen beinahe entschuldigend.

»Die haben wirklich in diesen zwei winzigen Zimmern gewohnt? Hatten sie Kinder?«, fragte ich erstaunt.

»Glücklicherweise nicht, dann wäre das hier sehr voll geworden. Die Zimmer für die Angestellten sind auch in anderen Häusern nicht größer. Aber sie haben hier immer noch mehr Platz als bei ihren Eltern. Und mehr Privatsphäre, hier sind sie wenigstens unter sich. Und sie zahlen keine Miete und bekommen alle Möbel und einen Fernseher von mir als Arbeitgeber gestellt. Das ist sogar vergleichsweise komfortabel für sie«, erzählte er. »Mein Paar hatte zwei Einkommen, aber nur sehr wenige Kosten. Gegessen haben sie ja auch umsonst, sie haben für mich einfach etwas mehr gekocht, und was übrig blieb, war für sie.«

»Warum sind sie dann wieder ausgezogen?«, wollte ich wissen.

»Ich kann mein Haus nicht mit anderen Leuten teilen, ich möchte allein wohnen oder mit einer Familie, aber nicht mit quasi Fremden. Außerdem hat die Frau sich hier ziemlich gelangweilt und deshalb jeden Tag meine Badarmaturen geschrubbt. Und ich meine, wirklich geschrubbt. Den ganzen

Lack hat sie abgeschrubbt. Schön sehen die jetzt nicht mehr aus.« Er verzog das Gesicht.
Ich musste lachen. »Was hast du ihnen gesagt?«
Jetzt wurde er etwas verlegen. »Na ja, nicht die Wahrheit natürlich. Ich habe ihnen gesagt, dass es mit der Firma nicht so gutläuft und ich kein Geld mehr habe, sie zu bezahlen. Sie durften alle Möbel und den Fernseher behalten und sind erst mal zurück zu seinen Eltern gezogen. Inzwischen haben sie eine kleine Tochter und wohnen in ihrer eigenen Wohnung. Er arbeitet übrigens immer noch bei uns.«

Als wir in seinem Schlafzimmer standen, zögerte er kurz, dann öffnete er seinen Schrank: »Falls du nicht im Gästezimmer übernachten möchtest, habe ich dir ein bisschen Platz im Kleiderschrank gemacht. Aber bitte denk nichts Falsches. Du kannst wirklich gern im Gästezimmer bleiben.« Ich umarmte ihn und sagte ihm, dass wir das Gästezimmer ruhig leer lassen konnten, ich würde es jedenfalls nicht brauchen. Dann holten wir mein Gepäck hoch und ich räumte meine Sachen in das extra für mich leergeräumte Fach.
Später fuhren wir zum Strand. Dazu mussten wir eine Art Tor passieren mit einem Kontrollpunkt. Zwei Wachleute hatten dort Dienst. Einer grüßte uns freundlich: »Hello, how are you?«, öffnete die hintere Wagentür, guckte auf die Rückbank, schloss die Tür wieder und wünschte uns eine gute Fahrt. Was war das denn?
»Hast du von den Bombenattentaten vor einigen Jahren in Kuta gehört? Seitdem wird ›streng‹ kontrolliert«, erklärte Stephen, als er meine Überraschung bemerkte.
»Warum hat er nicht unter die Decke geguckt, die auf der Rückbank liegt, oder in den Kofferraum?«, fragte ich.
»Eben«, lachte er, »es wird ›streng‹ kontrolliert.«

Am Strand zogen wir die Schuhe aus, fassten uns an den Händen und liefen los. Na ja, er lief, ich humpelte eher. Weit kamen wir nicht, mein Knie war zickig. Also ließen wir uns in den Sand fallen. Viel geredet wurde an diesem Tag nicht, stattdessen schauten und lachten wir uns immer wieder an.
»It is so wonderful to have you here.«
»Yes, I think so too.« Diese und ähnliche Sätze wiederholten wir immer wieder.
Das Abendessen hatte Stephen bereits vorbereitet, wir mussten es nur noch aufwärmen. Als es auf dem Tisch stand, wurde mir plötzlich schlecht von dem bloßen Geruch. Keinen Bissen brachte ich hinunter. Ein eindeutiges Zeichen, dass ich aufgeregt und frisch verliebt war. Gleichzeitig tat es mir leid. Er hatte sich so viel Mühe gegeben mit dem Essen, ich wollte nicht, dass er das falsch verstand.
Etwas unglücklich schaute ich Stephen an: »Es tut mir so leid. Es liegt nicht am Essen. Es liegt an mir. Und an dir. Und daran, dass ich jetzt auf einmal hier bei dir in deinem Haus bin. Vielleicht ist das alles ein bisschen zu viel auf einmal.«
Stephen lächelte mich an: »Alles ist gut. Mach dir keine Sorgen.«
Ich war beruhigt.

Stephen musste zwar arbeiten, trotzdem verbrachten wir die nächsten Tage frisch verliebt: kuscheln nach dem Aufwachen, gemeinsam frühstücken, Verabschiedung an der Haustür, gemeinsame Mittagspause mit Sandwich und frischem Obst, Feierabend-Empfang an der Haustür, jeden Abend spazieren am Strand, gemeinsames Abendessen zu Hause oder im kleinen Restaurant um die Ecke und immer wieder Hände ineinander verhaken, umarmen, Körperkontakt. Nach zwei Tagen konnte ich auch wieder normal essen.

Stephen und ich wurden immer vertrauter miteinander. Er erzählte mir von seiner Kindheit und Jugend in Sydney, von seinen Eltern und seiner Schwester. Von seiner letzten Ehe und warum sie nach siebzehn Jahren zu Ende gegangen war, genau zu dem Zeitpunkt, als auch seine Mutter starb. Davon, dass er danach nach Bali geflogen war, zu Freunden: »Ich wollte nur weg und Abstand bekommen. Meine alte Freundin Jan, die bereits hier wohnte, hatte mich eingeladen, ich sollte sie besuchen kommen und bei ihr im Gästezimmer bleiben, solange ich wollte. Also flog ich hierher. Zwei Wochen waren geplant. Tja, als ich hier war, lernte ich Leute kennen, die gerade eine Firma für erneuerbare Energien gegründet hatten. Ich fragte, ob sie noch jemanden im Team bräuchten und, nun ja, jetzt bin ich schon seit fünf Jahren hier. Jan wohnt übrigens nebenan und arbeitet auch dort.«

»Und? Gefällt's dir hier?«, fragte ich.

»Es gibt Dinge, die mir gefallen. Vieles ist weniger reguliert als in Australien. Deshalb ist es hier leichter, Ideen umzusetzen. Jede Woche tun sich irgendwelche Möglichkeiten auf. Allerdings muss man auch sehr vorsichtig sein. Viele ›Westler‹ kommen mit dem Gedanken her, das große Geld zu verdienen. Das klappt aber auch hier nicht so einfach, jedenfalls nicht legal. Das ist dann die Kehrseite, es gibt viele Betrügereien, sowohl von Einheimischen als eben auch von den ›Westlern‹.«

»Wie ist das eigentlich mit der Korruption, begegnet dir das ab und zu?« Ich blickte ihn fragend an.

»Ja, klar«, lachte er. »Obwohl es wirklich Anstrengungen gibt, die Korruption einzudämmen. Aber das dauert wohl noch. Zum Beispiel muss man, wenn es auf das Monatsende zugeht, als autofahrender ›Westler‹ darauf gefasst sein, von der Polizei angehalten zu werden.«

»Echt?«, staunte ich. »Ich dachte, das ist mehr so ein Klischee.«
»Das kann schon sein«, lacht er, »aber eines, das auf Tatsachen beruht. Mir passiert das öfter, erst vor einigen Wochen wieder. Ich hielt bei Rot an einer Ampel, allerdings als Einziger. Alle anderen fuhren einfach weiter. Ein Polizist kam auf mich zu und fing an, mir zu erklären, ich hätte nicht einfach so anhalten dürfen. Aber wenn ich die Strafe gleich bezahle, bräuchte ich nicht zur Polizeistation mitzukommen.«
»Und? Hast du bezahlt?«, fragte ich neugierig.
»Erst wollte ich nicht. Eigentlich wollte ich darauf bestehen, zum Revier zu fahren. Natürlich lassen die sich darauf nicht ein, und man darf weiterfahren. Aber manchmal hab ich einfach Mitleid mit denen. Die machen das ja nicht aus Spaß, sondern weil sie kein Geld mehr haben. Die Polizisten hier müssen zum Beispiel ihre Uniformen selbst bezahlen und auch für Mopeds und Benzin selbst sorgen. Und am Monatsende geht ihnen halt das Geld aus.« Er machte eine entschuldigende Geste.
»Hm. Möchtest du eigentlich hier bleiben oder irgendwann zurück nach Australien?«, stellte ich die Frage, die mich beschäftigte.
»Ich vermisse Australien. Und meine Familie. Mein Plan war eigentlich, am Ende dieses Jahres die Firma zu übergeben und zurückzugehen.«
»Warum ›eigentlich‹?«, fragte ich.
»Na ja, jetzt gibt es dich. Und wenn es nach mir ginge, würde ich dich nur sehr ungern wieder loslassen.« Er lächelte.
Uff. Zum ersten Mal wurde es nun ein bisschen ernst. Erwartete Stephen eine Reaktion darauf? Ich wusste ehrlich nicht, was ich dazu sagen sollte, bisher machte ich mir überhaupt keine Gedanken um unsere etwaige gemeinsame Zukunft.

»Wie lange möchtest du eigentlich bei mir bleiben?«, fragte er nun mich. Stimmt, darüber hatten wir noch gar nicht gesprochen. Ich sagte ihm, dass ich in circa vier Wochen eine Verabredung am Flughafen in Kathmandu hatte. Steffi und ich wollten drei Wochen lang zusammen Nepal erkunden. Das hatten wir ja schon vor meiner Abreise ausgemacht. Anschließend würde ich meine Cousine Kerstin treffen, zum Kaffeetrinken oder so. Sie würde dann von einer Trekkingtour im Manaslu-Gebiet zurückkehren. Und danach wusste ich noch nicht so genau.

Stephen zog mich an sich: »Ich hoffe, du weißt, dass du so lange hierbleiben kannst, wie du willst. Du sollst aber deine Reise machen, die ist so wichtig für dich. Ich will dir nicht im Weg stehen.«

Wow, was für ein Traummann war mir denn da geschickt worden? Ich merkte sehr wohl, wie sehr Stephen meine Anwesenheit genoss. Er würde mich ziehen lassen – obwohl durchaus nicht klar war, ob ich zu ihm zurückkommen würde. Das war groß! Und genau das, was ich mir immer von einem Mann in meinem Leben gewünscht hatte.

»Wenn die Belastung für dich nicht zu stark ist, würde ich gern noch bis zu meinem Flug nach Nepal hierbleiben«, zwinkerte ich ihm verschmitzt zu.

Die nächsten Tage und Woche vergingen für mich sehr langsam und entspannt, wenn Stephen arbeiten war. Ich lag mit einem Buch und Papayasaft auf der Sonnenliege, spazierte durch das Viertel oder zum Strand, schrieb E-Mails an Freunde, skypte mit meiner Familie und lachte ab und zu mit der Haushälterin, die zweimal pro Woche kam. Meistens tauchte sie in der Mittagspause auf, wenn Stephen auch da war.

Als sie das erste Mal gekommen war, hatte Stephen uns einander vorgestellt, allerdings nur mit unseren Namen. Kurz danach kam Stephen eines Abends schockiert nach Hause: »Stell dir vor, was heute passiert ist. Unsere Haushälterin macht auch in unserer Firma sauber. Dort hat sie sich mit Jan über ›Mr. Stephens' Nichte‹ unterhalten. Jan sagte ihr, dass du nicht meine Nichte bist. Im ersten Moment hat sie das offenbar nicht weiter verwundert: ›Ah, sie ist nicht seine Nichte.‹ Eine Sekunde später hat sie jedoch begriffen, was das offensichtlich bedeutet, und völlig schockiert gefragt: ›Sie ist NICHT seine Nichte???‹«

Ich lachte los: »Und warum schaust du so bestürzt?«

»Na ja, sie hat doch gesehen, dass dein Rucksack oben im Schlafzimmer steht und wir offensichtlich beide in meinem Bett schlafen. Was denkt sie denn von mir, was ich mit meiner Nichte im Schlafzimmer und dann auch noch im selben Bett mache?«, fragte er etwas unglücklich.

Ich lachte immer noch. Und verkündete, dass ich mir ein T-Shirt machen lassen würde mit der Aufschrift »Ich bin NICHT seine Nichte, und er bezahlt mich auch nicht!«. Jetzt musste er auch lachen. Von nun an hatten wir einen Running Gag.

Diese Begebenheit war zwar witzig, aber barg auch ein ernstes Thema. Stephen ist zwanzig Jahre älter als ich – und das machte ihm anfangs zu schaffen. Noch nie war er mit einer wesentlich jüngeren Frau zusammen gewesen, und eigentlich verstand er auch überhaupt nicht, was ich an ihm fand.

Leise und sehr ernst sagte er einmal: »Wenn du nach Deutschland zurückgehst, findest du bestimmt jemanden, der eher in deinem Alter ist und mit dem du Kinder haben kannst. Und wenn das so kommt, würde ich es verstehen. Du sollst glücklich sein. Wenn wir nur das Wochenende in Bira und diese fünf Wochen hier haben, wird mir diese Zeit ewig als kostbar erscheinen. Aber ich glaube, du weißt, dass ich eigentlich mehr möchte.«

Am liebsten wollte ich derartige Gespräche sofort abblocken oder sie gar nicht erst aufkommen lassen. Ich war frisch verliebt, vollkommen unbeschwert und wollte einfach nur die Zeit mit Stephen genießen und mir keine Gedanken um irgendeine Zukunft machen. Aber ich hatte offenbar unterschätzt, wie ernst es ihm bereits war. Aber war es das wirklich?, fragte ich mich. War es ihm wirklich ernst mit mir, oder genoss er einfach das Gefühl, eine »schöne junge Frau«, wie er mich oft nannte, bei sich zu haben? Oder überhaupt wieder eine Frau in seinem Leben zu haben? Schließlich kannten wir uns tatsächlich noch nicht lange. Und ich? Was empfand ich? Konnte ich mir ein Leben, eine Zukunft mit Stephen vorstellen? Konnte ich mir ein Leben ohne Kinder vorstellen? Keine Ahnung. Ich nahm ihn in den Arm, und vorerst vertagten wir das weitere Gespräch.

Eines Tages überraschte mich Stephen mit der Idee, dass er sich einige Tage freinehmen könnte, um mir mehr von Bali zu zeigen. Bislang kannte ich nur die nähere Umgebung seines Hauses in Nusa Dua, ganz im Süden der Insel. Bei meinen Spaziergängen hatte ich mich längst in die Insel verliebt, und so nahm ich seinen Vorschlag begeistert an.

Ursprünglich hatte ich gar nicht nach Bali gewollt, als ich zu Hause meine Reise geplant hatte. Nun war mir klar, warum die Insel auf viele Touristen so exotisch und anziehend wirkt. Die meisten Einheimischen praktizieren eine eigene Art des Hinduismus – und das kann man wirklich überall sehen. Jedes Wohnhaus und jeder Tempel, aber auch Tankstellen, Cafés, Restaurants, Hotels und Läden haben ihren eigenen Schrein oder kleinen Tempel davor. Zweimal täglich werden hier – oder auch einfach auf dem Fußweg, der Straße oder dem

Strand – Opfergaben für Götter, Vorfahren und Geister abgelegt: Aus Palmblättern geflochtene hellgrüne Schälchen mit verschiedenen Blütenblättern, brennenden Räucherstäbchen, Reis, Süßigkeiten oder Obst. Die machen Bali bunt!
Auch die Architektur Balis ist eine eigene: grauer und roter Stein, von Mauern umgebene Familienanwesen mit mehreren Gebäuden für jeweils eine Großfamilie sowie Tempel, Tempel, Tempel. Und nicht zu vergessen, die zahlreichen, meist riesengroßen Götterstatuen auf den Straßen oder die kleinen Hüter-Statuen, die böse Geister davon abhalten sollen, in Häuser, Gärten oder über Brücken zu kommen.
Oh ja, ich freute mich sehr auf unseren Ausflug und darauf, mehr von Bali zu sehen.
Zunächst fuhren wir Richtung Norden. In Ubud, der Kulturhauptstadt Balis, blieben wir zwei Nächte. Dort liefen wir stundenlang durch die Straßen, gingen in fast jedes der zahlreichen Künstler-Lädchen, in denen man hauptsächlich gemalte Bilder kaufen konnte. Außerdem schlenderten wir über den Markt und besichtigten einige der vielen Tempel, sahen bei einer Beerdigungszeremonie zu und bummelten durch die südlichen Vororte, wo viele Kunsthandwerkstätten angesiedelt sind. Stephen musste sein und mein Geld scharf bewachen. Denn ich hätte hier leicht Tausende Dollar ausgeben können, die Holzschnitzereien – zum Beispiel Masken und Hindufiguren – und Steinmetzarbeiten waren einfach zu schön.
Abends erlebten wir in einem Restaurant mit Blick auf einen Tempel eine typisch balinesische Aufführung. Nach *Kecak*-, *Legong*-, *Barong*- und *Rangda*-Tänzen fielen wir hundemüde ins Bett.
Am nächsten Morgen ging es weiter über die Insel mit spektakulären Ausblicken auf Hügel, Schluchten, Flusstäler, grü-

ne Reisfelder, kleine Dörfchen sowie den höchsten und perfekt geformten Berg der Insel, den Vulkan Agung. Candidasa ist ein Strandort ohne Strand, aber wir fanden einen Bungalow direkt am Wasser und beschlossen, hier zu übernachten, die Sonnenliegen zu genießen und mit Meerblick einzuschlafen. Wir stoppten am Wasserpalast eines früheren Königs in der Nähe von Amlapura, der hier seine Gäste empfangen und untergebracht hatte. Nachdem wir die alten Fotos bestaunt und über das Bett des Gastgebers gelacht hatten – es schien, als läge noch die nicht sehr saubere Originalmatratze darauf –, spazierten wir durch die Umgebung und trafen einige Frauen, die Erdnüsse ernteten und putzten. Wir unterhielten uns eine Weile mit ihnen und genossen danach die großartigen Ausblicke auf grüne Hügel und den blauen Ozean. Irgendwo kauften wir einem balinesischen Geschwisterpaar ihre handgemalten Bilder ab und posierten für Fotos. Dann wanderten wir weiter an den Hunderten am Strand aufgereihten Fischerbooten entlang.

Dieser Ausflug machte unglaublich Spaß. Stephen hielt an, wann immer ich aus dem Wagen aussteigen wollte; sei es wegen einer besonderen Aussicht oder weil ich Appetit auf *Bali-Kopi* – balinesischen Kaffee – hatte. Ich stellte ihm tausend Fragen und er versuchte tapfer, alle zu beantworten. Unsere Unterkünfte suchten wir vor Ort aus, wir hatten nichts vorgebucht. Bali ist wunderschön, alles ist so unglaublich leicht, und ich fühlte mich unendlich wohl mit Stephen.

Lovina ist ein kleiner entspannter Ort mit schwarzem Vulkansandstrand im Norden Balis. Das eigentliche Highlight dort sind Delphine, die man frühmorgens beobachten kann. Stephen und ich zogen es allerdings vor, abends den Fischern zuzusehen, die mit ihrem Fang heimkehrten. Und ließen uns in Bananenblättern gegrillten Fisch direkt am Strand schme-

cken. Dabei kamen wir wieder auf das Thema, das wir vor unserer Abreise bereits angesprochen hatten. »Wolltest du nicht eigentlich immer Kinder haben?«, fragte Stephen.
»Jaa, irgendwie schon«, antwortete ich zögerlich. »Aber nie so richtig dringend. Ich glaube eher, weil ich dachte, es gehört dazu und wird sowieso passieren. Wenn ich mich zurückerinnere, habe ich vor allem immer dann an eigene Kinder gedacht, wenn ich gerade Single war. Das war vermutlich eine Art Ersatz-Sehnsucht. Ich träumte immer von dem absolut perfekten Mann für mich, und ich glaube, mit dem wäre ich auch ohne Kinder glücklich.«
»Und würdest du unbedingt in Deutschland leben wollen, oder könntest du dir auch einen anderen Ort vorstellen?«, fragte er vorsichtig weiter.
Ui, jetzt wurde es knifflig. »Theoretisch kann ich mir erst mal alles vorstellen. Aber ich habe nun mal ein sehr enges Verhältnis zu meinen Eltern, meiner Schwester und zu meinen besten Freunden. Ich könnte dir jetzt alles Mögliche sagen, aber in der Praxis weiß ich nicht so recht, ob ich ohne diese Menschen um mich herum leben könnte. Und wollte.«
Gedankenverloren spielte Stephen mit meiner Hand.
»Stephen, kann ich dich auch was fragen?«, setzte ich an.
»Nur zu.«
»Wie sicher bist du dir eigentlich, dass du wirklich mich magst, also mich als Person mit meinen Eigenschaften? Du nennst mich dauernd eine ›schöne, junge Frau‹, vielleicht ist es ja das, was dich reizt. Oder dich fasziniert überhaupt der Gedanke, wieder eine Partnerin an deiner Seite zu haben.« Diese Frage beschäftigte mich noch immer.
Es dauerte eine Weile, ehe er antwortete. »Na ja, du bist nun mal eine schöne, junge Frau, das kann ich nicht übersehen. Natürlich spielt das eine Rolle. Nicht umsonst hatte ich so-

fort den Wunsch, dich kennenzulernen, als ich dich in Bira auf der Terrasse gesehen habe. Aber ich bin kein Mann, der sich mit einer Frau schmücken will. Ich möchte eine echte Partnerin haben, die mit mir – und das meine ich wörtlich – durchs Leben geht. Und wenn ich dich ›schön‹ nenne, meine ich nicht nur dein Äußeres, sondern auch dein Inneres. Das ist mindestens genauso schön. Und viel wichtiger, jedenfalls für mich. Deshalb wollte ich dich kennenlernen.«

Das war eine sehr ehrliche Antwort. Nun wurde ich nachdenklich. War Stephen nicht tatsächlich ein Mann, wie ich ihn mir immer gewünscht hatte? Obwohl er so viel älter war? Er war sehr offen mir gegenüber, erzählte gern, hörte aber auch zu. Er wollte immer, dass es mir gutging. Erst dann dachte er an sich. Klar, wir kannten uns noch nicht lange, und am Anfang ist schließlich immer alles perfekt. Aber, da ich nun so viel von ihm und aus seinem Leben wusste, hatte ich das Gefühl, ihn wirklich zu kennen. Alles schien perfekt zu passen, es war unkompliziert mit ihm, und ich fühlte mich unendlich wohl in seiner Nähe. Unseren Altersunterschied spürten wir beide im Umgang miteinander überhaupt nicht. Wollte ich so jemanden wirklich wieder gehen lassen?

»I think, I love you, Stephen.« Die Worte waren wie von selbst aus mir herausgekommen.

»I love you too. But could you live with me?«

Keine Ahnung.

Unser Inselausflug näherte sich dem Ende, langsam mussten wir uns auf den Rückweg machen. Wir wählten eine Route durch das Inselinnere. Unterwegs hielten wir an einer Kaffee- und Gewürznelkenfarm, wo uns ein großes Schild mit der Aufschrift *Kopi Luwak* anlockte. Das ist der Kaffee, der aus den von der *Civet*-Katze verdauten und somit fermentierten

Bohnen gewonnen wird. Diesen Kaffee hatte ich bereits am Tobasee probiert, er hatte toll geschmeckt!
Außerdem hatte ich keinen blassen Schimmer, wo und wie Gewürznelken wachsen. An Büschen? Oder Sträuchern? Wir beschlossen, dass ein bisschen Bildung immer gut ist, und gingen hinein. Wie üblich, wurden wir sehr herzlich empfangen und bekamen eine Führung durch die kleine Farm. Wir sahen die Kaffeepflanzen und zwei Civet-Katzen, die hier gehalten wurden.
»Our best workers, haha«, lachte unser Führer. Wir durften selbst ein paar Bohnen rösten, dabei fragte ich nach den Nelken. Stephen und ich lagen mit all unseren Ideen falsch, Gewürznelken wachsen an Bäumen. An großen Bäumen, ungefähr so hoch wie Kokospalmen. Um zu ernten, klettert jemand an einem mit Tritten versehenen Bambusstab am Baum hoch und pflückt die rötlich gelben Blütenknospen mit der Hand. Anschließend werden sie gesäubert und in der Sonne getrocknet.
Nach einem *Kopi Luwak,* der allerdings nicht ganz so gut schmeckte wie der am Tobasee, ging es weiter am Tamblingan-, am Buyan- sowie am Bratan-See vorbei, durch eine wunderschöne Hügellandschaft, unglaublich grüne Reisterrassen, kleine Dörfchen und schließlich durch die Verkehrshölle Denpasar zurück nach Nusa Dua.

Bevor ich nach Nepal weiterreiste, wollte ich unbedingt einen Wahrsager aufsuchen. Das hatte ich mir schon am Anfang meiner Reise vorgenommen. Nicht, weil ich unbedingt daran glaubte, sondern weil ich neugierig war, und auch, um ein wenig auf Tiziano Terzanis Spuren in seinem Buch *Fliegen ohne Flügel* zu wandeln. Und wer weiß, vielleicht brachte mich ein Wahrsager ja auf Ideen? Im besten Fall waren diese

Menschen wahrscheinlich einfach besonders gute Menschenkenner.
Eine Frau, die in Stephens Firma arbeitete, erzählte ihm von ihrem Wahrsager in einem Vorort von Ubud, zu dem sie ab und zu ging. Sie bot uns an, einen Termin zu machen, und so machten wir uns einige Tage vor meiner Abreise nach Nepal auf den Weg.
Im Haus des Wahrsagers angekommen, staunte ich nicht schlecht. Die Wände des Raumes, in dem er mich empfing, waren mit Plakaten beklebt: *The richest people of Australia, The richest people of Indonesia, The richest people of the world, The 10 biggest losers in the world* stand darauf. Bill Gates zum Beispiel war auf beiden Listen vertreten. Außerdem entdeckte ich ein Schild mit der Aufschrift *Fortune-Telling by Tarot Cards,* Abbildungen von Handlinien sowie das Horoskop für alle Sternzeichen im Jahr des »Gold Rabbit«.
Großartig! Mein erster Wahrsager! Ganz in der Nähe einer Hauptstraße, auch für Touristen leicht zu finden. Wie ich erfuhr, war das spätestens seit der Verfilmung von *Eat, pray, love* mit Julia Roberts besonders wichtig, denn seitdem kommen immer mehr Touristen hierher, um zu sich selbst zu finden. Wayan, so der Name des Wahrsagers, wollte schließlich nicht irgendwann selbst auf der Liste mit den *10 biggest losers* stehen.
Als ich hereinkam, saß Wayan in einem hellgelben Gewand aus Seide an seinem Tisch, die Brusttasche voll mit Geldscheinen. Der Kunde vor mir war ein chinesischer Tourist.
Wayan bedeutete mir, einzutreten und auf einem Hocker Platz zu nehmen. So konnte ich zusehen und wusste ungefähr, was auf mich zukam. Den chinesischen Kunden verabschiedete er bald, danach war ich dran. Als Erstes wollte er Geld. 250 000 Rupiah, umgerechnet circa 22 Euro. Ich zuckte

innerlich kurz zusammen, das war mehr, als ich erwartet hatte, aber dann war ich einverstanden und zahlte. Als Nächstes fragte er mich nach meinem Namen und meinem Geburtsdatum. Beides sollte ich aufschreiben. Er fand, Franziska sei ein »beautiful name«, und rechnete richtig aus, dass ich siebenunddreißig Jahre alt war. Nun bat er mich, beide Hände zu Fäusten zu ballen und die Daumen aufrecht stehen zu lassen. Seine Hände umfassten meine beiden Fäuste, dann schloss er die Augen und drückte kräftig. Anschließend musterte er ausgiebig meine Ohren und meine Augenbrauen.

Sein Fazit: Wohlgeformte Ohren, kräftige Augenbrauen, starke Daumen – all das weise auf eine starke Persönlichkeit hin. Nach dieser vorläufigen Erkenntnis nahm Wayan meine Hand. Meine Lebenslinie deute auf ein sehr langes Leben hin, erklärte er. Etwa achtzig Jahre würde ich alt werden. Ich überlegte, ob ich ihn darauf hinweisen sollte, dass in Deutschland achtzig Jahre mittlerweile gar kein so hohes Alter mehr war. Aber dann ließ ich es lieber.

Nun wurde es interessant: Wayan sagte mir voraus, dass ich niemals heiraten und keine Beziehung haben würde, weil ich immer nur zweifelte und nie vertrauen könnte. Aber ich würde zwei Kinder bekommen, das erste wäre ein Mädchen.

Irgendwie war ich doch beeindruckt. Menschenkenntnis schien er zu haben. Ich zweifelte wirklich sehr oft an meinen Entscheidungen, meinen Handlungen, meinem Leben. Das hatte er gut erkannt.

Nun waren die Tarotkarten dran: Nach dem Mischen hielt er mir den Stapel hin, ich sollte den großen in drei kleine Stapel teilen und dann einen Stapel auswählen. Gleichzeitig musste ich ein Thema aus einer Liste aussuchen, zu dem ich Näheres wissen wollte. Zuerst wählte ich »Own business«. Er fragte, ob mein Geschäft bereits begonnen hatte. Ich verneinte. Dann nahm er den Kartenstapel, schwenkte ihn über einem Weihrauchstäbchen und murmelte dabei so etwas wie »Give Franziska her own business. She wants her own business. She wants to earn money.« Dann deckte er nacheinander jede Karte auf, benannte jede einzelne und sagte schließlich: »If you work very hard, you will earn much money.«

Dankeschön auch. Das war ja ein wahrhaft neuer Gedanke und gab Anlass zu echter Hoffnung.

Das nächste Stichwort, das ich wählte, war »Travelling«. Die Prozedur mit den Karten wiederholte sich. Als er den Stapel aufdeckte, war die erste Karte: Death. Ich schaute ihn erschrocken an, er musste lächeln und beruhigte mich: Nein, nein, nicht der Tod war gemeint, zumindest nicht direkt. Es ging um den Tod und die Wiedergeburt danach, das stehe für einen neuen Lebensabschnitt.

»Das ist doch was Gutes«, freute ich mich. Allerdings zu früh. Denn Wayan sagte: »No, no, travelling is not good for you. Because you can not trust other people.«

Jetzt war ich geschockt. Er wusste, dass ich aus Deutschland kam. Und offensichtlich war ich ja gerade auf Reisen, schließlich war ich bei ihm auf Bali. Er hätte mir ja auch einfach ein bisschen Mut machen können, mir sagen, dass ich mehr vertrauen und weniger zweifeln sollte, dann hätte ich eine spannende Zeit. Aber er ließ seine Erkenntnis ohne weiteren Kommentar stehen.

Nun sollte ich ein letztes Thema wählen. Ich entschied mich für »Marriage/Relationship«. Wieder die Prozedur mit den Karten und – ha! – ein Heiratsdatum, das er mir auf einen Zettel schrieb, den ich aber erst zu Hause lesen sollte. Aber hatte er nicht am Anfang gesagt, ich würde nie heiraten? Er lachte mich an: »You must trust people.«

Während der Rückfahrt faltete ich den kleinen Zettel ausein-

ander. Ich war nicht in der Lage zu entziffern, was Wayan mir da aufgeschrieben hatte. Somit würde das Datum meiner Hochzeit offenbar ein Geheimnis bleiben.
Das letzte Thema der Wahrsagerei verschwieg ich Stephen, als er mich nach Wayans Erkenntnissen fragte. Ich wollte das Thema lieber noch nicht anschneiden.
Hatte der Wahrsager vielleicht recht, was eine eventuelle Zukunft für uns beide anging? Musste ich ihm oder vielmehr uns einfach vertrauen und das Abenteuer wagen? Auch wenn es höchstwahrscheinlich nicht in Deutschland stattfinden würde? Ich konnte mir noch keine Antwort darauf geben.

Die Zeit auf Bali verging wie im Flug, viel zu schnell stand meine Abreise nach Nepal bevor. Auf meinen Wunsch fuhren Stephen und ich zum Abschied noch einmal nach Kuta, dem Ort, den die meisten Rucksackreisenden besuchen und der entsprechend laut, voll und touristisch ist. Noch einmal drängelten wir uns durch die sehr engen Straßen »Poppies Gang I« sowie »Poppies Gang II« mit ihren Hunderten Unterkünften, Bars und Läden mit den typischen Touristenangeboten: Auto- und Mopedvermietung, mit oder ohne Fahrer, Sarongs, Flip-Flops und Sonnenbrillen, T-Shirts mit vermeintlich lustigen Aufschriften und jede Menge Andenkenkitsch. Auf einmal standen wir vor dem Denkmal des verheerenden Bombenattentats von 2002 und verweilten dort kurz. Über 200 Menschen kamen damals um, alle Namen der Opfer, soweit bekannt, sind inklusive ihrer Nationalität hier genannt. Das ist sehr bedrückend.
Umso erleichterter war ich, dass wir anschließend etwas sehr Schönes vorhatten.
Stephen führte mich zum Strand, zu einer Stelle, an der hinter

der Promenade ein Sandbecken in Form einer riesigen Schildkröte aufgebaut war. Die »Bali Sea Turtle Society« sammelte dort Schildkröteneier ein, die nachts von Meeresschildkröten ausgerechnet hier, an dem vor Menschenmassen wimmelnden Strand, abgelegt wurden. Im großen Sandkasten werden die Eier wieder vergraben, und die kleinen Schildkrötenbabys können darin ohne Gefahr ausgebrütet werden und nach circa eineinhalb bis zwei Monaten schlüpfen.

Vor dem Sandkasten hatte sich bereits eine lange Menschenschlange gebildet. Auch ich stellte mich an, um am allabendlich stattfindenden »baby turtle race« mitzumachen. Das ist ein Touristenevent, denn werden die Baby-Schildkröten ins Meer entlassen, werden so möglichst viel Aufmerksamkeit und Spenden generiert. Jeder Teilnehmer bekommt ein Baby in einer mit etwas Wasser gefüllten Plastikdose. Auch ich hielt nach einer Weile meinen Schützling in Händen, der etwas hilflos in der Dose herumpaddelte. Beruhigend redete ich auf ihn ein und versprach, dass er bald in einer »großen Badewanne« herumschwimmen durfte.

Den Anweisungen aus einem Megaphon folgend, gingen wir zum Strand und stellten uns in einer Reihe auf. Dieser Abschnitt wurde extra abgesperrt, um den Tieren einen ungehinderten Weg ins Meer zu ermöglichen.

Auf »One, two, three« ging es los, jeder kippte seine Schildkröte aus der Dose auf den Sand. Anfassen durften wir sie nur im Notfall und dann ausschließlich am Panzer. Die meisten der Kleinen rannten sofort los, direkt auf das Wasser zu. Meine Kleine schien allerdings etwas verwirrt und brauchte einige Anstupser, bevor auch sie endlich das »große Wasser« erreichte und davonschwamm. Ob sie ihre Freiheit genauso genoss wie ich meine?

Noch einmal aßen Stephen und ich an diesem Abend in unserem Stammlokal. Noch einmal sahen wir uns anschließend zusammen einen Film an. Noch einmal schliefen wir aneinandergekuschelt ein. Ich war sehr traurig und kämpfte den ganzen Abend mit den Tränen.
Noch war mir nicht wirklich klar, wie es mit Stephen und mir jetzt weitergehen sollte. Natürlich, wir würden skypen und uns E-Mails schreiben. Mehrmals hatte ich angedeutet, dass mir sechs bis acht Wochen in Nepal reichen würden und ich dann wieder zurück nach Bali kommen könnte.
Aber Stephen hatte das immer abgeblockt: »Du weißt doch noch gar nicht, wie es dir in Nepal gefällt. Plane nicht schon so weit im Voraus, das hast du doch bis jetzt auch nicht gemacht. Du kannst jederzeit gern zurückkommen, aber jetzt fahr doch erst mal los. Ich will deiner Reise nicht im Weg stehen, du sollst sie nicht um mich herumplanen.«
Natürlich hatte er recht, und wer wusste schon, wie ich drei Wochen später über unsere Beziehung dachte? Aber gleichzeitig wusste ich, dass ihm meine Abreise das Herz brach.

Wiedersehen auf 3000 Metern

Nepal – das Land der immer verschneiten Bergriesen, der bunten Gebetsfahnen vor blauem Himmel, der alles sehenden Augen Buddhas, der von Hinduisten und Buddhisten gleichermaßen besuchten Tempel. Nepal ist bunt, Nepal ist quirlig. Und Nepal ist laut.

Kling, kling, kling, bimmelte es direkt neben meinem rechten Ohr. Noch etwas verschlafen tastete ich nach meinem Reisewecker. Wo war ich? Wie spät war es? Erst 5.30 Uhr, wie ein Blick auf das Ziffernblatt offenbarte. Noch mitten in der Nacht! Langsam fiel es mir wieder ein. Ich war in Kathmandu in einem Guesthouse und wollte eigentlich schlafen. Aber irgendetwas ereignete sich da draußen vor meinem Fenster.
Mit einem Brummen zog ich mir die Decke über den Kopf, ich wollte meine Ruhe. Aber keine Chance, das Glockengebimmel hörte nicht auf. Langsam wurde ich wacher und neugierig, also tappte ich verschlafen zum Fenster. Natürlich, das hatte ich ganz vergessen. Es war mal wieder Zeit für die morgendliche *Puja.* Das war einer von vielen Bräuchen in Nepal: Frauen, die dem hinduistischen Glauben angehören, und in diesem Land sind immerhin achtzig Prozent der Bevölkerung Hindus, bringen jeden Morgen Opfergaben zu den zahlreichen Tempeln. Damit die Götter auch wissen, dass wieder eine neue Opfergabe gebracht wird – vielleicht würden auch sie um diese Uhrzeit lieber in Ruhe schlafen –, wird dabei die Glocke geläutet.
Interessiert lehnte ich mich aus dem Fenster und beobachtete die Prozession auf der Straße. Direkt unter meinem Fenster

befand sich ein kleiner Schrein, davor hatten sich mehrere Frauen mit ihren Opfergaben versammelt. Na toll, das Bimmeln würde also noch eine ganze Weile andauern. Der Anblick jedoch entschädigte mich dafür: Farbenfroh hoben sich die schmuckvollen Gewänder der Frauen vom grauen Stein der Hauswand ab.

Eine Weile noch sah ich den Hindu-Frauen zu, dann beschloss ich, mich noch einmal hinzulegen. Ich hatte keine Eile. Steffi, mit der ich in Kathmandu verabredet war, wollte erst in drei Tagen kommen. Gemeinsam hatten wir geplant, auf eine dreiwöchige Trekkingtour zu gehen. Es war schon alles organisiert.

Ich konnte es kaum abwarten, meine Freundin wiederzusehen. So viel war passiert, seit wir uns in Deutschland verabschiedet hatten. Zwar hatten wir die ganze Zeit über per E-Mail Kontakt gehalten, aber nun freute ich mich schon sehr darauf, ihr persönlich erzählen zu können, was mir alles widerfahren war. Vor allem natürlich wollte ich von Stephen berichten. Wie wir uns kennengelernt hatten, wusste Steffi bereits. Aber während der Wochen auf Bali hatte ich nur gelegentlich Nachrichten an meine Lieben zu Hause geschickt – zum einen, weil sich viele Dinge per E-Mail nicht so richtig besprechen lassen, zum anderen, weil ich noch immer verwirrt war und nicht recht wusste, was ich meinen Freunden und meiner Familie sagen sollte. Ich hoffte, in den kommenden drei Wochen mit Steffi ausführlich darüber reden zu können und danach vielleicht klarer zu sehen.

Zwar war mir, als ich Stephen auf Bali besuchte, eindeutig bewusst geworden, dass er ein ganz besonderer Mensch war und ich Gefühle für ihn hatte. Aber noch immer plagten mich Überlegungen, wie eine Beziehung mit ihm aussehen könnte. Ich war gerade mal drei Monate von zu Hause weg, und schon vermisste ich meine Eltern, Dinah und meine Freunde sehr. War es da realistisch, an ein gemeinsames Leben mit Stephen auf Bali oder gar in Australien zu denken? Wir kannten uns erst so kurze Zeit, woher sollte ich da wissen, ob es überhaupt mit uns funktionieren würde? Ganz abgesehen von dem Altersunterschied. An all die formalen Hürden wie Visa und Aufenthaltsgenehmigungen wollte ich gar nicht erst denken.

Aber gerade war ich in Kathmandu. Drei großartige Wochen lagen vor mir. Mein Knie war vollständig verheilt, so dass der Trekkingtour nichts im Wege stand. Ich freute mich auf die gemeinsame Zeit mit Steffi, auf schweißtreibende Wanderungen in gigantischer Höhe und auf die beruhigende Wirkung der Natur.

Doch noch war es nicht so weit, und um mir die Wartezeit zu verkürzen, überlegte ich, was noch alles zu erledigen war. Damit ich weiterhin telefonisch mit Stephen in Kontakt bleiben konnte, musste ich mir eine nepalesische SIM-Karte besorgen. Gleich um die Ecke vom Hotel hatte ich ein kleines Handy-Geschäft entdeckt. Mein Plan für den Vormittag stand damit.

Als ich dem Händler erklärte, was ich wollte, strahlte er mich an, schob mir ein Formular über die Ladentheke zu und nahm eine Art Stempelkissen aus der Schublade. Ungerührt griff er dann nach meiner Hand. Staunend und ein wenig misstrauisch sah ich ihn an, aber er zeigte lachend auf das Formular. Und tatsächlich, im Kleingedruckten entdeckte ich einen Text auf Englisch, der besagte, dass man eine SIM-Karte nur kaufen konnte, wenn man seine Fingerabdrücke nehmen ließ. Ich konnte es kaum glauben.

Aber damit nicht genug: Auf dem Formular sollte ich außerdem den Namen meines Vaters und den Vornamen meines

Großvaters angeben. Warum das, wollte ich vom Verkäufer wissen. Aber er grinste mich nur weiter an.

»Welchen Großvater soll ich denn hier verewigen?«, fragte ich etwas irritiert. »Und warum überhaupt nur einen? Jeder Mensch hat doch schließlich zwei.«

Der Verkäufer lachte und zuckte mit den Schultern. Ihm war es egal. Nun gut, mir auch. Ich wollte ja nur eine SIM-Karte.

Als ich den Laden verließ, schickte ich per SMS einen kurzen Gruß an Stephen. Dann folgte ich meinem Stadtplan in Richtung Thamel, dem Touristenviertel von Kathmandu. Dort reihten sich Trekkingagenturen, Hotels, Souvenirläden, Restaurants und Outdoor-Geschäfte aneinander. Ich liebte Souvenirs, ich liebte Outdoor-Sachen, und ich liebte die Atmosphäre in Thamel.

Es war noch keine Hochsaison, es tummelten sich deutlich weniger Touristen in den Straßen als vermutlich sonst. Trotzdem wimmelte es nur so vor Menschen, Mopeds, bunt bemalten Rikschas und Unmengen an Autos. Überall hupte, rief und gestikulierte es; blauschwarze Abgaswolken waberten in der Luft. Die Mopedfahrer schienen, wie so oft in Asien, wahnsinnig zu sein. Hupend bahnten sie sich ihren Weg durch dichtes Menschengetümmel. Es war kaum möglich, ihnen in den engen Straßen auszuweichen, aber, wie immer in Asien, am Ende funktionierte es doch.

Ganz in Ruhe ließ ich mich durch das Gewühl um mich herum treiben und genoss das pulsierende Leben in der geschäftigen Altstadt von Kathmandu. Ich bestaunte die unzähligen kleinen Geschäfte mit handgemalten Schildern, in denen Schmuck, Stoffe, Gebetsfahnen, Werkzeuge, Körbe, Garnrollen und vieles mehr verkauft wurden. Auch Lebensmittel wurden angeboten, allerdings schien sich außer mir niemand darüber zu wundern, dass um das Fleisch, das ungekühlt in der Auslage lag, Fliegen kreisten. Teilweise war sogar noch das Fell dran. Ich beschloss, es nicht eingehender zu betrachten, und zog weiter. Dabei bewunderte ich die kunstvoll geschnitzten Verzierungen der alten und oft schon halb verfallenen Häuser. Beobachtete eine Gruppe Männer, die offenbar sehr schwere Lasten trugen, die sie mit einem Seil um ihre Stirn gebunden hatten. Frauen, die vor Lebensmittelständen zähe Verhandlungen führten über den Preis von Obst und Gemüse, lebenden Enten, Bambus oder Flugdrachen.

Ich ließ die Hektik, das pulsierende Leben der nepalesischen Hauptstadt noch lange auf mich wirken an diesem Nachmittag. Erst als die Sonne langsam unterging, schlenderte ich zurück zum Hostel.

***

Am nächsten Tag war der Himmel grau. Genau wie meine Stimmung. Ich fühlte mich allein und vermisste Stephen. Auch wenn wir jeden Tag zumindest kurz miteinander telefonierten und uns E-Mails schrieben, hatte ich das Gefühl, als sei er unerreichbar weit fort. Sosehr ich mich auf die nächsten Wochen freute, ein Teil von mir wäre am liebsten sofort in den nächsten Flieger zurück nach Bali gestiegen. Doch ich gestattete mir nicht, mich von meiner trüben Stimmung runterziehen zu lassen. Stattdessen nutzte ich die Zeit, um die Berge an Fotos, die ich bislang gemacht hatte, zu sortieren und mich bei meiner Familie zu melden.

Am Nachmittag klopfte es plötzlich an meine Zimmertür. Es war Nirmal von der Rezeption des Hostels. Besorgt fragte er: »Ist alles in Ordnung mit dir, Franziska?«

Ich sah ihn erstaunt an. »Ja, danke, alles bestens.«

»Ich dachte nur, weil ich dich heute den ganzen Tag noch nicht gesehen habe.«
Wie rührend. »Danke Nirmal, aber mir geht es gut. Das Wetter ist nur so trüb, dass ich lieber hiergeblieben bin und mir einen faulen Tag gemacht habe.«
Er lachte. »Ich verstehe. Dann hast du bestimmt Lust auf einen heißen Tee.« Strahlend reichte er mir eine dampfende Tasse.
Nun war ich erst recht gerührt. Und schlagartig verschwand das Gefühl, alleine zu sein.
»Was machst du morgen?«, wollte Nirmal wissen.
»Ich weiß noch nicht so recht«, antwortete ich. »Ich war gestern schon in Kathmandu unterwegs, außerdem will ich die Stadt noch mit meiner Freundin anschauen, die übermorgen kommt. Hast du einen Tipp, was ich morgen machen könnte?«
»Warum fährst du nicht raus nach Swayambunath? So nennen wir den ›Affentempel‹. Er liegt auf einem Hügel, es ist zwar ziemlich anstrengend, dort hochzulaufen, aber der Ort ist wunderschön.« Von Swayambunath hatten mir auch schon andere Reisende vorgeschwärmt. Wenn man oben ankommt, wird man von Buddhas Augen empfangen, die von einer großen Stupa aus in alle vier Himmelsrichtungen blicken.
»Ja, das ist eine gute Idee, Nirmal.« Auf einmal kehrte meine Abenteuerlust zurück. »Ich glaube, das mache ich.« Ich strahlte zurück und nahm einen Schluck Tee. Köstlich!
»Aber pass auf«, entgegnete Nirmal augenzwinkernd. »Es führt ein schmaler Weg mit vielen steilen Treppen nach oben. Dort versuchen Souvenirverkäufer und Affen, die Touristen vom Aufstieg abzuhalten.«
»Ich werde allen Versuchungen widerstehen«, sagte ich scherzhaft.
Einen Tag später schleppte ich mich keuchend und fluchend 365 Treppenstufen hinauf zum Affentempel. Nirmal hatte

recht gehabt mit seiner Warnung. Auf Schritt und Tritt versuchten Souvenirverkäufer, mir etwas anzudrehen. Außerdem säumten asketisch aussehende Hindu-Männer den Weg, sogenannte Sadhus. Am meisten jedoch lenkten mich die Affen ab, die frech durch die Gegend sprangen und vor denen man sein Hab und Gut wirklich schützen musste.

Irgendwann jedoch hatte ich es geschafft. Ich erreichte die Spitze des Hügels und wurde von Buddhas gütigen Augen empfangen. Schon immer hatte ich mir gewünscht, diesen Augen einmal so nahezukommen. Nun war ich hier. Einen Moment lang stand ich ganz still und sah ihn an. Sah er mich auch? Ganz bestimmt, immerhin war Buddha der »alles Sehende«.

Auch oben um den Stupa herum herrschte reges Treiben, sowohl in religiöser als auch in geschäftiger Hinsicht. Gebetsmühlen wurden gedreht, verloschene Butterlampen ausgetauscht, Auslöser klickten, Gebetsfahnen flatterten, und Souvenirverkäufer priesen weiter unaufhörlich ihre Waren an. Von irgendwoher erklang Musik: *Om mani peme hung* – die tibetische Fassung des berühmten Mantras, das Gläubige bei ihren Gebeten oder Meditationen rezitieren. Die Musik war wunderschön und entspannend. Ein wohliges Räucherstäbchengefühl breitete sich in mir aus. Ich schloss die Augen und sog die Atmosphäre in mich ein. Es war ein ganz besonderer Ort. Von der Spitze des Hügels hatte man eine fantastische Sicht auf Kathmandu. Von hier oben erkannte man, wie es sich an die Hügel im Hintergrund schmiegte, die das Kathmandutal begrenzten. Der Ausblick wäre perfekt gewesen, wenn die Dunstglocke nicht gewesen wäre, die über der Großstadt hing. Lange saß ich einfach nur da und ließ mich von der erhabenen Stimmung anstecken.

***

Wo blieb Steffi nur? Ungeduldig lief ich auf und ab und hielt immer wieder Ausschau. Aber es war niemand zu sehen. Ich stand am Flughafen von Kathmandu und wartete auf meine beste Freundin. Ihr Flieger war angeblich bereits vor drei Stunden gelandet, und noch immer war sie nicht aufgetaucht. Ich erinnerte mich, dass auch ich Ewigkeiten gebraucht hatte, bis die Einreisemodalitäten geklärt waren und ich mein Gepäck in Händen gehalten hatte. Aber so lange wie heute hatte es eindeutig nicht gedauert.
Gerade wollte ich schon anfangen, mir Sorgen zu machen, als ich hinter mir eine vertraute Stimme rufen hörte: »Franzi!«
Ich drehte mich um. Die automatische Tür hatte sich gerade geöffnet, und Steffi stürmte auf mich zu. Mit einem Aufschrei fielen wir uns in die Arme.
»Mensch, ich dachte schon, du kommst gar nicht mehr«, sagte ich mit gespieltem Vorwurf in der Stimme, als wir uns eine halbe Ewigkeit später voneinander lösten.
»Ich musste so lange auf mein Gepäck warten. Aber ich bin ja froh, dass es angekommen ist«, antwortete Steffi gut gelaunt.
»Schön, dass du hier bist«, strahlte nun auch ich. »Ich fürchte aber, der Taxifahrer, mit dem ich gekommen bin und der eigentlich auf uns warten sollte, ist längst über alle Berge.«
Wir hatten jedoch Glück und fanden schnell Ersatz. Und so erreichten wir schon bald die City von Kathmandu und schließlich das Guesthouse. Steffi und ich wollten uns für die nächsten paar Nächte das Zimmer teilen.
»Lust auf *Momos* und Mangolassi?«, fragte ich, als sie ihren Rucksack ausgepackt und sich eine Weile ausgeruht hatte.
»Klingt großartig. Nichts wie los!«
Zusammen mit Steffi machte es noch viel mehr Spaß, durch die Straßen von Kathmandu zu ziehen. Vorbei an Händlern in engen, verwinkelten Gassen bummelten wir durch die Stra-

ßen und über kleine Hinterhöfe mit eindrucksvollen, antik wirkenden Wasserpumpen in der Mitte und fröhlich winkenden Frauen an den Fenstern. Es war einfach wundervoll!

Etwas später saßen wir in einem winzigen Restaurant und genossen die vermutlich leckersten *Momos* in ganz Nepal. Draußen prasselte mal wieder ein heftiger, etwas verspäteter Monsun-Regenschauer vom Himmel.

Während draußen die Welt unterging, tauschten Steffi und ich die neuesten Geschichten aus. Sie erzählte von München, von Elke und richtete mir viele Grüße von meiner Familie aus, mit der sie kurz vor ihrer Abreise noch telefoniert hatte. Ich war froh zu hören, dass es allen gutging, und freute mich über das Päckchen mit einem Glücksbringer, das sie Steffi für mich mitgegeben hatten.

»Aber jetzt erzähl du mal!«, forderte Steffi mich auf. »Wie geht es dir? Und was macht Stephen?«

»Ihm geht es gut. Er hat jede Menge Arbeit und sagt, er käme kaum dazu, mich zu vermissen«, wiederholte ich Stephens scherzhafte Worte, die er an diesem Morgen am Telefon zu mir gesagt hatte. »Ich hoffe aber für ihn, dass er das nicht ganz ernst meint.«

»Na, bestimmt nicht. Immerhin konnte er es gar nicht abwarten, dass du ihn auf Bali besuchen kommst«, sagte Steffi.

»Ja, ich war am Anfang wirklich unschlüssig. Ich wollte doch nie nach Bali. Außerdem fand ich das alles schon ganz schön komisch. Wir kannten uns erst so kurz, und auch wenn wir in Bira viel Zeit miteinander verbracht haben, waren wir uns doch eigentlich noch ziemlich fremd.« Bei dem Gedanken an unsere erste Begegnung musste ich unwillkürlich lächeln.

»Und wie siehst du die Sache jetzt?«, wollte Steffi wissen.

»Ich bin immer noch hin- und hergerissen. Ich vermisse ihn

fürchterlich, obwohl wir jeden Tag telefonieren und uns Nachrichten schreiben. Und trotzdem kommt mir das alles immer noch vor wie ein Traum.«

»Wie soll es denn jetzt weitergehen?«, legte meine Freundin den Finger in die Wunde.

»Ehrlich gesagt, ich weiß es nicht.« Ich zuckte mit den Schultern. »Wir haben auch noch nicht darüber gesprochen. Jedenfalls nicht so richtig. Es war ja klar, dass ich erst einmal nach Nepal fahren würde. Und danach? Ich weiß es nicht. Meine Reise möchte ich schon fortsetzen, ich merke, dass sie wichtig für mich ist. Aber gleichzeitig tut mir jede Sekunde weh, in der wir getrennt sind.«

Steffi sah mich nachdenklich an. »Kannst du dir denn vorstellen, richtig mit ihm zusammen zu sein?«

Ich nickte. »Ja, das kann ich. Auch wenn es verrückt klingt, weil wir uns erst so kurz kennen. Aber die letzten Wochen auf Bali waren einfach großartig. Stephen hat sich so viel Mühe gegeben, und es ist so schön zu sehen, dass er sich so sehr ins Zeug legt, damit es mir gutgeht. Wir sind uns in vielen Dingen sehr ähnlich und haben gleiche Vorstellungen von einer Beziehung und vom Leben allgemein. Es fühlt sich alles einfach so richtig an, abgesehen davon, dass er am anderen Ende der Welt lebt.«

»Könntest du dir denn vorstellen …?«, begann Steffi, ohne ihre Frage zu Ende zu stellen.

»Wenn ich das wüsste«, antwortete ich ehrlich. »Ich meine, es war doch jetzt schon so schwer, Abschied von euch allen zu nehmen und auf die Reise zu gehen. Und es ist ja noch nicht einmal klar, wo wir überhaupt leben würden. Stephen denkt darüber nach, seine Anteile an der Firma zu verkaufen und nach Australien zurückzugehen. Ich war noch nie in Australien und weiß gar nicht, ob ich es dort mag. Hier in Asien fühle ich mich sehr wohl. Aber hier leben? Keine Ahnung. Und wovon?«

Steffi lachte. »Du könntest ein Guesthouse aufmachen für europäische Rucksackreisende.«

»Großartig«, antwortete ich und rollte mit den Augen. »Und Stephen macht abends immer Barbecue, ja? Das ist genau das, was ich mir vorgestellt habe.«

»Warum nicht, immerhin ist das Wetter hier viel besser als daheim«, bemerkte Steffi trocken.

»Wenn es nur das wäre«, sagte ich nachdenklich. »Eigentlich hatte ich doch ganz andere Pläne. Ich dachte, ich würde mir einen neuen Job suchen, wenn ich wieder zurück bin, und vielleicht nach Berlin ziehen. Und jetzt merke ich, dass mir ein riesiger Stein vom Herzen fällt, weil ich genau das alles vielleicht nicht tun muss. Weißt du, ich hatte von Anfang an diese Sorge, dass ich zurückkomme und wieder in dieselbe Mühle gerate, aus der ich gerade entkommen bin. Und auf einmal bietet sich mir eine ganz andere Möglichkeit, die sich eigentlich viel besser anfühlt.«

»Franzi, du warst so unglücklich in deinem alten Job und – wenn du ganz ehrlich bist – doch auch damit, alleine zu sein«, sagte Steffi leise. »Den Gedanken, dass du nicht nach Deutschland zurückkommst, finde ich zwar ganz schrecklich, aber ich glaube, ich habe dich noch nie so glücklich und zufrieden gesehen wie jetzt. Vielleicht solltest du es einfach wagen? Deutschland läuft dir doch nicht davon, und irgendeinen Job findest du dort immer. Aber ob das mit Stephen und dir etwas werden könnte, das findest du nur raus, wenn du es versuchst.«

Ich war Steffi in diesem Moment so dankbar dafür, dass sie genau die Worte aussprach, die mir in den letzten Tagen immer wieder durch den Kopf gegangen waren. Ausgerechnet

Steffi, die ich immer für einen Kopfmenschen gehalten hatte, schlug sich nun auf die Seite meines Bauches. Und meines Herzens.

»Vielleicht hast du recht«, sagte ich nachdenklich. Dann gab ich mir einen Ruck. »Aber heute muss ich das ja nicht entscheiden. Und jetzt erst mal bist du hier, und wir gehen auf den Mount Everest!«

»Ach, tun wir das?«, fragte Steffi grinsend.

»Na klar, war doch so abgemacht. Immerhin haben wir oft genug in den Ammergauer Alpen dafür trainiert«, scherzte ich.

»So ein Mist, dass ich meine ganzen Sauerstoffflaschen dort aufgebraucht habe.« Steffi zuckte entschuldigend die Schultern.

»Na, macht nichts«, entgegnete ich, »dann suchen wir uns eben doch eine Route aus, auf der wir noch selbst atmen können.«

***

Zwei Tage später brachen wir auf nach Pokhara. Dort waren wir mit unserem Guide verabredet, der uns auf die sechstägige Tour begleiten würde.

Nirmal hatte uns Tickets für den Touristen-Bus von Kathmandu nach Pokhara besorgt. Mit unseren bis oben hin voll gepackten Rucksäcken liefen wir los und fanden sogar schon nach kurzer Suche den richtigen Bus.

Auf der Fahrt begegnete uns dann bald das »reale« Kathmandu: Ärmliche Wellblechhütten ohne Strom und fließend Wasser. Kinder, Frauen und Männer, die im Straßenstaub saßen, heilige Kühe, die auf der Suche nach etwas zu fressen so gar nicht heilig im Müll herumwühlten. Nepal gehört zu den ärmsten Ländern der Welt. Und mit Sicherheit zu den Ländern mit den höchsten nicht entsorgten Müllbergen. Tatsächlich sah die Müllentsorgung so aus, dass der Abfall einfach auf offener Straße verbrannt wurde. Auch deshalb wird Kathmandu immer von einer Dunstglocke überdacht. Immerhin lockerten die bunten Saris der Frauen das deprimierende Bild der nepalesischen Hauptstadt ein wenig auf.

Als wir die Stadt schließlich verließen, blieb mir auf einmal der Mund offen stehen. Auch Steffi saß sprachlos da und konnte ihren Blick von der grandiosen Aussicht nicht abwenden. Wir fuhren in westlicher Richtung durch das Kathmandutal, und was wir sahen, war einfach atemberaubend: leuchtend grüne Reisterrassen, weite und enge Täler, türkisgrün schimmernde Gebirgsflüsse mit darübergespannten Hängebrücken. In der Ferne erhoben sich die grünen Hügel, die das Tal rund um Nepals Hauptstadt begrenzen und denen wir uns immer weiter näherten. Bis nach Pokhara waren es circa zweihundert Kilometer – fünf Stunden lang holperten wir über den Prithvi Highway, erst durch das Tal von Kathmandu und dann weiter durch die Hügel von Nepals Mitte.

Dann erreichten wir Pokhara. Die Stadt liegt am Phewa-See im Phewa-Tal. Das bescherte uns weitere fantastische Blicke über den See auf grüne Hügel und dahinter schneebedeckte Gipfel! Als die Wolkendecke ganz kurz aufriss, hatten wir kurz freie Sicht auf den Machhapuchhre – ob seiner Form auch »Fischschwanz« genannt – mit seinen stolzen 6993 Metern Höhe. Aufgeregt wie kleine Kinder hüpften Steffi und ich durch die Gegend und konnten unser Glück kaum fassen. Unser erster Bergriese! Himalaja, wir kommen!

Wenn wir die spektakulären Gipfel schon nicht selbst erklimmen konnten, wollten wir ihnen zumindest so nahe wie möglich kommen. Also hatten wir den »Beginners Treck«

zum Poon Hill gebucht. Wie unser Guide Hari uns gleich zu Beginn freudestrahlend erklärte, nannten böse Menschen diese Route auch den »Losers Trek«. Das mussten wirklich böse Menschen sein. Denn immerhin war der Poon Hill 3210 Meter hoch und versprach vor allem bei Sonnenaufgang ein atemberaubendes Gipfelpanorama. Die Wanderkarte, die wir uns gleich nach unserer Ankunft in Pokhara besorgten, kündigte unterwegs gar Rhododendronwälder an. Aber das konnten wir uns beim besten Willen nicht vorstellen. Rhododendron kannten Steffi und ich nur als Büsche, da übertrieben es die Nepalesen sicher ein bisschen.

***

»Easy peasy, lemon squeezy!«, tönte es hinter uns. Unser Guide Hari war von der ganz lustigen Truppe, das war mir schon in Pokhara aufgefallen, als er uns begrüßt hatte. Hari war klein und reichte selbst mir gerade mal bis zu den Schultern. Aber er war zäh und drahtig, schließlich war er es gewohnt, Touristengruppen durch Nepals Bergregionen zu führen. Das Lachen schien ihm nie zu vergehen, was mich vom ersten Moment an für ihn eingenommen hatte. Er hatte Steffi und mich an diesem Morgen vom Hostel abgeholt und uns zum Ausgangspunkt unserer Tour gebracht. Dort angekommen, stellte er uns unseren Träger vor, dem Steffi und ich unser Gepäck überreichen sollten. Natürlich waren wir alles andere als begeistert von der Vorstellung, dass der zierliche kleine Nepalese unseren schweren Rucksack durch die Berge schleppte, während wir nur mit Sonnencreme und einem leichten Pulli im Tagesrucksack hinter ihm herflanierten. Es kam uns auch sehr dekadent vor, Geld dafür zu zahlen, dass unser Gepäck für uns getragen wurde. Hari erklärte uns aber, dass in dieser Gegend viele Menschen als Träger ihr Geld verdienten und so ihre Familien ernährten. Also protestierten wir nicht lange, denn es war uns noch unwohler bei dem Gedanken, dass eine nepalesische Familie wegen unseres falschen Stolzes Hunger leiden musste.

***

Bald nach unserem Start erreichten wir den ersten Kontrollpunkt, wo Hari unsere Dokumente vorzeigen und abstempeln lassen musste. Diese Registrierung hatte den Sinn, dass, sollten wir verloren gehen, zumindest unser letzter passierter Kontrollpunkt bekannt war. Alle Trekker im Everest-, Langtang- und Annapurna-Gebiet müssen sich auf diese Weise registrieren lassen. Außerdem mussten wir nachweisen, dass wir die »Annapurna Conservation Fee« bezahlt haben. Diese Gebühr wird für die Erhaltung und Pflege der Infrastruktur im Annapurna-Gebiet verwendet.

Nachdem wir kurz verschnauft hatten, ging es westlich des Flusses Modi Khola und dann am Bhurungdi Khola entlang. Eingereiht in eine nicht enden wollende Schlange aus Touristen wanderten wir vorbei an bunten Ziegelhäuschen, blühenden Blumen und Sträuchern, schwer bepackten Eseln und Mulis und leuchtend grünen Reisterrassen. Nepal war unfassbar schön, und die Eindrücke prasselten nur so auf uns ein.

Zu Mittag gab es *Daal Bhaat,* ein typisch nepalesisches Gericht: Reis, Linsensuppe, Gemüsecurry, Joghurt und eingelegtes Gemüse. Je einfacher das Restaurant, desto einfacher war die Variation dieses Gerichts. Oft bekamen wir während des Treks auch nur Reis, Linsensuppe und ein paar Gemüsestückchen. Jedes *Daal Bhaat* schmeckte anders, aber es schmeckte immer köstlich. Und verlieh neue Kraft für den weiteren Anstieg. Oder, wie Hari es ausdrückte: »*Daal Bhaat* powers for twenty four hours!«

»Come on, Franzi, step by step«, trieb Hari mich an und ließ noch mehr lustige Sprüche folgen. Eigentlich musste ich zugeben, dass ich die meisten seiner Scherze wirklich ziemlich lustig fand, aber in diesem Moment war mir nicht nach lachen zumute. Dafür schwitzte und keuchte ich viel zu sehr. Schuld daran waren die Treppen. Seit dem Mittagessen nichts als Treppen. Ganze 600 Höhenmeter mussten wir überwinden, das waren mehr als 3200 Stufen. Hohe, steile Stufen aus Stein, die scheinbar nicht zu enden schienen. Der Himmel an diesem Tag war tiefblau, die Sonne brannte, und wir stiegen steil bergan. Ich hasste alle Treppen in diesem Augenblick. Und überhaupt, was hatten sie in den Bergen zu suchen? Treppen waren hier überflüssig. Treppen waren anstrengend. Treppen waren einfach böse.

Während ich vor mich hin grummelte und meine Lungen und Oberschenkelmuskeln zu Höchstleistungen anzutreiben versuchte, merkte ich gar nicht, wie die Zeit verging. »Only half hour to Ulleri!«, verkündete Hari. Unser erstes Etappenziel, geschafft!

An diesem Abend und am folgenden Morgen konnten Steffi und ich unseren Nepali-Tee mit Aussicht auf schneebedeckte Gipfel genießen, es war einfach herrlich. Und entschädigte für all die Treppen.

Die blieben uns am zweiten Tag erspart, wofür ich äußerst dankbar war. Stattdessen führte uns unser Weg durch schattigen Laubwald. Als ich Hari fragte, was das denn für Bäume seien, lachte er los: »Hahaha! Schau doch einfach in deine Karte.«

Etwas verwirrt antwortete ich, dass in unserer Wanderkarte

etwas über Rhododendronwälder stand, das aber doch nicht sein konnte. Rhododendren waren doch Büsche, keine Bäume! Aber Hari erklärte, dass die hier wachsende Rhododendronart, auch *Laliguran* genannt, Nepals Nationalpflanze sei und im Himalaya sehr weit verbreitet. Im März und April blühen die Bäume, und die Berghänge erstrahlen in allen Schattierungen von Rosa über Pink bis Dunkelrot. Das musste wundervoll aussehen!
Etwas später begegneten uns Languren, weißhaarige Affen mit schwarzen Gesichtern. Sie sprangen zwar von Baum zu Baum, waren aber sehr scheu, wir konnten kaum einen Blick auf sie erhaschen.
Je höher wir kamen, umso mehr sanken die Temperaturen. Das war angenehm, weil der Aufstieg dadurch weniger schweißtreibend war. Außerdem konnten wir uns abends um warme Öfen herumsetzen und mit einer Tasse Tee in dicke Decken kuscheln. Nur die Körperhygiene litt etwas unter dem Temperatursturz. Keine zehn Pferde brachten Steffi und mich unter das eiskalte Wasser der Duschen. Also beschlossen wir, dass Katzenwäsche reichen musste.

***

Eine lange Schlange aus Stirnlampen kroch langsam die Treppen hinauf. Ja, Treppen. Sie waren zurück, aber diesmal nicht ganz so schlimm wie zu Beginn der Tour. Obwohl ich es kaum geschafft hatte, die Augen offen zu halten, waren wir am vierten Tag unserer Tour bereits gegen 4.30 Uhr aufgestanden und nach einem heißen Tee eine halbe Stunde später losgelaufen. Der Sonnenaufgang war an diesem Tag für 6.15 Uhr angesagt, und genau den wollten wir auf dem Poon Hill erleben.

Steil wand sich der Pfad hinauf. Es war noch dunkel, mir war kalt, ich kämpfte um Sauerstoff. Viele Wanderer saßen am Wegrand und verschnauften, die Höhe machte sich bei uns allen bemerkbar. Steffi war wie gewöhnlich schneller als ich, Hari war bei ihr. Hinter mir liefen unsere Träger und passten auf, dass mir nichts passierte.

Als ich kurz stehen blieb, um Luft zu holen, machte neben mir eine nepalesische Familie halt. Die etwa zehnjährige Tochter saß erschöpft und vor Kälte zitternd auf den Stufen, ihre Eltern standen etwas ratlos dreinblickend um sie herum. Kurz entschlossen zog ich meine Jacke aus, denn mir war mittlerweile durch die Anstrengung ohnehin zu warm geworden. Das Mädchen sah mich erwartungsvoll mit seinen braunen Augen an. Als es begriff, was ich vorhatte, stand es auf und strahlte mich an. Ich zog der Kleinen meine Jacke über, die ihr selbstredend viel zu groß war. Die Ärmel schob ich über ihre Hände und fixierte sie mit dem Klettverschluss. Sofort löste sie die Verschlüsse wieder und ließ ihre kleinen Hände in den Ärmeln verschwinden. Sie musste erbärmlich frieren.

»I see you on the top«, flüsterte ich dem Mädchen zu und machte mich wieder auf den Weg.

Es dauerte nicht lange, und ich hatte die letzten Stufen geschafft. Oben auf dem Gipfel standen bereits Massen von Leuten, ein bunter Mix aus Softshells, Fleece- und Gore-Tex-Jacken empfing mich.

Dann wurde es langsam hell. Die Gipfel um uns herum färbten sich rot. Ich konnte es kaum fassen, wie nah und majestätisch schön sie waren. Wie im Rausch knipste ich ein Foto nach dem anderen, aber irgendwann stand ich nur noch still da und brannte die Bilder auf meine Netzhaut. Es war ein atemberaubendes Schauspiel, und die Schönheit der Natur trieb mir die Tränen in die Augen. Auf einmal war Steffi neben mir, und wir fielen uns in die Arme. Obwohl wir nicht auf einem der schneebedeckten Gipfel standen, waren wir von diesem Blick, von diesem Moment sehr berührt. Es war der Höhepunkt unseres Treks und einer der Höhepunkte meiner ganzen Reise.

Und ich war in dieser Sekunde froh, nicht allein zu sein, sondern Steffi an meiner Seite zu haben. Es ist so viel schöner, wenn man Eindrücke mit jemandem teilen kann, besonders mit jemandem, der einem nahesteht.

Während ich noch ganz ergriffen das Gipfelpanorama bestaunte, drängelte sich meine leuchtend orangenfarbene Jacke durch das Gewühl auf mich zu. Das kleine Mädchen und sein Vater suchten mich, um sie mir zurückzugeben. Als ich sie entdeckte, lief ich ihnen entgegen. Die Kleine wirkte schon viel fröhlicher als noch auf dem Anstieg, es schien ihr deutlich besserzugehen. Sie strahlte mich an und sagte: »Danke für die Jacke. Du bist eine Heilige.« Glücklich strahlte sie immer weiter, ich war sprachlos und gerührt und wusste nicht recht, wie ich reagieren sollte. So etwas hatte noch nie jemand zu mir gesagt. Während ich noch um Worte rang, zückte ihr Vater eine Kamera und drückte sie einem der umstehenden Touristen in die Hand. Ehe ich wusste, wie mir geschah, klickte der Auslöser und hielt den Augenblick fest. Herzlich verabschiedete ich mich von dem Mädchen und seinen Eltern, dann folgte ich Steffi und unseren Guides, die sich schon wieder auf den Rückweg machten.

***

Als wir den Abstieg hinter uns gebracht und die unzähligen Treppenstufen wieder hinabgegangen waren, hieß es nach

einer Weile Abschied nehmen von den majestätischen, schneebedeckten Gipfeln. Unsere Route hatte uns wieder in hügeligere Gefilde geführt, und während der letzten Tage unserer Tour wanderten wir durch Wälder und eine malerische grüne Hügellandschaft. Sowohl Steffi als auch ich waren froh darum. Während Steffi sich in einem besonders kalten Nachtlager eine handfeste Erkältung eingefangen hatte, plagten mich meine zunehmend schmerzenden Füße. Ich hatte zwar der Versuchung widerstanden, mir extra für meine Reise neue Wanderschuhe zu kaufen, um Blasen und Druckschmerz zu vermeiden. Es stellte sich aber heraus, dass auch meine alten, ausgetretenen Schuhe, mit denen ich viele Touren gemacht hatte, sich in diesen Höhen anders anfühlten. Meine Füße waren wund, mehrfach am Tag musste ich Pausen machen und meine Blasen verarzten. Aber Steffi und ich hielten durch bis zum Schluss, was blieb uns auch anderes übrig?
Als sich die Trekkingtour ihrem Ende entgegenneigte, waren wir doch froh darüber. Erschöpft und gleichzeitig sehr glücklich wanderten wir entlang einem Berghang, unweit von Pokhara. Gerade genossen wir den Blick auf endlose Reisfelder, die sich in einem satten Hellgrün vor unseren Augen erstreckten, als uns ein Trupp Einheimischer entgegenkam, der eine kleine Eselherde mit sich führte. An einer besonders engen Stelle, an der es kaum möglich war, die Gruppe zu passieren, scherte einer der Esel plötzlich aus und blieb dann abrupt stehen. Weder mit freundlichen oder lauten Worten noch mit sanften Schupsern und nicht mehr ganz so sanften Klapsen war das Tier dazu zu bewegen, sich auch nur einen einzigen Zentimeter weiterzubewegen. Seelenruhig stand der Esel da und schaute in die Runde.
»Schau mal, das Schild hier«, sagte Steffi auf einmal neben mir und schüttelte sich vor Lachen.

Ich las die Aufschrift des Schildes und konnte ebenfalls nicht an mich halten. Der Esel war ganz genau vor einer Hütte mit dem Namen »Don't Pass Me Restaurant« stehen geblieben. Dass Esel stur sein können, war uns bekannt. Dass sie des Lesens mächtig sind, hatten wir somit auch gelernt.
Nach einer letzten Übernachtung und einer kurzen Endetappe kamen wir am nächsten Mittag ziemlich verdreckt, aber zutiefst zufrieden in Pokhara an. Von dort aus ging es einen Tag später zurück nach Kathmandu. Steffis Urlaub neigte sich dem Ende entgegen, und so wollten wir ihren Besuch entspannt in der nepalesischen Hauptstadt ausklingen lassen.

***

Klingeling. Mein Handy meldete sich plötzlich, als Steffi und ich einige Tage später beim Frühstück in unserem Hostel saßen. Die Spuren unserer Tour hatten sich verflüchtigt, Steffi bekam wieder einigermaßen Luft, und ich konnte schon wieder Schuhe anziehen, ohne dass ich meine Zähne zusammenbeißen musste.
Ich nahm ab. »Hello?«, fragte ich. Wer konnte das sein? Mit Stephen hatte ich eben erst telefoniert.
»Hallo Franzi«, meldete sich eine etwas zaghafte Stimme am anderen Ende der Leitung. »Hier ist Kerstin.«
Kerstin? Warum rief mich denn meine Cousine an? Ich wusste zwar, dass sie zur selben Zeit in Nepal war und eine größere Tour im Manaslu-Gebiet unternahm. Aber eigentlich hatte ich erst etwa eine Woche später mit ihr in Kathmandu gerechnet. Als sie mir vor einigen Monaten von ihrer geplanten Reise erzählt hatte, hatten wir uns auf einen Kaffee in Nepals Hauptstadt verabredet.

»Warum rufst du denn heute schon an?«, fragte ich erstaunt. »Wollten wir nicht erst nächste Woche …?«
Oh nein. Mir schwante Schlimmes. Aber das konnte doch nicht …
Meine Cousine Kerstin hatte schon einmal zwei Jahre zuvor eine große Trekkingtour in Nepal gemacht. Damals war sie auf der Annapurna-Runde unglücklich abgerutscht, und ihre Kniescheibe war herausgesprungen. Nach einer abenteuerlichen Rettungsaktion hatte man sie schließlich in Kathmandu ins Krankenhaus eingeliefert, wo sie operiert worden war. Als sie mir erzählte, dass sie nun einen zweiten Anlauf starten wollte, hatte ich mich sehr für sie gefreut. Nun konnte sie die Tour beenden, die sie damals abbrechen musste. Dass sie mich nun anrief, konnte nichts Gutes bedeuten.
»Kerstin, sag jetzt bloß nicht, dass …« Weiter kam ich nicht. Etwas gequält lachte sie ins Telefon. »Doch, es ist schon wieder passiert. Dasselbe Knie. Dasselbe Krankenhaus.«
»Oh Gott, wie geht es dir denn?« Ich war sprachlos, Kerstin tat mir so leid.
»Ach, weißt du«, antwortete sie beinahe unbekümmert, »es ist eigentlich sogar ganz witzig. Ich kenne den Arzt und die Krankenschwestern noch. Und die erinnern sich auch an mich.«
Na, wenigstens ein Gutes hatte das Ganze.
»Was brauchst du?«, fragte ich. »Ich fahre sofort hier los.«
Ich sah Steffi an, die mir gegenübersaß und genauso geschockt aussah, wie ich mich fühlte. Mit einer Geste gab sie mir zu verstehen, dass ich mich um meine Cousine kümmern sollte.
»Wirklich?«, entgegnete Kerstin. »Ich will euch beide aber von nichts abhalten. Allerdings, Duschgel und eine Zahnbürste wären schon fein.«

Wir legten auf, denn ich wollte keine weitere Zeit verlieren. Ein Taxi brachte mich nach Thamel, wo ich die Einkäufe erledigte. Ein schlechtes Gewissen hatte ich schon, weil ich Steffi alleine zurücklassen musste. Aber sie hatte mehrfach beteuert, dass sie sowieso noch Geschenke für daheim kaufen wollte und ich ruhig zu meiner Cousine fahren sollte.
Nur kurze Zeit später erreichte ich das Krankenhaus. Das Treppenhaus und die Flure waren in einem ziemlich scheußlichen Gelbgrün gestrichen. Ich fühlte mich auf einen Schlag unwohl. Allerdings sind die wenigsten Krankenhausflure wirklich einladend. Ich passierte einen Sicherheitsmann, der mich wortlos durchwinkte, und fragte mich schließlich zu Kerstins Krankenzimmer durch.
»He, schön, dass du da bist«, begrüßte sie mich, sichtlich erfreut, ein vertrautes Gesicht zu sehen.
Wir umarmten uns und waren beide ziemlich aufgewühlt. Obwohl sie starke Schmerzen hatte, schnappte sie sich sofort die Duschutensilien und sagte: »Ich muss sofort unter die Dusche, ich halte es keine Sekunde länger aus.« Ich half ihr ins Bad und einige Minuten später wieder heraus. Sofort sah sie schon fast wieder zufrieden aus.
Eine ganze Weile saßen wir zusammen, und sie erzählte mir, wie genau es zu diesem zweiten Unfall gekommen war. Dann öffnete sich die Zimmertür, und eine Schwester holte sie zu weiteren Untersuchungen ab. Als Erstes wurde ein CT gemacht, und der nepalesische Arzt, der sein Studium in Deutschland absolviert hatte, lud mich freundlich ein, mir mit ihm gemeinsam die Bilder auf dem Monitor anzusehen. Ich betrachtete etwas schockiert die Aufnahme der herausgesprungenen Kniescheibe, aber er versicherte gut gelaunt, dass er sie durch die Operation schon wieder an die richtige Stelle befördern würde.

Während Kerstin für den Eingriff vorbereitet wurde, passte mich eine sehr energische Stationsschwester ab. Sie drückte mir einen Zettel in die Hand, auf dem verschiedene Punkte aufgelistet waren.

»Das sind Dinge für die Operation«, erklärte sie mir etwas kurz angebunden. »Die gehen Sie kaufen.«

Ah ja?, dachte ich und sah meine Cousine verdutzt an. Die aber winkte ab. Sie kannte das schließlich schon vom letzten Mal.

»Das ist hier so, Franzi«, erklärte sie mir. »Alles, was für die OP benötigt wird, muss man selber mitbringen. Also Infusionen, Schmerzmittel und natürlich jede Menge Verbandszeug. Eigentlich würde das in meinem Fall die Reiseagentur übernehmen, aber jetzt bist du ja hier.«

Na, wenn das so ist. Ich ließ mir vorsichtshalber zweimal den Weg zur Apotheke erklären, in der ich alle benötigten Dinge bekommen würde, dann eilte ich los. Zum Glück war der Laden gleich um die Ecke, und ich musste die Liste nur abgeben und nichts weiter dazu erklären. Die Apothekerin wusste, was zu tun war. Eine Packung nach der anderen baute sie vor mir auf der Ladentheke auf, zum Schluss zog sie Unmengen an Pflastern und Verbänden aus einem Schrank. Sie packte alles in zwei riesige Plastiktüten, die sie mir reichte. Beim Anblick des Haufens, der sich vor mir auftürmte, hatte ich ernsthafte Sorge, ob ich überhaupt genug Geld bei mir hatte, um alles zu bezahlen. Ich zog mein Portemonnaie aus der Tasche und überprüfte den Inhalt. Als die Apothekerin mir die Rechnung präsentierte, wurde mir kurz ganz anders. Es waren umgerechnet über hundert Euro, die sie von mir verlangte. Zum Glück hatte ich gerade genug dabei. Ich zahlte und machte mich ohne Umschweife auf den Rückweg ins Krankenhaus.

Bald darauf wurde Kerstin in den Operationssaal gebracht, und ich nahm auf dem Gang davor Platz. Ich war nervös und besorgt. Auch wenn meine Cousine das schon mal durchgemacht hatte, hieß das nicht, dass auch diesmal alles glattgehen würde. Je mehr Zeit verging, umso unruhiger wurde ich. Ich fühlte mich hilflos und unendlich allein. In diesem Moment wurde mir schlagartig bewusst, wie sehr ich mich meiner Familie verbunden fühlte. Erst die Krankheit meines Vaters vor Beginn meiner Reise und nun Kerstin. In diesem Moment spürte ich, dass ich in solchen Momenten eigentlich nicht weit weg, sondern ganz für sie da sein wollte. Als ich Stunde um Stunde wartend in diesem Krankenhausflur in Kathmandu verbrachte, beschlichen mich ernsthafte Zweifel. War der Weg, den ich im Begriff war einzuschlagen, wirklich der richtige für mich? Was, wenn meine Eltern oder Dinah mich eines Tages brauchten? Ein dicker Kloß bildete sich in meinem Hals, und ich versuchte, mich selbst auf andere Gedanken zu bringen. Dachte an die Trekkingtour mit Steffi, an Stephen und redete mir immer wieder ein, dass am Ende ja alles nicht so schlimm war und es Kerstin bald bessergehen würde.
Und tatsächlich: Nach einer gefühlten Ewigkeit verließ der Arzt den Operationssaal und kam auf mich zu. In der Hand hielt er eine Nierenschale mit Blut, die er mir einen Moment später sichtlich zufrieden unter die Nase hielt.
»Das haben wir aus dem Knie Ihrer Cousine herausgeholt«, erklärte er stolz.
Na, wunderbar. Immerhin konnte er mir Entwarnung geben. Die Operation war erfolgreich gewesen. Ich wartete an Kerstins Bett, bis sie wieder zu sich kam und ich mich persönlich davon überzeugen konnte, dass sie wohlauf war und alles gut überstanden hatte.
Dann verabschiedete ich mich von ihr, um zurück ins Hostel

zu fahren, wo Steffi schon auf mich wartete. Es war unser letzter gemeinsamer Abend, am nächsten Morgen schon stand ihre Heimreise nach Deutschland bevor. Ich stand noch immer unter dem Eindruck der Ereignisse dieses Tages, und so war meine Laune an diesem Abend eher gedämpft. Steffi versuchte, mich aufzuheitern, aber so recht gelang das nicht. Auch der bevorstehende Abschied von ihr machte mir zu schaffen. Schon wieder würden wir uns lange nicht sehen. Es hatte so gutgetan, mit meiner Freundin durch Nepal zu reisen, von einem Stück Heimat und Vertrautheit umgeben zu sein.

Ich hatte, von einigen schwachen Momenten abgesehen, kein einziges Mal wirklich mit Heimweh zu kämpfen gehabt auf meiner Reise. Vom ersten Tag an hatte ich mich befreit gefühlt, lebendig und voller Abenteuerlust. Ich war geradezu euphorisch gewesen, endlich aus dem Trott der vergangenen Jahre heraus zu sein. An diesem Abend war davon nichts zu merken. Zwar wollte ich weiter an meiner Reise festhalten, denn noch war es zu früh zurückzukehren. Ich war gerade einmal vier Monate unterwegs, es war so viel passiert, und es gab noch so vieles, das ich entdecken wollte.

Aber sosehr ich mich in den zurückliegenden drei Wochen mit dem Gedanken angefreundet hatte, es auf eine ungewisse Zukunft in Asien oder Australien an Stephens Seite ankommen zu lassen, stellte ich das auf einmal in Frage. Konnte das wirklich funktionieren?

Als ich eine schlaflose Nacht später Steffi zum Flughafen brachte, hatte ich noch immer keine Antwort auf diese Frage. Wortlos umarmten wir einander zum Abschied. Sie wusste um meine innere Zerrissenheit, und es gab nichts mehr, was sie noch hätte sagen können. Ich sah ihr nach, als sie den Sicherheitsbereich betrat und sich ein letztes Mal umdrehte.

Wann würde ich sie wiedersehen? Ich wusste es nicht, alles war offen, und genau das schmerzte in diesem Moment.

***

Den Nachmittag verbrachte ich erneut im Krankenhaus an Kerstins Seite. Wie ich erfuhr, boten Krankenhäuser in Nepal ausschließlich medizinische Dienste an. Wer darüber hinaus auch noch essen und trinken wollte, musste selbst dafür sorgen beziehungsweise seine Angehörigen bitten. Die nächsten drei Tage verbrachte ich damit, Frühstück, Mittag- und Abendessen im Krankenhaus-Restaurant zu besorgen und mich um meine Cousine zu kümmern. Selten hatten wir so viel Zeit am Stück miteinander verbracht. Das lenkte mich ab, und ich hatte kaum Gelegenheit weiterzugrübeln. Nachts schlief ich auf einer Liege in Kerstins Zimmer, so konnte ich immer in ihrer Nähe sein.

Nach drei Tagen wurde sie entlassen, und ein Krankenwagen brachte uns in das Hotel, in dem auch die übrigen Mitglieder von Kerstins Trekkinggruppe in Kürze eintreffen würden. Dem Rückflug nach Deutschland stand nichts im Weg, erklärte der Arzt, und tatsächlich konnte Kerstin mit den Krücken, die sie bekommen hatte, schon richtig gut durch die Gegend humpeln.

Als der Rest ihrer Gruppe schließlich im Hotel eintraf und sie herzlich und erleichtert begrüßte, nahm Kerstin mich am Abend zur Seite.

»Franzi, vielen Dank, dass du da warst, das war echt schön«, sagte sie und sah mich ernst an.

»Das ist doch selbstverständlich«, entgegnete ich. Immerhin war es Glück im Unglück gewesen, dass ich zur selben Zeit in Kathmandu gewesen war.

»Aber jetzt sind die anderen zurück, ich bin also nicht mehr alleine«, erklärte sie und lächelte mich an. »Und du brauchst, glaube ich, auch mal wieder ein bisschen Zeit für dich.«

Ich wusste nicht warum, aber nun musste ich schon wieder mit den Tränen kämpfen. »Aber es würde mir nichts ausmachen …«, setzte ich an.

»Nein, Franzi«, sagte sie energisch, lächelte aber dabei. »Geh mal und bring deine eigenen Baustellen in Ordnung.«

Ich umarmte sie und drückte sie an mich. »Danke«, flüsterte ich. Dann ging ich zur Tür.

»Ach, und Franzi«, rief Kerstin mir nach.

Ich drehte mich um. »Was?«

»Mach dir nicht immer so viele Gedanken. Genieße das Leben doch einfach.«

Ich musste lachen. »Ich werde dran denken.«

Vor dem Krankenhaus nahm ich mein Handy aus der Tasche und wählte Stephens Nummer. Er nahm gleich beim ersten Klingeln ab.

»Hallo« begrüßte er mich fröhlich.

Ich holte tief Luft. »Stephen, ich komme zurück nach Bali. Ich nehme den nächsten Flug.«

Im Kulturschock

Es ist wirklich traumhaft hier«, seufzte ich und ließ meinen Blick über den Sandstrand und das Wasser schweifen, das in der Abendsonne orange leuchtete. »Ich kann kaum fassen, dass ich nie nach Bali fahren wollte.«

»Tja«, antwortete Stephen lächelnd, »manchmal sind gerade die Orte, die wir nicht auf unserer Liste haben, die interessantesten.«

»Na ja, ich muss zugeben, dass es in diesem Fall zutrifft. Ob es immer so ist, würde ich aber stark bezweifeln.«

»Wer weiß, vielleicht solltest du ja öfter von deiner vorgeplanten Route abweichen?« Konnte es sein, dass Stephen etwas im Schilde führte?

Ich beschloss, es zu ignorieren. »Ich werde darüber nachdenken. »Im Moment würde ich allerdings gern an meiner Reise festhalten, wie ich sie geplant hatte. Auch wenn du mich schon wieder viel zu lange davon abgehalten hast«, sagte ich gespielt vorwurfsvoll.

»Ich habe dich abgehalten?« Stephen hob abwehrend seine Hände. »Niemals. Du hast mich schließlich angerufen und gesagt, du würdest nach Bali zurückkommen. Was kann ich dafür, dass seitdem schon wieder vier Wochen vergangen sind?«

»Du scheinst ja jeden Tag gezählt zu haben«, antwortete ich und tat so, als sei ich beleidigt. »Wenn das so ist, dann werde ich mich selbstverständlich so schnell wie möglich um ein Flugticket bemühen und weiterreisen.«

»Und wo soll es als Nächstes hingehen?«, fragte er mit einem Grinsen.

»Nach Indien, immer noch. Und keine Sorge, ich werde mindestens drei Wochen dortbleiben. So lange hast du Ruhe vor mir.« Ich grinste zurück.
Stephen sah mich skeptisch an. »Du willst wirklich allein nach Indien?«, fragte er, nun wieder ganz ernsthaft.
»Ich war noch nie in Indien, wollte da aber immer schon mal hin«, antwortete ich. »Und da ich nun mal alleine unterwegs bin, bleibt mir nichts anderes übrig. Ich passe natürlich auf und, wie du weißt, gehe ich keine unnötigen Risiken ein.«
Das klang überzeugter, als ich selbst war. Zwar hatte Indien als eines der ersten Reiseziele festgestanden, aber mir war selbstverständlich bewusst, dass es sehr viel herausfordernder war als die anderen Länder, die ich bisher besucht hatte. Die extremen Gegensätze zwischen Arm und Reich, die Infrastruktur, das Essen, die Mentalität – vermutlich war Indien der härteste Teil meiner Reise. Aber ich wollte dieses Land unbedingt sehen. Ich hatte im Vorfeld viel darüber gelesen, mich mit Tipps und Anregungen von anderen Reisenden vertraut gemacht und war nun neugierig darauf, die Farben, Tempel und Landschaften selbst zu erleben.
Ein Blick auf Stephen zeigte mir, dass er nicht wirklich begeistert war von meinem Plan. Oder mochte er sich etwa nicht mit dem Gedanken anfreunden, dass ich ihn erneut alleine auf Bali zurücklassen würde?
Dass schon vier Wochen seit meinem Abflug auf Nepal vergangen waren, konnte ich kaum glauben. Die Zeit war wie im Flug vergangen. Zwar hatte Stephen viel arbeiten müssen, aber wir hatten unsere Zeit sehr intensiv miteinander verbracht. Als er mich am Flughafen abgeholt hatte und wir gemeinsam zu seinem Haus gefahren waren, hatte es sich sogar schon so angefühlt, als würde ich nach Hause kommen. Alles war mir bereits so vertraut, und mittlerweile erschien es

mir auch ganz selbstverständlich, dass wir zusammenlebten und einen Alltag teilten.
Meine Tage waren gefüllt gewesen mit langen Spaziergängen am Strand und kleineren Ausflügen in die Umgebung. Außerdem hatte ich endlich wieder etwas mehr Zeit gehabt, um mit meinen Eltern, mit Dinah und meinen Freunden zu telefonieren und zu mailen. Meine Mutter hatte mir berichtet, dass Kerstin wieder wohlbehalten in Berlin angekommen und ihr Knie glücklicherweise auf dem Weg der Besserung war. Auch Steffi war längst wieder in ihren Alltag zurückgekehrt und schrieb mir, wie oft sie an unsere Trekkingtour zurückdachte. Nach den aufwühlenden letzten Tagen in Kathmandu hatte ich endlich wieder zu meiner Gelassenheit zurückgefunden. Ich wollte mich nicht länger unter Druck setzen und so schnell wie möglich um jeden Preis eine Entscheidung herbeiführen. Stephen und ich genossen es, zusammen zu sein und unsere Zeit miteinander zu verbringen. Was wollte ich mehr? Die letzten vier Wochen hatten mich auch innerlich zur Ruhe kommen lassen. Ich war glücklich. Hatte ich nicht auch allen Grund dazu?
Dennoch regte sich erneut die Abenteuerlust in mir. Ich wollte noch so viel sehen – auch wenn der Gedanke an Stephen mir die Abreise deutlich erschwerte. Aber langsam war es wieder an der Zeit, aufzubrechen.
Hand in Hand schlenderten wir an diesem Abend am Strand entlang. Alles ist im Fluss, dachte ich zufrieden.

***

Ein paar Tage später liefen meine Reisevorbereitungen auf Hochtouren. Ich hatte einen Plan, welche Orte ich in Indien besuchen wollte, und nahm mir vor, mich als Nächstes um den Flug und die ersten Unterkünfte zu kümmern. Diesmal wollte ich lieber nicht alles dem Zufall überlassen, sondern schon mehr im Voraus buchen.

Es war Wochenende, und Stephen und ich saßen bei einem späten Frühstück zusammen, als er erneut auf das Thema zurückkam.

»Was möchtest du eigentlich alles in Indien sehen?«, wollte er wissen.

»Vor allem will ich dort in eine Palmblattbibliothek gehen«, verkündete ich. »Das wollte ich schon immer mal machen. In Indien gibt es mehrere solcher Bibliotheken, ich werde eine in Chennai besuchen. Deshalb wird das auch meine erste Station werden.«

Stephen sah mich fragend an, offenbar hatte er noch nie von diesen Bibliotheken gehört. Ich erklärte es ihm und war insgeheim amüsiert darüber, dass sein Gesicht immer entsetztere Züge annahm.

»Glaubst du wirklich an so was?«, fragte er. Stephen war Realist und Pragmatiker. Die Vorstellung, dass ich an kosmisches Weltwissen und Vorhersehung glauben könnte, irritierte ihn sichtlich.

»Warum nicht?«, antwortete ich und verkniff mir das Lachen. »Vielleicht gibt es mehr auf dieser Welt als das, was wir sehen und anfassen können.«

Er beeilte sich das Thema zu wechseln. »Und was willst du in Indien sonst noch machen?«

»Auf gar keinen Fall will ich in die großen Städte. Chennai hat zwar über fünf Millionen Einwohner, soll aber die Ausnahme bleiben. Ich glaube nicht, dass mir die Metropolen mit all dem Smog und Lärm wirklich gefallen werden. Das ländliche Indien dagegen schon. Nach Chennai will ich deshalb nach Pondicherry, das ist eine kleinere Küstenstadt in Südindien, die sehr schön sein soll. Und dann unbedingt nach Kerala und dort auf einem Hausboot durch den Dschungel fahren«, erklärte ich. »Eigentlich hatte ich das schon auf Kalimantan vor, aber aus irgendeinem Grund bin ich dort nie hingekommen«, fügte ich augenzwinkernd hinzu.

Stephen zog eine Grimasse und tat so, als wüsste er nicht, worauf ich anspielte. Dann fragte er mit leichtem Kopfschütteln: »Du willst also ernsthaft in eine Palmblattbibliothek gehen?« Offenbar hatte er sich noch nicht mit dem Gedanken angefreundet. Es wunderte mich nicht. Schon als ich bei meinem letzten Besuch auf Bali den Wahrsager aufgesucht hatte, wurde ich von ihm ausgelacht. Stephen konnte nicht verstehen, was mich daran reizte, einen Blick in meine Zukunft zu werfen. Und es schien ihm großen Spaß zu bereiten, mich damit aufzuziehen.

»Unbedingt«, entgegnete ich und fügte hinzu, um ihn zu necken: »Wer weiß, vielleicht erfahre ich dort ja etwas über dich, das du mir bislang verheimlicht hast. Vielleicht verrät mir mein Palmblatt sogar, ob du auch in Zukunft in meinem Leben eine Rolle spielen wirst.«

»Na, ich will doch hoffen, dass du dazu kein Palmblatt brauchst«, antwortete er lachend.

Dann sah er mich zögerlich an und druckste ein wenig herum.

»Was ist?«, fragte ich.

»Also, ich habe über deine Indienreise nachgedacht«, begann er etwas unsicher. »Mir ist nicht so wohl bei dem Gedanken, dass du dort ganz alleine herumreist. Und dir ja auch nicht. Na ja, also wenn du magst, könnte ich einfach mitkommen.«

Wie bitte? Stephen wollte mit mir nach Indien? Das wäre wundervoll!

»Wirklich?«, rief ich. »Du würdest mitkommen? Aber geht das denn? Kannst du so schnell Urlaub nehmen?«

Jetzt wirkte er schon wieder selbstsicherer, als er antwortete. »Ja, das könnte ich organisieren. Natürlich müsste ich ständig erreichbar sein und jeden Tag E-Mails lesen. Ich möchte dich wirklich nur sehr ungern alleine nach Indien lassen. Du weißt ja nicht, was dort alles auf dich zukommt. Indien ist ganz anders als der Rest von Asien. Glaub mir, darauf kann man sich nicht wirklich vorbereiten.«

Stephen war bereits einige Male in Indien gewesen und wusste, wovon er sprach. Umso mehr gefiel mir der Gedanke, ihn auf dieser Reise an meiner Seite zu haben. Außerdem musste ich mich dann nicht schon wieder von ihm verabschieden.

»Stephen, das wäre einfach großartig, wenn du mitkommen würdest«, strahlte ich. »Unsere erste gemeinsame Reise, wie aufregend!«

»Freu dich nicht zu früh«, scherzte er. »Noch weißt du ja nicht, was dir dein Palmblatt alles verrät.«

»Das werde ich herausfinden«, entgegnete ich gut gelaunt. »Aber jetzt lass uns buchen!«

Ein paar Stunden später hatten wir per Internetrecherche herausgefunden, wie wir an ein Visum für Indien kommen würden. Es stellte sich heraus, dass man auf einer offiziellen Regierungshomepage alle Angaben online in ein Formular eintragen musste. Sorgfältig füllten wir Feld für Feld aus und staunten nicht schlecht, als wir anschließend die Aufforderung erhielten, das ausgefüllte Formular auszudrucken und persönlich in der Botschaft abzugeben. Warum eigentlich hielt man Indien immer für ein Hightech-Land, fragte ich mich. Per E-Mail wollte man uns dann informieren, wenn wir unsere Visa abholen konnten.

Wir hatten Glück und mussten nicht allzu lange auf unsere

Einreisepapiere warten. Schon fünf Tage später stand unserem Indien-Trip nichts mehr im Weg.

***

Nach einem mehrstündigen Flug verließen wir das Flughafengebäude und landeten mitten im … Kulturschock. Ein dichtes Gewusel an Menschen empfing uns, wir hatten Mühe, einander im Gewühl nicht aus den Augen zu verlieren. Irgendwie schafften wir es, uns bis zu einem Taxi durchzukämpfen, das uns zu unserem Hotel brachte. Auf der Fahrt dorthin betrachtete ich mit einer Mischung aus Faszination und Erschrecken die Szenerie. Wo waren die Farben geblieben? Die Farben Indiens, auf die ich mich so sehr gefreut hatte? Hier waren sie jedenfalls nicht, hier war alles grau, grau, grau. Noch nie hatte ich so viel Beton auf einen Haufen gesehen. Und schmutzig war es, überall lagen Staub und Müll entlang der Straße. Die Menschen hasteten mit stoischen Mienen aneinander vorbei, einige schliefen langgestreckt mitten auf den Bürgersteigen. Während sich unser Taxi seinen Weg durch den dichten und hupenden Verkehr bahnte, wirkte Chennai auf mich einfach nur hektisch und trostlos.
Natürlich hatte ich erwartet, dass die Eindrücke in Indien ganz anders sein würden als in den anderen asiatischen Ländern, die ich bislang bereist hatte. Doch was ich nun sah, übertraf all meine Befürchtungen. Am liebsten wollte ich dem Taxifahrer sagen, er sollte umkehren. Oder vielleicht konnte ich einfach im Taxi sitzen bleiben?
Ich war unendlich froh, nicht alleine hierhergekommen zu sein, sondern Stephen an meiner Seite zu haben. Vermutlich wäre ich sonst direkt in den nächsten Flieger zurück gestiegen. Als sich dieser Gedanke in meinen Kopf schlich,

ermahnte ich mich selbst. Noch hatte ich schließlich gar nichts gesehen von Chennai und von diesem Land, eine Chance hatte Indien allemal verdient.

Erst als wir in unserem Hotelzimmer ankamen und unser Gepäck abstellten, entspannte ich mich ein wenig und atmete tief durch. Ein Teil von mir wünschte sich, bis zur Abreise das Zimmer nicht mehr verlassen zu müssen, aber diesen Wunsch verdrängte ich ganz schnell.

»Komm, eine Dusche und dann drehen wir unsere erste kleine Runde durch Chennai«, schlug ich Stephen vor.

Auch er schien sich nicht wirklich wohl zu fühlen, aber er stimmte zu.

Erfrischt standen wir etwas später auf der Straße. Allerdings hielt das Gefühl nicht lange an. Auch um unser Hotel herum gab es nur Staub, Beton und Lärm. Kein Grün von Bäumen oder Büschen lockerte die Tristesse auf. Und immer wieder nahmen wir fürchterlichen Gestank wahr, offensichtlich befanden sich die Toiletten der Inder direkt neben der Straße. Ich war entsetzt. Wo waren wir hier gelandet?

Auch mit den Menschen fühlte ich mich nicht wohl. Zaghaft lächelte ich einige Leute an, die uns entgegenkamen oder uns Mineralwasser verkauften. Leider Fehlanzeige, niemand lächelte zurück. Das war mir bisher noch nie passiert. Erschöpft und mit strapazierten Nerven bahnten wir uns nach diesem Rundgang unseren Weg zurück zum Hotel.

»Wollen wir morgen schon nach Pondicherry fahren?«, fragte ich Stephen, als wir an diesem Abend schlafen gingen.

»Wenn du möchtest. Aber wir haben heute ja nur einen ganz kleinen Teil von Chennai gesehen«, antwortete er.

»Ich weiß, aber ich brauche erst mal eine Verschnaufpause, ich muss raus aus dieser Stadt hier.« Seine Antwort bekam ich nicht mehr mit, so schnell war ich auch schon eingeschlafen.

Am nächsten Morgen erwachte ich mit dumpfen Kopfschmerzen. Die Luft im Zimmer war stickig, und auch von draußen kam nicht wirklich frischer Sauerstoff herein. Noch nie hatte es mich in den letzten Monaten solche Überwindung gekostet, das Bett zu verlassen. Beinahe fühlte ich mich an meine schlimmsten Bürozeiten erinnert.

»Guten Morgen«, begrüßte Stephen mich gut gelaunt, als er aus dem Bad kam. Allerdings war ich mir nicht sicher, ob die fröhliche Stimmung ganz echt war oder er mich nur aufheitern wollte.

Gerädert schleppte ich mich ebenfalls unter die Dusche und fühlte mich danach zumindest etwas besser. Komm schon, Franzi, ermahnte ich mich selbst, gib Indien eine Chance!

Das Hotelfrühstück war überraschend gut und weckte meine Lebensgeister. Ich war bereit, die sichere Burg zu verlassen und mich ins Getümmel zu stürzen.

Kaum erreichten wir den Bahnhof, war es mit meiner Selbstbeherrschung aber schon wieder um ein Haar vorbei. Es gelang uns kaum, die Bahnhofshalle zu durchqueren und uns einen Weg zu dem Gleis zu bahnen, auf dem der Zug nach Pondicherry fuhr. Überall standen, liefen oder saßen Menschen. Ganze Familien hatten es sich auf dem schmutzigen Fußboden gemütlich gemacht, einige hatten gar ihre Tiere mitgebracht. Und so herrschte ein wildes Durcheinander an älteren und jüngeren Männern und Frauen, an weinenden und schreienden Kindern, an gackernden Hühnern und meckernden Ziegen, die man mit Hilfe von Stricken notdürftig irgendwo angebunden hatte.

An unserem Gleis angekommen, wunderte ich mich über die zahlreichen Wasseranschlüsse, die sich über jedem Gleis befanden. Wofür brauchten die denn so viel Wasser hier, fragte ich mich. Gleichzeitig entdeckte ich überall aufgestellte Schilder, die in mehreren Sprachen darauf hinwiesen, dass es nicht gestattet war, die Toiletten der stehenden Züge zu benutzen. Während ich noch darüber nachdachte, was das sollte, schlossen sich am Nachbargleis die Türen und der Zug rollte aus dem Bahnhof. Sofort stürmte eine Putzkolonne herbei, rollte Schläuche aus, schloss diese an die Wasserhähne an und spritzte die Schienen ab. Offenbar hielt sich niemand an das Verbot. Entsetzt blickte ich auf die Frauen auf den Gleisen.

Stephen packte mich am Arm, und gemeinsam drängten wir mit dem gefühlten Rest der Menschheit zu unserem Zug. Ich weiß nicht, wie es uns gelang, aber wir kämpften uns erfolgreich bis nach drinnen vor und fanden sogar Sitzplätze. Geschafft ließen wir uns darauf nieder.

Der Zug war heillos überfüllt, und während der gesamten Fahrt kam ich kaum zur Ruhe. Von überallher wurde gerufen, gerempelt und gedrückt. Menschen schoben sich an uns vorbei, Gepäckstücke wurden über die Köpfe durchgereicht. Die übrigen Mitreisenden schienen es sich jedoch gemütlich gemacht zu haben, jedenfalls wurde neben uns der mitgebrachte Reiseproviant verspeist. Die Essensabfälle landeten ganz zwanglos auf dem Boden. Wo auch sonst? Mülleimer waren hier offenbar nicht vorgesehen. Und natürlich, da waren sie. Prompt entdeckte ich die ersten Kakerlaken auf dem Fußboden. Instinktiv zog ich meine Beine an. Nicht schon wieder, ich hasste diese Mistkrabbler!

Um mich abzulenken, blickte ich aus dem Fenster und betrachtete die an uns vorbeifliegenden Felder und die Menschen, die darauf arbeiteten. Arbeiteten? Nein. Schlagartig schreckte ich zurück. Direkt neben den Gleisen saßen sie und waren dabei, ihre Notdurft zu verrichten. Völlig unbekümmert hatten sie sich in Richtung des Zuges gedreht und starrten den Reisenden neugierig entgegen, während sie sich erleichterten. Ich war sprachlos. Auch wenn in diesem Land noch so viele Menschen auf einen Haufen lebten, hatten sie nicht so etwas wie den Wunsch nach Privatsphäre? Zumindest in Situationen wie diesen? Gab es in Indien keine Badezimmer? Oder funktionierte die Kanalisation nicht?

Angewidert wendete ich mich ab. Das war kein Anblick, den ich mir länger zumuten wollte.

Kurz bevor wir in Pondicherry ankamen, begann Stephen ein Gespräch mit einem Einheimischen, der ihm gegenübersaß. Eine Weile unterhielten sie sich über Indien, dann fragte der Mann, woher Stephen käme.

»Aus Australien«, antwortete er.

»Oh, wirklich?« Der Mann sah Stephen skeptisch an. »Stimmt es eigentlich, dass in Australien die Menschen nackt auf der Straße liegen?«

Wie bitte?

Auch Stephen schien überrascht von der Frage. »Normalerweise machen wir das eigentlich nicht«, entgegnete er.

»Ah«, sagte der Mann völlig ungerührt, »aber ist da was dran, dass es in Australien keine Badezimmer gibt?«

Ich glaubte, nicht richtig zu hören. Das fragte ausgerechnet jemand, in dessen Land die Menschen ihr Geschäft direkt neben vorbeifahrenden Zügen erledigten?

Pondicherry entschädigte uns für die Unannehmlichkeiten der Zugfahrt. Die Stadt ist eines der beliebtesten Touristenziele in Südindien, und ich verstand sofort, warum. Auf den Hauptstraßen fand zwar auch ein respektables Verkehrschaos statt, die Nebenstraßen waren jedoch ruhig und vor allem begrünt. Von grauen Betonklötzen war weit und breit nichts zu sehen. Stattdessen entdeckten wir hier und da hinduistische

Tempel, die in den typisch südindischen Farben Rosa, Hellblau, Hellgrün, Orange und Gelb verziert waren. Ein Tempel war geschlossen, an einem anderen wurde gebaut, deshalb konnten wir leider nicht hinein. Doch bereits die Eingangstore waren prächtig, mit verschiedenen Gottheiten, unter anderem Ganesh mit seinem Elefantenkopf, grausigen Dämonen sowie Szenen des spirituellen Lebens.
Auf dem Weg zur Strandpromenade kamen wir durch ein Viertel, das noch der Kolonialzeit entstammte, der französische Einfluss war unverkennbar. Etliche wunderschöne alte Gebäude waren erhalten. An diesem Tag war ich mit Indien versöhnt und genoss das Flair, das in dieser Kleinstadt herrschte.
Nach einem ausgedehnten Rundgang machte sich bei Stephen und mir langsam Hunger bemerkbar, und so steuerten wir ein kleines Restaurant an, das uns am einladendsten erschien.
Ein aufmerksamer Kellner kam sogleich an unseren Tisch und überreichte Stephen eine Speisekarte. Und was war mit mir? Kurz überlegte ich, ob das Restaurant wohl über so wenige Karten verfügte, dass für jeden Tisch nur eine vorgesehen war, da erklärte mir Stephen, dass das hier üblich war. Der Mann entschied, was der Rest der Familie aß. Na klar.
Wir brachen die Regeln und versuchten gemeinsam, aus dem Angebot der Karte schlau zu werden. Am Ende entschieden wir uns für zwei Gerichte und gaben die Bestellung auf. Was man uns jedoch kurz darauf servierte, war zweimal das identische Gericht. Aha, dachte ich, vielleicht sind sie ja unterschiedlich gewürzt? Nein, waren sie nicht, aber das Curry schmeckte uns. Nach indischer Art aßen wir mit unseren Händen, die wir uns vor und nach dem Essen in neben der Küche befindlichen Waschbecken wuschen. Auf der Rechnung, die der Kellner später brachte, waren die beiden unterschiedlichen Gerichte aufgeführt, die wir bestellt hatten. Sehr

sonderbar, fanden wir, aber wer weiß, ob wir etwas missverstanden hatten.

Dieses Abendessen in Pondicherry war auch das letzte, was Stephen und ich in Indien mit Genuss zu uns nahmen. Denn wie sich in der folgenden Nacht herausstellte, kapitulierten unsere Mägen komplett. Als ich zum dritten Mal das Badezimmer ansteuerte und mir sicher war, einen grünen Schatten auf meinem Gesicht zu sehen, wollte ich nur noch, dass es endlich vorbei war. Aber nichts half. Meine Cholera-Impfung versagte, ebenso alle Tabletten, die wir prophylaktisch in der Reiseapotheke mitgebracht hatten. Nicht einmal der kleinste Schluck Wasser wollte bei uns bleiben. Stephen ging es nicht besser als mir, und als der Morgen kam, erschien mir der Gedanke, in diesem Moment an seiner Seite sterben zu dürfen als größtmögliche Verlockung. Aber auch das war mir nicht vergönnt, ebenso wenig ein paar Stunden erholsamer Schlaf oder wahlweise eine Sekunde ohne Magenkrämpfe. Zwei Tage und Nächte dauerte es, bis wir wieder einigermaßen auf die Beine kamen.

In diesen zwei Tagen war nicht einmal daran zu denken, das Hotelzimmer für einen längeren Zeitraum zu verlassen. Zu groß war die Gefahr, uns zu weit vom Badezimmer zu entfernen. Erneut war ich unendlich glücklich darüber, nicht allein in dieser Situation zu sein, sondern Stephen bei mir zu haben. Obwohl ich ihm das alles gerne erspart hätte. Wir versorgten einander mit Medikamenten, und derjenige von uns, der gerade etwas aufrechter stehen konnte, besorgte frisches Wasser und trockenes Brot, damit unsere leidgeplagten Mägen wenigstens etwas Nahrung bekamen. Was hätte ich in diesen Tagen nur ohne Stephen gemacht? Auf jeden Fall unendlich mehr gelitten, als ich es sowieso schon musste.

Am dritten Tag nach dem folgenschweren Abendessen waren wir zwar noch etwas schwach auf den Beinen, aber immerhin wieder fit genug, um zurück nach Chennai zu reisen. Ich war mehr als erleichtert darüber, denn für den folgenden Tag hatte ich noch von Bali aus einen Termin in der Palmblattbibliothek von Chennai vereinbart. Noch war uns nicht ganz klar, wie wir diese Palmblattbibliothek finden sollten, denn weder Google Maps noch die freundliche Rezeptionistin in unserem Hotel hatte uns den Weg erklären können. Alles, was wir in Erfahrung bringen konnten, war, dass die Bibliothek in Tambaram lag, einem Vorort von Chennai.

»Nach Tambaram fährt ein Zug«, erklärte uns die Hotelangestellte.

Mit etwas Glück entdeckten wir im Bahnhof einen Fahrplan des Zuges. Volltreffer. Wir fanden den richtigen Bahnsteig und kletterten in den – wie konnte es auch anders sein – vollbesetzten Zug.

Etwa vierzig Minuten später hielt der Zug tatsächlich an einem Bahnhof, der Tambaram hieß. Wir stiegen aus und sahen uns etwas ratlos um. Was nun?

Vor dem Bahnhof stand eine Gruppe Frauen, die sich angeregt unterhielten. Sie machten den Eindruck, als lebten sie in Tambaram, also ging ich entschlossen auf sie zu und hielt ihnen den Zettel mit der Adresse aus dem Internet unter die Nase. Und blickte zunächst in ratlose Gesichter. Der Zettel wurde von einer zur nächsten gereicht. Eine der Frauen merkte auf, als sie sich die Adresse genauer ansah. Mit einer Armbewegung deutete sie auf die andere Seite des Bahnhofs. Na immerhin, dachte ich, das ist ein Anfang.

Auf der anderen Seite sprach ich einen älteren Mann an, der ebenfalls keine Ahnung zu haben schien, wo sich diese Bibliothek befand. Wie konnte das sein? Immerhin war das die spirituelle Attraktion dieses Vororts. Ich hätte gedacht, jeder in Chennai oder zumindest hier in der Umgebung würde diesen Ort kennen. Aber anscheinend interessierte sich außer mir niemand dafür.

Aber der Mann wollte uns helfen und brachte uns zu einer Gruppe wartender Rikschafahrer. Super, dachte ich. Die Rikschafahrer kannten sich bestimmt besser aus als die Leute, die ich gefragt hatte.

»No, no. I don't know.« Der dritte Rikschafahrer sah uns entschuldigend an. Auch er wusste nicht, wie es zur Palmblattbibliothek ging, wo ich in etwa einer halben Stunde eine Verabredung mit dem Meister persönlich hatte.

Ein weiterer Mann trat auf uns zu, nahm den Zettel und nickte wissend. Na endlich, nun würde alles gut werden!

Leider war der Mann kein Rikschafahrer, und er musste diesem erst umständlich erklären, wo er uns hinbringen sollte. Der Fahrer hörte sich die Wegbeschreibung mit skeptischem Blick an. Aber dann nickte er und bedeutete Stephen und mir, auf seiner Rikscha Platz zu nehmen, und startete den Motor.

Etwa eine halbe Stunde später hielt er an. »Here we are«, erklärte er.

Hier? Wirklich?

»Yes, yes«, nickte er.

Also gut, wir stiegen aus. Der Fahrer zeigte nach rechts, wackelte nach südindischer Art bestätigend mit dem Kopf, drehte mit seiner Rikscha um und fuhr wieder los.

Irgendwie hatte ich mir diesen Ort anders vorgestellt. Spiritueller. Aber noch hatten wir die Bibliothek ja nicht erreicht. Vor uns erstreckte sich ein langer geschwungener Weg, den wir entlanggingen. Wir kamen an einem großen, offenen Metalltor vorbei, dahinter lag ein üppig begrünter Hof. Trotz des offenen Tores trauten wir uns nicht so recht einzutreten und gingen deshalb auf dem Weg weiter. Kurze Zeit später erreichten wir zwei gegenüberliegende Hallen, die zur Straße hin offen waren. Der Bereich zwischen den Hallen war überdacht, Kühe liefen an uns vorbei. Männer und Frauen wuselten hin und her und schenkten uns keine Beachtung. Blaue Plastikstühle wurden in eines der Häuser getragen, herumliegende Gegenstände aufgesammelt, die Böden gewischt. Es herrschte rege Betriebsamkeit, und einen Moment standen Stephen und ich etwas verloren herum.

Einen der Männer, die gerade mit neuen Plastikstühlen in den Händen an uns vorbeiliefen, sprach ich an: »Namaste, ich möchte gern eine Lesung meines Palmblattes erhalten.«

Offenbar war er ein Bediensteter des Meisters, denn er nickte eifrig. Dann gab er mir zu verstehen, dass ich ihm folgen sollte.

Ich sah mich nach Stephen um. »Geh du mal alleine dein Palmblatt lesen«, sagte Stephen und nahm einen der Stühle entgegen, den der Mann ihm reichte. »Ich bleibe hier draußen und warte auf dich.«

»Es könnte aber eine Weile dauern«, scherzte ich, »je nachdem, wie viel mein Palmblatt mir auch über dich verraten will.«

»Da es nichts gibt, das ich dir verheimlicht habe, nehme ich das Risiko in Kauf«, entgegnete er.

Ich folgte dem Mann in die Halle. Ein bisschen flau war mir im Magen, und das hatte nichts mit dem indischen Essen zu tun.

***

»Hello.« Ein zufrieden lachender und recht beleibter Mann schritt würdig durch die Halle, in der man mir aufgetragen hatte, auf den Meister zu warten. Er trug ein helles, baumwollenes Gewand. Jeden seiner Finger zierten dicke Goldringe mit funkelnden Steinen, sie schienen sehr wertvoll zu sein. Er war eine imposante Erscheinung, aber ich hatte ihn mir ganz anders vorgestellt, vielleicht asketischer. Der Mann, der nun langsam auf dem ausladenden Thron Platz nahm, war jedoch alles andere als das. Aber das spielte keine Rolle, er musste mir ja nur mein Palmblatt vorlesen. Nur aus diesem Grund war ich schließlich hier.

Mit einem Wink gab er mir zu verstehen, dass ich mich auf einen der niedrigen Stühle zu Füßen seines Throns setzen sollte. Ich tat wie geheißen, mittlerweile raste mein Herz vor Aufregung. Ging es jetzt endlich los?

Aber der Meister schien es nicht besonders eilig zu haben. Aus einer Tasche kramte er ein weißes Pulver, schüttete etwas davon auf seine Hand und schniefte es ein. Verwundert sah ich ihm zu. Vielleicht gehörte das zum heiligen Ritual?

Dann begann er, mir in epischer Breite von seiner großen Fangemeinde zu erzählen. Wie bitte? Ich glaubte, mich verhört zu haben.

»Ich bin regelmäßig in Europa«, erklärte er stolz. »Vor allem in Deutschland und Österreich halte ich viele Lesungen. Dort habe ich besonders viele Anhänger. Und die sind sehr großzügig.«

Aha, dachte ich, das war ja schön für ihn.

Auf einmal fragte er mich: »Was kann ich denn für Sie tun?«

»Ich bin hier, um mir aus meinem Palmblatt vorlesen zu lassen«, antwortete ich irritiert. Was dachte er denn, was ich hier sonst wollte? »Ich habe einen Termin heute.«

»Ah«, schüttelte er ziemlich theatralisch den Kopf, »heute geht es nicht.«

»Warum das denn?«, fragte ich jetzt richtig irritiert.

»Sie müssen in einer Woche wiederkommen«, ließ er mich

wissen. »Im Moment bereiten wir uns auf die Feier meines Geburtstags vor. Die Feierlichkeiten werden etwa eine Woche dauern, viele meiner Anhänger werden hier sein. Auch aus Deutschland erwarte ich Gäste. In einer Woche können Sie sich einen neuen Termin geben lassen.«
Ich war sprachlos. Warum hatte man mir denn dann heute einen Termin angeboten? Und wer bitte schön feierte eine ganze Woche lang Geburtstag? Langsam beschlich mich das Gefühl, dass dieser Meister nicht ganz so spirituell war, wie ich angenommen hatte. Und dieser Eindruck bestätigte sich, als er sagte: »Sie können aber gerne draußen Ihre Spende abgeben. Wie gesagt, meine Anhänger aus Deutschland sind besonders großzügig.«
Zufrieden lächelte er mich an, dann erhob er sich und verließ den Raum. Völlig perplex blieb ich zurück.

Ich hatte mich immer noch nicht wieder gefangen, als ich kurz darauf auf die Straße trat und zu Stephen lief.
»Oje, dein Palmblatt scheint dir ja nichts Gutes verraten zu haben«, begrüßte er mich belustigt.
»Lass uns von hier verschwinden«, presste ich zwischen den Zähnen hervor. »Ich glaube nicht, dass ich von diesem Guru hier etwas über meine Zukunft erfahren möchte.«
Auf dem Rückweg erzählte ich Stephen von der Unterhaltung mit dem Meister.
»Aber Franziska«, sagte er. »Was hast du denn erwartet? Doch nicht ernsthaft irgendwelche Antworten? Und hast du die Ringe an seinen Fingern gesehen? Natürlich braucht er dafür Geld.«
Das wollte ich nicht glauben. »Nur weil dieser Meister unseriös ist, heißt das nicht, dass an der Palmblattsache nichts dran ist«, erwiderte ich eingeschnappt. Ich war enttäuscht.

Ein wenig hatte ich schon gehofft, zumindest einen Hinweis darauf zu bekommen, was die Zukunft für mich bereithielt. Jetzt wusste ich immer noch nicht, ob ich in einem halben Jahr nach Deutschland zurückgehen oder bei Stephen bleiben sollte. Zumindest eine großartige Erfahrung hätte es werden können, und dann wollte der »Meister« nur Geld haben. Nein, ich war nicht nur enttäuscht, ich war richtig sauer.
»Diese ganze Indienreise ist ein totaler Reinfall«, regte ich mich auf. »Überall unfreundliche Menschen, nirgendwo lächelt jemand zurück. Und jetzt noch dieser unverschämte Guru, der ernsthaft denkt, ich lasse ihm ein großzügiges Geburtstagsgeschenk da.«
Ich war wirklich frustriert.
»Komm, jetzt fahren wir erst mal zurück ins Hotel«, versuchte Stephen mich zu beruhigen. »Und dann überlegen wir, was wir als Nächstes machen.«
»Und essen will ich hier auch nichts mehr«, maulte ich weiter. Mir reichte es gerade so richtig.

Selbst als wir im Hotelzimmer angekommen waren und ich mich einigermaßen von meinem Ausflug zur Palmblattbibliothek erholt hatte, wollte sich meine Laune nicht bessern. Ich hatte genug von Indien. Vom ersten Moment an hatte ich mich unwohl gefühlt, es hatte keinen Spaß gemacht, herumzufahren und Land und Leute kennenzulernen. Und mein Magen wollte auch nicht hierbleiben.
»Siehst du«, sagte Stephen, »ich wusste schon, warum ich dich nicht alleine hierherfahren lassen wollte.«
»Hast du gewusst, dass es so werden würde?«, fragte ich.
»Na ja, sagen wir, es überrascht mich nicht. Ich war einige Male in Indien, und ich wäre von alleine nicht noch mal hierhergekommen.«

»Das sagst du mir jetzt?« Ich war aufgebracht.
»Ich wollte deine Reise nicht kaputt machen. Du hast dir deine Reiseroute überlegt, und ich wollte, dass du sie nicht meinetwegen änderst.«
Nun war ich unglaublich gerührt. »Danke«, sagte ich, »ich weiß nicht, ob ich jemand anderem zuliebe noch mal hierherfahren würde.«
»Dir zuliebe würde ich vieles tun«, sagte er lächelnd.

Wir verabredeten, den nächsten Rückflug, den wir bekommen konnten, zu nehmen. Keiner von uns hatte große Lust, noch länger durch Indien zu reisen. Ich musste an Jasmin denken und an ihre Theorien. Sie hatte wieder einmal recht behalten. Hier in Indien hatten mich die Energien nicht auf die Nase geküsst, so viel stand fest. Und in diesem Moment war ich einmal mehr unendlich dankbar dafür, so frei zu sein. Ich konnte tun und lassen, was ich wollte. Es gab keine Verpflichtungen, ich war an nichts gebunden. Wenn es mir an einem Ort nicht gefiel, konnte ich weiterziehen. Einmal mehr wurde mir bewusst, dass es purer Luxus war, so frei Entscheidungen treffen zu können. Und das Beste daran war: Diese Freiheit bedeutete nicht länger, dass ich alleine war. Stephen war bei mir, gemeinsam mit ihm bestaunte ich nun, was wir an den aufregenden, exotischen Orten zu sehen bekamen. Gleichzeitig teilten wir auch die weniger schönen Erlebnisse, und ich spürte, auf Stephen war Verlass, wenn ich ihn brauchte. Ich konnte mich nicht daran erinnern, schon mal so glücklich gewesen zu sein.
An unserem letzten Abend in Chennai gingen wir keine unnötigen Risiken ein und aßen im Hotelrestaurant. Dort boten sie für die Touristen internationale Gerichte an, und auch wenn sowohl Stephen als auch ich viel für die indische Küche

übrig hatten, entschieden wir uns für ein »harmloses« Fleischgericht.
»Ich hätte nicht gedacht, dass ich hier noch mal etwas essen würde«, sagte ich, als der Kellner uns das Essen servierte. »Aber es riecht sehr lecker.«
»Das würde man in Australien ganz genauso bekommen«, sagte Stephen zufrieden. »Dann kann es nicht schlecht sein.«
»Ich dachte, ihr ernährt euch in Australien ausschließlich von Gegrilltem«, zog ich ihn auf.
»Du hast ja keine Ahnung, was wir alles zu bieten haben«, entgegnete er.
Wir aßen eine Weile schweigend, und ich war überrascht, dass es mir nur ein paar Tage nach meiner Magenrebellion schon wieder so gut schmeckte. Stephen wirkte nachdenklich. Gedankenverloren stocherte er auf seinem Teller herum. Dann sah er mich lange an und sagte schließlich leise: »Ich würde dir unglaublich gerne zeigen, wo ich herkomme.«
»Und mir zeigen, was ihr in Australien alles zu bieten habt?«, scherzte ich weiter. Doch dann wurde mir schlagartig bewusst, dass es ihm wirklich ernst war.
»Auch wenn Indien so ziemlich der letzte Ort ist, an den ich noch mal reisen wollte, fand ich es sehr schön, mit dir zusammen hier zu sein«, fuhr Stephen fort. »Die letzten Wochen auf Bali, die Zeit, die wir zusammen verbringen, unsere Gespräche … Du bist etwas sehr Besonderes für mich.«
Ein warmes Gefühl breitete sich in meinem Magen aus. Mir ging es genauso wie ihm. Indien war keine schöne Erfahrung gewesen, das Land hatte mich erschreckt und in ein Wechselbad der Gefühle gestürzt. Allein die Tatsache, dass Stephen die ganze Zeit dabei gewesen war, ließ mich mit einem positiven Gefühl an die letzten Tage zurückdenken.
»Stephen, du bedeutest mir auch sehr viel«, sagte ich.

»Ich weiß, Australien war auf deiner Reiseroute nicht vorgesehen«, begann er nun vorsichtig. »Aber ich habe ab und zu Heimweh, und dann muss ich einfach mal wieder nach Hause und australische Luft atmen. Jetzt gerade ist es wieder so weit, und ich wäre sehr glücklich, wenn du mich begleiten würdest.«

»Du bist meinetwegen mit nach Indien gekommen«, antwortete ich. »Ich denke, ich könnte schon eine kurze Auszeit von meiner Reise nehmen und dich zum Luftschnappen in Australien begleiten.«

»Wirklich?« Stephens Gesicht strahlte auf einmal. »Das würdest du tun?«

»Klar«, lachte ich. »Wenn es dir so viel bedeutet, will ich natürlich deine Heimat kennenlernen.«

»Das ist großartig! Lass uns alles vorbereiten, wenn wir morgen nach Bali zurückkommen«, sagte er aufgeregt. »Ich würde dir gerne meine Familie vorstellen, meine Schwester Annette zum Beispiel, meinen Onkel, meine Cousine. Sie leben zwar alle an der Ostküste, aber die ist groß, wir könnten also ein wenig herumreisen.«

»Okay, gern. Aber kannst du denn so lange Urlaub nehmen?«, fragte ich.

»Das wird schon gehen. Außerdem kann ich gerade ein bisschen Zeit zum Nachdenken gebrauchen.«

»Wegen deiner Firma?«

»Ja, ich möchte die Firma ja nicht mehr lange behalten, das hatte ich dir ja schon mal erzählt. Schon seit einer ganzen Weile will ich meine Anteile abgeben und etwas Neues anfangen«, erklärte er.

»Wo soll eigentlich ›etwas Neues‹ sein?«, fragte ich vorsichtig nach.

»Keine Ahnung. Deshalb wäre eine Auszeit ganz gut, dann könnte ich mir Gedanken darüber machen.«

»Dann war es womöglich ein großer Fehler, dass wir uns heute keinen neuen Termin in der Palmblattbibliothek haben geben lassen«, scherzte ich. »Dann wüsstest du vielleicht schon nächste Woche mehr.«
Aber Stephen schien alles andere als überzeugt von dieser Idee. »Ich glaube nicht an so etwas, Franziska. Außerdem, wie langweilig wäre es denn, wenn wir wirklich schon wüssten, was uns die Zukunft bringt?«
»Also, manchmal würde mich der Gedanke schon beruhigen«, warf ich ein.
»Nein, das würde uns die Freiheit nehmen, Entscheidungen zu treffen. Du hast vorhin selbst gesagt, wie sehr du es genießt, einfach tun und lassen zu können, was du willst. Wenn du schon genau wüsstest, wohin das führt, würde die Freude vermutlich nicht lange anhalten.«
»Wahrscheinlich hast du recht«, gab ich zu. »Aber manchmal ist es so verdammt schwer, sich für oder gegen etwas zu entscheiden. Aber egal, ich werde jetzt sowieso nie mehr erfahren, was mein Palmblatt mir zu sagen hätte.«
»Das ist überhaupt nicht schlimm«, sagte Stephen und nahm meine Hand. »Glaub mir, so ist es viel besser. Wenn wir nicht wissen, was die Zukunft für uns bereithält, dann ist alles offen. Und alles möglich.«

Kopfüber Down Under

Home, Sweet Home«, rief Stephen vergnügt, als er die Haustür aufschloss.
Endlich zu Hause, dachte auch ich. Ich war todmüde und erschöpft von der Reise, von den Eindrücken in Indien und einer schlaflosen Nacht am Flughafen.
Ich ließ meinen Rucksack auf den Boden fallen und sank erschöpft auf das Sofa. Es tat so gut, wieder daheim zu sein.
Ich musste kurz eingenickt sein, denn ich schreckte plötzlich hoch, als Stephen das Wohnzimmer betrat. Er hatte unser Gepäck nach oben getragen und stand nun grinsend vor mir.
»Jetzt erholen wir uns erst mal«, schlug er gut gelaunt vor, »und dann kümmern wir uns um den Trip nach Australien.«
»Gute Idee«, gähnte ich. »Heute bin ich dazu jedenfalls nicht in der Lage.«
»Kein Problem. Es eilt ja auch nicht. Außerdem«, er hielt kurz inne, »müssten wir auch noch überlegen, wie wir Weihnachten feiern.«
Oh Gott, natürlich! Wie hatte ich das nur vergessen können? In einer Woche war ja schon Heiligabend. Kein Wunder, dass noch keine echte Weihnachtsstimmung aufgekommen war, schon in Indien war es für mich viel zu warm gewesen. Auf Bali begann gerade die feuchte Jahreszeit, der Himmel war grau, und es war drückend schwül. Schnee, Glühwein und Weihnachtsbaum erschienen mir so weit weg, dass ich mir all das kaum vorstellen konnte.
Wie schade, denn normalerweise mochte ich die Adventszeit sehr gerne. In München hatte ich mich regelmäßig nach der Arbeit mit meinen Freundinnen auf dem Weihnachtsmarkt

getroffen. Dort hatten wir mit Glühwein angestoßen, Bratwürste, Falafel oder Crêpes gegessen und waren von Bude zu Bude geschlendert. Für mich waren diese Wochen vor Weihnachten immer besonders stimmungsvoll gewesen. Die früh einsetzende Dunkelheit, gemütliches Kerzenlicht drinnen und draußen, Maroni- und Glühweinstände und der würzige Duft, lange Sonntagnachmittage mit Tee und Pfefferkuchen; das Leben am Ende des Jahres schien sich zu verlangsamen und zur Ruhe zu kommen – natürlich nur, sofern man nicht am Samstagnachmittag in der Innenstadt Geschenke kaufen wollte. Dieses Mal würde ich das alles nicht erleben, die Balinesen waren entweder Hinduisten oder Muslime und begingen dieses Fest nicht.

»Asien hat mich bisher nicht in Weihnachtsstimmung versetzt, deshalb habe ich es glatt vergessen«, sagte ich wahrheitsgemäß. »Wie muss ich mir eigentlich Weihnachten ohne Weihnachten vorstellen?«

»Wir können feiern, wie wir wollen«, antwortete Stephen. »Wie wäre es, wenn wir einfach in ein schönes Restaurant gehen, dort etwas essen und auf unser erstes gemeinsames Weihnachten anstoßen.«

»Klingt gut«, stimmte ich zu. »Allzu aufwendig muss es wegen mir nicht sein. Ich glaube, bei dieser hohen Luftfeuchtigkeit wird es mir sowieso schwerfallen, in besinnliche Stimmung zu kommen.«

»Glaub mir, es wird schon ganz schön werden«, versprach Stephen und wechselte dann das Thema: »Was hältst du davon, wenn wir zwischen Weihnachten und Silvester nach Australien fliegen? Silvester in Sydney ist spektakulär!«

»Ich bin schon sehr gespannt auf Australien!«, lächelte ich.

***

»Frohe Weihnachten!«, hörte ich eine Stimme neben mir, als ich eine Woche später morgens erwachte.
Ich schlug die Augen auf. Stephen saß neben mir im Bett und sah mich zärtlich an. Langsam kam ich zu mir.
»Guten Morgen«, antwortete ich. »Und dir auch frohe Weihnachten.«
Es war Heiligabend, auch wenn ich einen Blick auf den Kalender brauchte, um es wirklich glauben zu können. Weihnachten kannte ich nur als Zeit der Besinnlichkeit und natürlich der Familie. Momentan regnete es draußen, mir brach der Schweiß aus, sobald ich mich bewegte, und meine Familie war am anderen Ende der Welt. Was sie wohl gerade machten?
Sie schliefen noch, in Deutschland war es schließlich sechs Stunden früher als hier und somit noch mitten in der Nacht. Nach dem Frühstück würde mein Vater den Baum aufstellen. Normalerweise hatten Dinah und ich ihn dann gemeinsam geschmückt, hoffentlich musste sie das dieses Jahr nicht ganz alleine machen. Noch nie hatte ich diesen Tag getrennt von meiner Familie verbracht, und ich hatte es all die Jahre ganz besonders geliebt, kurz vor den Feiertagen mit meinen Geschenken im Kofferraum nach Hause zu kommen. Schon von meinen Eltern und Dinah empfangen zu werden, wenn ich langsam auf den Hof rollte. Mein ganzes Leben lang war Weihnachten für mich gleichbedeutend gewesen mit Familie, Ruhe, zu Hause sein. Das war es, was für mich den Zauber dieser Feiertage ausgemacht hatte.
An Heiligabend hatte es bei uns meistens Nudelsalat und Würstchen gegeben, dazu haufenweise Süßigkeiten direkt vom Weihnachtsbaum. Am Nachmittag mussten Dinah und ich in unserem Zimmer verschwinden. Dann ertönte der Ruf »Der Weihnachtsmann war da!«. Wir antworteten dann ganz aufgeregt: »Oh, wirklich? Hat er viele Geschenke dagelas-

sen?«, und stürmten ins Wohnzimmer, das nur von den Kerzen am Weihnachtsbaum erleuchtet war. Wir vier spielten dieses Ritual jedes Jahr durch und hatten immer wieder großen Spaß dabei. Dieses Jahr würden meine Eltern und Dinah diese Tradition ohne mich aufrechterhalten müssen. Bei dem Gedanken wurde mir schwer ums Herz. Sie waren so weit weg. Ich vermisste sie sehr, gerade in diesem Moment.

Die melancholische Stimmung blieb den ganzen Tag über, irgendwie erschien mir alles so unwirklich. Erst als Stephen und ich gegen Abend ins Restaurant gingen, hellte sich meine Laune wieder auf. Es war unser erstes gemeinsames Weihnachten, und auch wenn ich meine Familie an diesem Tag schrecklich vermisste, war ich überglücklich, ihn mit Stephen zu verbringen. Zufrieden genoss ich also unser Abendessen, wir genehmigten uns einen wundervollen Rotwein und gingen anschließend am Strand spazieren. Aus Lautsprechern, die irgendwo in der Nähe aufgestellt waren, tönte *Jingle Bells*, und nun konnte ich sogar über die Absurdität des Augenblicks lachen. Es war Weihnachten, ich schwitzte und lief an einem indonesischen Strand entlang. Na und? Stephen war an meiner Seite, also fühlte es sich richtig an.

***

Am Tag vor Silvester war es dann so weit. Einmal mehr packten wir unsere Sachen und machten uns auf den Weg zum Flughafen. Im Auto scherzte ich, dass ich nun eine Auszeit von meiner Auszeit nahm, hatte ich doch Australien nie auf meiner Liste der möglichen Reiseziele gehabt. Um ganz ehrlich zu sein, es hatte mich auch nie besonders gereizt, dorthin zu fahren. Zwar waren Freunde von mir in Down Under gewesen und hatten von ihren Erlebnissen dort geschwärmt. Aber auch

ihre Erzählungen hatten es nicht geschafft, mich auf das Land neugierig zu machen. Schließlich war ich in Asien verliebt.
Jetzt war ich natürlich sehr gespannt auf Stephens Heimat, und ich merkte ihm an, wie aufgeregt er war. Er freute sich wie ein kleiner Junge darauf, wieder nach Hause zu kommen, aber er schien besorgt zu sein, ob es mir dort gefallen würde. Seitdem wir ausgemacht hatten, nach Australien zu fliegen, hatte er mehrfach nachgefragt, ob ich es immer noch wollte oder meine Meinung vielleicht doch geändert hatte. Irgendwann hatte ich ihn damit aufgezogen, dann drohte ich im Spaß damit, es mir tatsächlich noch einmal zu überlegen, wenn er noch einmal fragte.
Als der Flieger nun in Richtung Sydney abhob, freute ich mich vor allem, zum zweiten Mal mit Stephen zusammen zu reisen.

Das Motel, das wir schon von Bali aus gebucht hatten, befand sich in Hornsby, in einem nördlichen Stadtteil von Sydney, nur hier hatten wir noch ein freies und einigermaßen bezahlbares Zimmer gefunden. Wir checkten ein und packten unser Gepäck aus, bevor wir uns aufmachten, um die Gegend rund um unsere Unterkunft zu erkunden. Unser Spaziergang führte uns direkt zu einem großen Outdoor-Geschäft.
»Sieh mal«, sagte ich zu Stephen und deutete auf das Schaufenster. »Hier ist gerade Ausverkauf. Vielleicht sollte ich gleich zuschlagen.«
Meine Sachen sind schon ziemlich hinüber, ich musste sie sogar schon nähen. Kein Wunder, ich trug sie ja seit einem halben Jahr fast täglich.
Da ich nur mit meinem großen Rucksack von Deutschland aus gestartet war, hatte ich natürlich kaum Kleidung einpacken können. Die zwei Hosen, die ich nun seit einem halben Jahr fast täglich trug, hatten einiges mitgemacht und waren

entsprechend kaputt. Seitdem ich mehr oder weniger bei Stephen auf Bali lebte, hatte ich hin und wieder darüber nachgedacht, meine Garderobe zu erweitern. Nun hatte ich immerhin die Möglichkeit, meine Kleidung bei ihm zu lagern, wenn ich von Bali aus auf Reisen ging.
Zwei Stunden später verließen wir zufrieden das Geschäft. Ich hatte eine neue Hose, mehrere T-Shirts und war um eine neue Fleece-Jacke reicher. Auch Stephen war fündig geworden und hatte sich eine neue Regenjacke gekauft.
»Ich hoffe, dass ich die nicht so bald brauche«, sagte er und zeigte auf seine Tüte.
»Ich finde es gut, dass wir jetzt beide für alle Situationen gerüstet sind«, antwortete ich im Spaß. »Wer weiß, wo es uns noch hin verschlägt. Und zumindest der Regen kann uns nun nichts anhaben.«
»Anders als in Asien regnet es in Australien glücklicherweise nicht wochenlang«, erklärte er mit einem vielsagenden Blick.
»Ob wochenlanger Regen oder nicht«, lachte ich, »wir können nun weiterhin gemeinsam auf Reisen gehen.«
Stephen nickte zustimmend und sagte: »Ich kann mir nichts Schöneres vorstellen. Außerdem gibt es noch so viel, was ich zusammen mit dir entdecken möchte.«
Ich nahm seine Hand und hielt sie ganz fest, als wir unseren Spaziergang durch Hornsby fortsetzten.

Mittags fuhren wir in die Innenstadt von Sydney. Von Circular Quay aus spazierten wir zur Oper. Ich hatte schon unzählige Bilder von diesem berühmten Bauwerk gesehen, aber als ich nun direkt davorstand und die einmalige Architektur mit eigenen Augen bewunderte, war ich zutiefst beeindruckt. Ich verstand jetzt, warum die Bewohner Sydneys so stolz waren auf das Wahrzeichen ihrer Stadt. Der Akku meiner Kamera kapitulierte, denn ich konnte mich kaum von diesem Anblick losreißen und knipste ein Foto nach dem anderen. Glücklicherweise war ich niemals ohne mindestens einen Ersatzakku unterwegs.

In der Zwischenzeit war die Dämmerung hereingebrochen.

»Wie wäre es, wenn wir den Abend in The Rocks verbringen«, schlug Stephen vor.

»Okay«, stimmte ich zu, »aber was ist The Rocks?«

»Man könnte sagen, es ist die Wiege dieser Stadt«, erklärte er. »Es ist das älteste Viertel, um das herum Sydney vor über zweihundert Jahren entstanden ist. Weißt du eigentlich, dass die ersten Weißen in Australien englische Strafgefangene und ihre Aufseher waren? Einige sind damals hier gelandet und haben sich hier angesiedelt.«

»Das klingt, als wäre in The Rocks einiges los«, scherzte ich.

Dass ich mich nicht geirrt hatte, stellte sich heraus, als wir Sydneys ältestes Stadtviertel erreichten. Mit seinen herrlichen alten Gebäuden und zum Teil kopfsteingepflasterten Straßen schien es auf sonderbare Weise aus der Zeit gefallen zu sein in dieser ansonsten so modernen Metropole. Wir schlenderten über Plätze und Straßen, in denen sich Bars, Restaurants und kleine Geschäfte aneinanderreihten. Ich ließ mich mitreißen von der vor Lebensfreude sprühenden Atmosphäre und genoss es, zusammen mit den ersten Nachtschwärmern durch das historische Viertel zu ziehen, während im Hintergrund die Hochhäuser von Sydney in der Dunkelheit erstrahlten.

»Es ist großartig hier«, sagte ich begeistert.

Stephen schien so glücklich, als hätte ich ihm das schönste Kompliment gemacht. »Es freut mich sehr, dass es dir gefällt«, sagte er.

***

Der nächste Tag brach an und damit der letzte in diesem ereignisreichen Jahr. Die Hälfte meiner Reise war bereits vorüber, und ich fragte mich, wo die Zeit geblieben war. Es war so viel passiert in den vergangenen sechs Monaten, mein ganzes Leben war auf den Kopf gestellt. Das war zwar vorhersehbar gewesen, als ich in Deutschland alles aufgegeben hatte, aber dass sich die Dinge so entwickeln würden, hätte ich mir in meinen kühnsten Träumen nicht vorstellen können. Stephen wurde mit jedem Tag mehr zu einem wichtigen Teil meines Lebens, und auch wenn wir uns noch nicht lange kannten, konnte ich es mir ohne ihn nicht mehr vorstellen. Offiziell hatte ich zwar immer noch vor, im Sommer zurück nach Deutschland zu gehen, aber immer öfter erwischte ich mich dabei, wie ich ganz andere Pläne schmiedete. Die endgültige Entscheidung stand noch aus, aber inzwischen erschien es mir undenkbar, wieder in Deutschland zu leben, mir dort einen neuen Job suchen zu müssen und zurück in den Alltag zu fallen. Zu sehr war ich in den letzten sechs Monaten auf den Geschmack der Unabhängigkeit gekommen. Ich genoss meine Freiheit und liebte es mehr denn je zu reisen. Aber, und auch das war mir selbstverständlich klar, auf Dauer würde das nicht so weitergehen können. Über kurz oder lang musste eine Entscheidung her, wie und vor allem wovon ich in Zukunft leben wollte.
Doch diese Gedanken schob ich weit fort, denn nun war Silvester, es war Hochsommer, und das Wetter war traumhaft. Stephen schlug vor, zum Manly Beach zu fahren, eine Fähre brachte uns schließlich zu dem beliebten Strand. Wir flanierten auf der Promenade und machten uns einen Spaß daraus, die Leute zu beobachten.
Zwei Dinge fielen mir während dieses Ausflugs besonders auf. Alle paar Meter stießen wir auf Wasserhähne mit Trink-

wasser. Hier konnte jeder kostenlos trinken und seine Wasserflaschen auffüllen. Eine großartige Sache, Australien achtete offensichtlich auf seine Bürger und darauf, dass sie jederzeit genug zu trinken bekamen. Die zweite Beobachtung erstaunte mich noch mehr: Offenbar hatten die Australier eine große Vorliebe für Regeln. Wo wir auch waren, überall wiesen uns große Schilder darauf hin, was zu beachten, was erlaubt und was verboten war. Eigentlich hatte ich angenommen, die Australier seien entspannt – »laid back« eben, aber offenbar schätzten sie Vorschriften ebenso sehr wie wir Deutschen. Oder sogar noch mehr?

Manly Beach war riesig und sehr voll. Wie es aussah, hatten sich noch viele andere Touristen und Einheimische entschieden, den letzten Tag des Jahres hier zu verbringen.

Ein kleiner Abschnitt des Strandes war für die Badegäste vorgesehen. Nur, und nur hier war das Schwimmen erlaubt. Sobald jemand gegen diese Regel verstieß, ertönten energische Lautsprecherdurchsagen, die den Ausreißer wieder zur Ordnung riefen. Die mit rot-gelben Flaggen gekennzeichnete Zone wurde von sogenannten »Guards« überwacht, hier war es bei den aktuellen Wind- und Strömungsverhältnissen sicher, im Meer zu baden.

An einem Imbiss mit der Aufschrift »Manly Ocean Foods« machten wir halt, und Stephen erklärte mir, dass diese Imbissbude Tradition habe, denn bereits seit Jahrzehnten würden hier die berühmten Fish and Chips verkauft. Als ich erklärte, dass ich noch nie in meinem Leben welche gegessen hatte, schaute Stephen mich zunächst ungläubig an. Dann zögerte er nicht lange und orderte zwei Portionen.

»Du kannst nicht in Australien gewesen sein und keine Fish and Chips gegessen haben«, erklärte er mit gespielt ernster Miene. »Außerdem schmecken sie hier ganz besonders gut.«

Wir mussten eine halbe Ewigkeit warten, bis das Essen fertig war – ich nahm es als Zeichen dafür, dass es wirklich besonders gut sein musste – und machten es uns dann mit unserem Essen am Strand gemütlich. Zu Stephens großer Freude schmeckten die Fish and Chips in der Tat hervorragend, und ich wurde nicht müde, das immer wieder zu betonen.

Am späten Nachmittag machten wir uns auf den Rückweg, denn natürlich hatten wir uns vorgenommen, Silvester an der Harbour Bridge zu feiern und dort das Feuerwerk anzusehen. Gegen 18 Uhr erreichten wir den Lady-Macquaries-Chair-Park, von dort aus erhofften wir uns einen besonders schönen Blick auf das Feuerwerk. Stephen erklärte mir, dass dieser Park nach der Ehefrau von Lachlan Macquarie benannt war, dem ersten Gouverneur der damaligen Kolonie New South Wales. Seine Frau hatte angeblich häufig auf dem kleinen Hügel in diesem Park gesessen und den Hafen bewundert.
Zu unserer großen Überraschung waren wir bereits spät dran, obwohl es erst früher Abend war. Der Park war schon ziemlich voll, überall tummelten sich Menschen auf den Rasenflächen des Parks. Es waren bestimmt tausend Leute, die hier, genau wie wir, das Silvesterfeuerwerk genießen wollten.
Der Park war abgesperrt, an den Eingängen standen Sicherheitsleute und durchsuchten die Eintreffenden und ihre Taschen. Es war streng verboten, Alkohol mitzubringen, offiziell aus Sicherheitsgründen. Als ich die zahlreichen Verkaufsstellen im Park sah, an denen es jede Menge Alkohol in Glasflaschen zu kaufen gab, grinsten Stephen und ich uns nur an. Alles war bestens geplant und organisiert, an jeder Ecke gab es Dixi-Toiletten, die sogar regelmäßig gereinigt wurden, was ich sehr zu schätzen wusste. Selbst das Toilettenpapier wurde regelmäßig nachgefüllt. Ich war wirklich beeindruckt.

»Komm hierher.« Stephen zog mich hinter sich her. Er hatte ein kleines Plätzchen mitten im Getümmel erspäht, das noch frei war. Wir beeilten uns, das Fleckchen in Beschlag zu nehmen und es uns auf der Wiese bequem zu machen. Wie ich eine Minute später feststellte, waren wir umzingelt von deutschen Touristen. Na gut, dann konnte ich wenigstens mit vertrauten Klängen im Ohr ins neue Jahr feiern, dachte ich.

Die nächsten Stunden bewegten wir uns nicht vom Fleck. Zu groß war die Gefahr, unseren Platz zu verlieren, also harrten wir aus und vertrieben uns die Zeit mit Lesen, Essen und Leute-Beobachten.

Ich mochte die Atmosphäre, das entspannte Miteinander von Einheimischen und Fremden. Australische Familien saßen neben jungen Rucksackreisenden, Partyvolk neben Alteingesessenen. Die Stimmung war fröhlich, und obwohl so viele Menschen dicht gedrängt an einem Ort waren, blieb es friedlich und heiter.

Gegen 21 Uhr begann das Programm. Zunächst gab es ein kleines Feuerwerk für die Kinder. Danach flog ein kleiner Flieger durch die Luft und schrieb mit farbigem Rauch »Sydney« und »Happy New Year« in den Himmel.

Und dann war es so weit. Um uns herum begann die Menge den Countdown, und als es endlich Mitternacht war, wurde das große Feuerwerk gezündet.

Stephen hatte uns einen Stehplatz gesucht, von dem aus wir bessere Sicht hatten als vom Rasen aus. Es war ein unbeschreibliches Erlebnis. Das Feuerwerk folgte einer ausgetüftelten Choreographie, in die die Harbour Bridge, die Oper und einige weitere Gebäude in der nächsten Umgebung eingebunden waren. Normalerweise geriet ich beim Anblick eines Feuerwerks nicht so leicht aus der Fassung, aber das hier war gigantisch und einfach wundervoll. Die Zeit schien stillzustehen, während sich am Himmel ein außerordentliches Spektakel aus Licht, Formen und Farben abspielte. Blau, violett, grün, rot und gelb zuckte es durch die Nacht. Zum Schluss ergoss sich ein sprühender Wasserfall aus Licht und Funken von der Harbour Bridge hinab.

»Es ist wundervoll«, flüsterte ich Stephen ins Ohr.

»Ja, das ist es«, sagte er. Dann sah er mir in die Augen. »Happy New Year!«

»Ein frohes neues Jahr«, wünschte ich ihm und schmiegte mich an ihn.

Er umschloss mich fest mit seinen Armen. »Es wird ein wunderbares Jahr, das weiß ich jetzt schon.«

Ich erwachte erst am späten Vormittag mit einem Lächeln im Gesicht. Noch ganz ergriffen von dem stimmungsvollen Silvesterabend waren wir erst gegen vier Uhr morgens ins Bett gefallen. Es war ein wunderschöner Abend gewesen, und in diesem Moment fühlte ich mich in Stephens Heimat rundum wohl. Ich konnte zwar die Begeisterung der Australier für Regeln, Hinweisschilder und alkoholfreie Zonen nicht ganz nachvollziehen, aber die Menschen waren mir sympathisch. Ob es für mich ein Ort zum Leben war, dessen war ich mir noch nicht so ganz sicher, aber ich war neugierig, was ich in den nächsten Wochen in Down Under erleben würde. Vor allem war ich aufgeregt, Stephens Familie kennenzulernen.

Seine Schwester Annette und ihr Mann Ron lebten in einem kleinen Ort nördlich von Sydney. Zu seiner Schwester hatte Stephen ein sehr enges Verhältnis, deshalb war ich ganz besonders gespannt darauf, sie kennenzulernen.

Doch erst gegen Ende unseres Aufenthalts wollten wir Richtung Norden reisen. Zunächst hatten wir geplant, mit Zug und Bus nach Süden zu fahren, um weitere Verwandte zu besuchen. Stephens Cousine Janet lebte in Moruya, einer kleinen Stadt in der Nähe von Canberra. Als Stephen sie von Bali aus angerufen und ihr erzählt hatte, dass wir vorhatten nach Australien zu kommen, hatte sie uns gleich zu sich eingeladen. Doch zuvor wollten wir halt in Cronulla machen, einem Vorort von Sydney. Dort waren wir mit Stephens Onkel Malcolm verabredet, der uns am Bahnhof empfing.

»Hello! Welcome!«, rief er, als er auf uns zukam.

Während der Fahrt war ich ein wenig besorgt gewesen, denn zum ersten Mal würde ich jemanden aus Stephens Familie kennenlernen. Als wir jedoch so herzlich begrüßt wurden, war meine Sorge auf einen Schlag verflogen. Onkel Malcolm war ungefähr Mitte siebzig, schien aber vor Energie nur so zu strotzen. Ich merkte gleich, dass er jemand war, der leidenschaftlich gerne erzählte. Und wie sich bald herausstellte, war die australische Geschichte sein Steckenpferd. Sehr praktisch, fand ich, denn so konnte ich nicht nur Stephens Familie näher kennenlernen, sondern gleichzeitig etwas über sein Land erfahren. Malcolm wirkte sichtlich erfreut, als ich ihm Fragen über Australiens Vergangenheit stellte, und konnte es fast gar nicht abwarten, mir so viel wie möglich zu erzählen.

»Endlich hat er jemanden gefunden, der seinen Geschichten über die gute alte Zeit zuhört«, sagte Stephen lachend, als Malcolm kurz das Zimmer verlassen hatte.

»Lach nicht«, entgegnete ich, »ich finde es sehr spannend, was dein Onkel alles zu erzählen hat.«

Malcolm schlug vor, uns Cronulla zu zeigen und anschließend den Ort zu besuchen, an dem Captain Cook am 28. April 1770 zum ersten Mal an Land gegangen war.

Ich war ein wenig überrascht, als wir kurz darauf durch Cronulla liefen. Bisher kannte ich derartige Vorortsiedlungen nur aus amerikanischen Filmen, aber nun begegneten sie mir in

Australien. Als hätten die Bewohner sich abgesprochen, waren die Rasenflächen in den Vorgärten gleichmäßig und auf die exakt gleiche Länge gestutzt. Keiner tanzte aus der Reihe. Der Eindruck einer akkuraten Ordnung wurde noch bestärkt durch die gleichförmig geraden Straßen, die aussahen, als hätte jemand ein Lineal angelegt. Nicht die kleinste Kurve war zu erkennen. Instinktiv hatte ich das Gefühl, dass es ziemlich langweilig sein musste, in so einer gepflegten Vorstadtidylle zu leben.

Diese Gedanken verflogen schnell, als wir die Halbinsel Kurnell erreichten, die bekannt war für ihre spektakuläre Dünenlandschaft. Die Sanddünen von Cronulla waren viele tausend Jahre alt und beeindruckten durch ihre Form und ihre Größe. Ich hätte stundenlang durch den Sand spazieren können, so sehr begeisterte mich der Anblick dieser vom Ozean umgebenen Dünenlandschaft, in deren Hintergrund sich die Stadtsilhouette von Sydney abzeichnete.

»What a lovely place«, rief ich. »Das ist ja fast wie in der Wüste hier.« Na ja, abgesehen vom vielen Wasser um uns herum.

Als wir unseren Spaziergang beendet hatten, schlug Malcolm vor, zum Essen in einen Club zu gehen. Ich war ein wenig skeptisch, weil ich mir darunter nicht viel vorstellen konnte. Höchstens eine elitäre Versammlung nicht mehr ganz junger Herren. Aber Stephen nahm mir meine Sorge. »In Australien ist es ganz normal, zum Essen in einen Club zu gehen. Das ist nichts Elitäres. Die Clubs wurden nach dem Ersten Weltkrieg von den Kriegsheimkehrern gegründet und dienten dem sozialen Miteinander, aber auch der finanziellen Unterstützung von Witwen und Waisen. Heute unterstützen diese Clubs vor allem sportliche Aktivitäten. Man zahlt einen relativ geringen Jahresbeitrag, kann aber auch hier essen, wenn man kein Mitglied ist. Dann muss man sich allerdings extra registrieren.«

Stephen und ich gaben uns gleich als Nichtmitglieder zu erkennen und mussten erst ein Formular ausfüllen, bevor wir uns unser Essen verdient hatten. Bizarr, dachte ich.

***

Am nächsten Morgen gleich nach dem Frühstück hieß es schon wieder Abschied nehmen von Onkel Malcolm. Er brachte uns zum Busbahnhof, von wo aus wir unsere Reise Richtung Süden fortsetzten. Stephen und ich mussten ihm mehrmals versprechen, so bald wie möglich wieder bei ihm vorbeizuschauen, und er winkte uns nach, als sich der Bus auf der schnurgeraden Straße immer weiter entfernte.
Auf der Fahrt nach Moruya amüsierte ich mich sehr darüber, dass der Bus exakt zu jeder vollen Stunde eine zwanzigminütige Pause einlegte. Natürlich war es angenehm, sich zwischendurch die Beine vertreten zu können, aber was hatten die Australier nur mit diesen festen Regeln und Routinen, die schon beinahe zwanghaft befolgt wurden?
»Ihr Australier seid schon ein merkwürdiges Volk«, sagte ich zu Stephen.
»Auf uns ist eben immer Verlass«, erklärte er mit einem Grinsen.

Als wir in Moruya endlich den Bus verließen, wartete schon Stephens Cousine Janet auf uns. Sie war eine fröhliche Frau Anfang fünfzig, und mir fielen als Erstes die vielen kleinen Lachfältchen in ihrem Gesicht auf.
»Hallo, du musst Franziska sein«, sagte sie mit einer erstaunlich resoluten Stimme. »Schön, dich kennenzulernen.«
»Ich freue ich auch sehr, hier zu sein«, antwortete ich. »Ich habe schon vom Bus aus die Landschaft hier bewundert.«

Schon während der Busfahrt war mir aufgefallen, dass der Wald hier nahezu ausschließlich aus Eukalyptusbäumen bestand. Mir war vorher nicht bewusst gewesen, dass große Teile der australischen Küste mit Eukalyptuswäldern bewachsen waren.

»Ja, das ist unser *bush.* Es ist wirklich schön in den Wäldern«, sagte Janet. »Wenn du möchtest, machen wir einen Ausflug dorthin.«

»Das würde ich sehr gerne«, antwortete ich.

Noch am selben Tag machten wir uns auf zum *bush walk.* Noch nie hatte ich Eukalyptusbäume aus der Nähe gesehen, schon gar nicht in dieser großen Menge.

»Die Bäume sind sehr widerstandsfähig«, erklärte Stephen unterwegs und zeigte auf einen, dessen Rinde sich gerade vom Stamm schälte. »Von Zeit zu Zeit erneuern sie ihre Rinde und stoßen die alte, vertrocknete ab. So sind sie besser vor Waldbränden geschützt. Kurioserweise brauchen einige Arten sogar die Feuer, weil sonst die Samen nicht aufgehen.«

Ich staunte nicht schlecht. Wie gut sich die Natur doch oft selbst zu helfen wusste.

»Wusstest du, dass die Didgeridoos aus Eukalyptusholz gefertigt werden?«, fragte er.

Nein, wusste ich nicht. Offenbar waren diese Bäume nicht nur immun gegen Feuer, sondern obendrein auch noch musikalisch. Wirklich ein Wunder der Natur.

Bald schon stellte sich heraus, dass dieser Teil der australischen Küste nicht nur von dichten Eukalyptuswäldern gesäumt war, sondern dass es hier auch unendlich weite Strände gab. An einem davon standen wir nun und ließen uns den kräftigen Wind um die Ohren pfeifen. Ein wundervoller Ort. Nur wenig Leute waren hier außer uns, etwa eine Handvoll Mutige traute sich sogar ins Wasser. Hier gab es weit und breit keine Guards, die die Schwimmer bewachten.

»Es ist großartig hier«, sagte ich und meinte es so. Wenn es nur nicht ganz so windig gewesen wäre.
Nach einer Weile machten wir uns auf den Rückweg zu Janets Haus, etwas außerhalb von Moruya. Die Gegend dort war sehr ländlich, eine echte Idylle.
»Ihr habt es wirklich schön hier«, stellte ich fest, als wir vor dem Haus parkten.
»Danke«, lachte sie, »du wirst überrascht sein, wer gleich noch zum Tee kommt.«
Was meinte sie damit?, fragte ich mich. Gab es hier noch mehr Mitglieder von Stephens Familie?
Als wir kurz darauf umgeben von dichten Sträuchern auf Janets lauschiger Terrasse saßen und uns aus Weißbrotscheiben, Salat, Tomaten, Zwiebeln, gebratenem Huhn, Avocado und Schinken einen typisch australischen Lunch zusammenstellten, verstand ich, worauf sie angespielt hatte. Gerade wollte ich in mein Sandwich beißen, als ich in der Nähe ein Geräusch wahrnahm. Was war das? Rings um uns herum flatterte es, und dann entdeckte ich auch schon den ersten bunten Papagei, der sich der Futterschale auf dem Terrassengeländer näherte.
»Das ist ja unglaublich«, staunte ich. »Die kenne ich sonst nur aus dem Zoo.«
»In Australien brauchst du keinen Zoo«, scherzte Stephen, »da kannst du die buntesten und nettesten Tiere auch ganz direkt erleben. Und manchmal auch die nicht so netten.«
Zum Glück hatte ich meine Kamera in der Tasche. Ich vergaß Tee und Sandwich und schoss ein Bild nach dem anderen von den Vögeln, die ihr buntes Gefieder direkt in meine Linse zu recken schienen.
»Wie gefällt es dir eigentlich bis jetzt in Australien?«, wollte Janet wissen.

»Großartig«, antwortete ich. »Sydney war wirklich beeindruckend, vor allem das Silvester-Feuerwerk. Und was ich bislang von der Landschaft gesehen habe, war wunderschön.«
»Das freut mich zu hören.« Janet zwinkerte mir zu. »Und noch mehr freut sich Stephen darüber.«
»Ja, das ist mir auch schon aufgefallen«, lachte ich. Doch dann wechselte ich lieber das Thema und fragte Janet nach ihrer Arbeit.
Ich hatte den Eindruck, dass meine Reaktionen auf die Orte, die wir in Australien besuchten, genau beobachtet wurden. Natürlich wusste ich, wie sehr Stephen an seiner Heimat hing, und ich spürte, wie sehr er aufgeblüht war, seitdem wir in Sydney gelandet waren. Er wirkte unbefangener, begeisterter und fröhlicher. Es schien ihm sichtlich gutzutun, zu Hause zu sein. Als wir an diesem Tag durch den Eukalyptuswald gewandert waren, war er fast an jedem Baum stehen geblieben, um mir etwas zu erklären oder mich auf eine ganz besondere Blüte oder einen ungewöhnlich gemusterten Stamm aufmerksam zu machen. Seine Augen hatten immer mehr geleuchtet, je länger wir durch den *bush* spaziert waren. Ich freute mich sehr, ihn so zu sehen, und Australien gefiel mir. Ich wurde aber das Gefühl nicht los, dass eine nicht ausgesprochene Frage im Raum stand und jeder neugierig darauf wartete, von mir eine Antwort zu hören.

Am nächsten Morgen begrüßte uns Janet schon mit einem üppigen Frühstück, das wir zusammen genossen. Wieder kamen Papageien, und diesmal fiel mir auf, dass sie sehr unterschiedlich waren.
»Das hier ist ein Königspapagei«, erklärte Janet und zeigte auf eines der Tiere, das mit stolzer Haltung in einem der Büsche Platz genommen hatte und seinen roten Kopf in unsere Rich-

tung reckte. »Und dort, der blau-rote, ein Eastern Rosella. Und der ganz bunte da hinten ist ein Rainbow Lorrakeet.«

»Es muss traumhaft sein, jeden Tag sein Frühstück mit Papageien teilen zu können«, sagte ich.

»Ja, besser als mit Krokodilen«, scherzte Stephen.

»Ich dachte, die gibt es hier in der Gegend nicht?«, fragte ich.

»Nein«, beruhigte mich Janet, »Krokodile gibt es in Australien nur oben im Norden.«

Oh je, das war doch genau da, wo Stephen und ich als Nächstes hinfahren wollten.

»Keine Sorge, so weit fahren wir nicht«, erriet er meine Gedanken. »Meine Schwester Annette hält keine Krokodile in ihrem Garten.«

Das war beruhigend. In der Tat war ich ziemlich angespannt wegen des bevorstehenden Besuchs bei Stephens Schwester. Sie war nicht nur seine nächste Verwandte, die beiden standen sich sehr nah und telefonierten alle paar Tage miteinander. Onkel Malcolm und auch Janet waren mir auf Anhieb sehr sympathisch gewesen. In ihrer Gesellschaft hatte ich mich sehr wohl gefühlt. Würde das bei Annette auch der Fall sein?

Die Fahrt nach Clarence Town, einem Ort etwa dreihundert Kilometer nördlich von Sydney, in dem Annette mit ihrer Familie lebte, dauerte fast den ganzen Tag. Diesmal machte ich mich darauf gefasst, dass der Bus einmal pro Stunde anhielt, um Pause zu machen. Und ich merkte, dass ich mich langsam an die australischen Eigenheiten gewöhnte und sie beinahe für selbstverständlich hielt.

In Sydney legten wir einen kurzen Zwischenstopp ein, und mit dem Zug ging es anschließend weiter in Richtung Norden. Annette und ihr Mann Ron erwarteten uns schon am Bahnhof, als wir Newcastle in der Nähe von Clarence Town erreichten. »Da sind sie«, sagte Stephen und eilte seiner Schwester entgegen. Ich folgte ihm und merkte, wie mein Herz schneller schlug.

»Und das ist bestimmt Franziska«, sagte die herzliche dunkelhaarige Frau Anfang fünfzig und umarmte mich fest. »Wir freuen uns sehr, dich kennenzulernen. Stephen hat uns so viel von dir erzählt.«

»Ich freue mich auch«, sagte ich, noch etwas gehemmt, »vielen Dank für die Einladung.«

»Aber das ist doch klar«, meldete sich nun Ron, der ebenfalls meine Hand schüttelte und mir dabei zuzwinkerte. »Wir konnten es kaum abwarten, die Frau an Stephens Seite zu begrüßen.«

Langsam entspannte ich mich. »Ich hoffe, er hat nur Nettes über mich berichtet«, lachte ich.

»Ausschließlich Nettes«, bestätigte Annette, »ich habe meinen Bruder lange nicht so verliebt erlebt.«

»Schon gut, können wir jetzt endlich mal fahren?«, brummte Stephen, dem das Gespräch offenbar unangenehm war.

Annette und Ron wohnten ebenfalls sehr ländlich am Rande von Clarence Town, einem Ort mit ungefähr tausend Einwohnern. Und auch hier beschlich mich, kaum waren wir angekommen und hatten uns das Haus angesehen, der Eindruck, direkt im Zoo gelandet zu sein. Auf dem großen Grundstück, das das zweistöckige Haus umgab, entdeckte ich kleine Kängurus, die scheinbar unbekümmert auf der Wiese grasten. Sobald wir uns näherten, reckten sie sich auf, spitzten ihre Ohren und starrten uns an.

»Oh schau doch mal«, rief ich entzückt und machte Stephen auf die Tiere aufmerksam, »hier sind ja überall Kängurus.«

»Das sind keine Kängurus«, sagte er, »das sind Wallabys. Die sehen genauso aus, sind aber kleiner.«

»Sind die immer hier, oder haben Ron und Annette sie extra für uns eingeladen?«, scherzte ich.
»Das gehört zu ihrem üblichen Programm für deutsche Touristen«, zog er mich auf. »Sobald wir abgereist sind, laden sie die Nachbarn zum großen Barbecue ein.«
»Das ist nicht lustig«, sagte ich streng. Ich hatte mich Hals über Kopf in diese niedlichen kleinen Beuteltiere verliebt.

An diesem Abend warf Ron tatsächlich noch den Grill an, versicherte mir aber, dass keines der Wallabys zu Schaden gekommen war. Mein erstes australisches Barbecue, und es schmeckte unglaublich gut. In der Zwischenzeit fühlte ich mich entspannt und unbefangen. Annette und Ron hatte ich vom ersten Blick an ins Herz geschlossen, und ich war sehr dankbar, dass sie mich so freundlich aufgenommen hatten. Während des Essens unterhielten wir uns über Bali, und Stephen erzählte von seinen Plänen, die Firma zu übergeben und sich eine neue Aufgabe zu suchen.
»Das hört sich ganz danach an, als hättest du genug von Indonesien«, sagte Ron.
»Ich weiß auch nicht.« Stephen zuckte mit den Achseln. »Das Wichtigste ist erst mal, dass ich Franziska davon überzeugen kann, im Juni nicht wieder nach Deutschland zurückzugehen.« Er warf mir einen langen Blick zu.
»Musst du denn wieder zurück?«, wollte Annette wissen.
Ich zögerte »Nein, nicht unbedingt. Ich habe meinen Job gekündigt, bevor ich gegangen bin. Aber meine Familie und meine Freunde sind natürlich dort.«
»Vermisst du sie sehr?«, fragte Annette.
»Ja, aber wir haben engen Kontakt«, erklärte ich. »Sie wissen immer, wo ich bin, und ich schreibe ihnen fast täglich E-Mails. Und wir telefonieren regelmäßig übers Internet.«

»Tja, die Wunder der modernen Technik. Obwohl man weit weg ist, hat man das Gefühl, nur einen Katzensprung entfernt zu sein«, sagte Ron.

»Das ist wirklich praktisch«, bestätigte ich, »sonst würde ich sie wahrscheinlich noch viel mehr vermissen.«

»Dann hast du es also nicht eilig, wieder nach Hause zu kommen?«, kam Annette noch einmal darauf zurück.

»Ach, na ja«, antwortete ich, »seitdem ich Stephen kennengelernt habe, wurden meine Pläne sowieso ordentlich auf den Kopf gestellt. Ich wollte nie nach Bali, jetzt lebe ich quasi dort mit ihm.« Ich sah in Stephens Richtung. »Und es ist schön.«

»Ihr zwei werdet schon einen Weg finden«, versuchte Ron das Thema zu wechseln, wofür ich ihm sehr dankbar war. »Möchte noch jemand Fleisch?«

Am nächsten Tag zeigte Annette uns die Gegend. Sie hatte sich extra für Stephen und mich ein paar Tage freigenommen, so dass wir die Zeit gemeinsam verbringen konnten. Ich spürte, wie sehr sich Stephen freute, seine Schwester wiederzusehen. Sie sahen sich nicht häufig, denn in den letzten fünf Jahren war Stephen nur sporadisch in Australien gewesen. Die Arbeit hatte es nicht zugelassen, dass er öfter zum »Luftschnappen« in die Heimat fuhr.

Ich unterhielt mich mit Annette, als wir an einem kleinen Fluss entlangspazierten. Sie erzählte von ihrer Arbeit und von ihren beiden Kindern Sarah und Mitchell. Die beiden waren schon erwachsen und momentan im Urlaub. Stephen war uns schon ein ganzes Stück voraus und blieb immer wieder ungeduldig stehen, um uns zu ihm aufschließen zu lassen.

»Schau mal hier, Franziska«, fing er alle paar Minuten an und zeigte auf eine Pflanze, einen Stein oder erklärte mir, welche Tiere uns hier über den Weg laufen könnten. Ich gab mir

große Mühe, gebührend über alles zu staunen und ihm zu zeigen, wie sehr mir Flora und Fauna gefielen.
Annette machte sich über ihn lustig. »Stephen, du hast Franziska noch gar nichts über diesen Grashalm hier erzählt. Und ich nehme mal an, es ist ein ganz besonderer Grashalm.«
Stephen zog eine Grimasse, ließ sich aber von seiner Schwester nicht beirren.
»Schau mal hier«, setzte er erneut an, zeigte auf einen Baum am Wegrand und erklärte mir, was es damit auf sich hatte.
Seine kindliche Freude belustigte mich ebenso wie Annette, doch mir wurde ganz warm ums Herz, als ich ihn so sah. Er wirkte beinahe wie ein kleiner Junge, der dabei war, seine Weihnachtsgeschenke auszupacken und vor Freude über jedes einzelne ganz außer sich war. Es gefiel mir, ihn so zu sehen, und so ließ ich mir geduldig jeden Stein und jeden Grashalm erklären, während in meinem Kopf das Gedankenkarussell anfing, sich immer schneller zu drehen.

An diesem Abend – Ron hatte erneut zum Barbecue gerufen – gingen Stephen und ich nach dem Essen alleine spazieren. Es wurde langsam dunkel, und weit und breit war keine Menschenseele zu sehen. Wir erreichten den Fluss, an dem wir am Nachmittag mit Annette spazieren gegangen waren.
Ich sog die Ruhe in mich ein und genoss es, an diesem Ort zu sein. Während ich langsam ausatmete, dachte ich, jetzt ist der richtige Moment.
»Stephen, seitdem wir hier in Australien sind, bist du fast wie ausgewechselt«, begann ich.
»Wirklich?« Er sah mich erstaunt an. »Findest du?«
»Na ja, du rastest bei jedem Grashalm aus und willst mir seine Entstehungsgeschichte erklären.«

»Ich glaube, ich hatte schon fast vergessen, wie schön es hier ist«, sagte er beinahe entschuldigend. »Und daran werde ich nun jede Sekunde erinnert. Vielleicht liegt es auch daran, dass ich mit dir hier bin.«

»Stephen, kann es sein …«, dann fasste ich mir ein Herz: »Kann es sein, dass du gerne wieder in Australien leben möchtest? Ich meine, es ist ziemlich offensichtlich.«

»Ja, ich glaube, das würde ich tatsächlich gerne«, antwortete er und hielt inne, als müsse er seine nächsten Worte genau abwägen. »Aber am Wichtigsten ist es mir, mit dir zusammen zu sein. Egal wo.«

Ich blieb stehen und nahm seine Hand. Jetzt war es so weit. Wochenlang hatte ich darüber nachgedacht und die Entscheidung vor mir hergeschoben, obwohl ich es im Grunde die ganze Zeit gewusst hatte. Ja, es war richtig so.

»Ich möchte auch mit dir zusammen sein«, sagte ich ernst. Und holte tief Luft: »Was hältst du davon, wenn wir es zusammen in Australien versuchen?«

Seine Augen weiteten sich, zunächst ungläubig, dann vor Freude. »Wirklich? Ist das dein Ernst? Bist du wirklich sicher?« Er drückte meine Hände fester.

»Ja, ich kann mir nicht mehr vorstellen, ohne dich zu sein. Und auch nicht, in einem halben Jahr nach Deutschland zurückzugehen. Ich denke, das war mir schon die ganze Zeit bewusst, aber jetzt, wo wir hier in Australien sind, ist es mir noch viel klarer geworden. Mir gefällt deine Heimat, ich mag deine Schwester und deine Familie. Ich kann mir total gut vorstellen, hier mit dir zu leben«, erklärte ich.

»Das ist das schönste Geschenk, das du mir machen kannst«, flüsterte er, bevor er mich fest in seine Arme schloss.

Aufbruch im goldenen Land

Auf einmal ergab alles einen Sinn. Alles war nun so einfach, und es schien mir, als hätten sich die vielen einzelnen Puzzleteile in meiner Hand zu einem großen Ganzen gefügt. Eine Zentnerlast war mir in dem Moment von den Schultern gefallen, als ich endlich so weit war, eine Entscheidung zu treffen. Für Stephen, für uns, für eine gemeinsame Zukunft.

Kaum hatte ich es ausgesprochen, veränderte sich auf einmal die Art, wie ich alles um mich herum wahrnahm. Ich fühlte mich schlagartig leicht, und ganz tief in mir wusste ich, dass alles gut werden würde und dass ich Vertrauen in die Zukunft haben konnte. Die Tage und Wochen, die wir noch in Australien verbrachten, nutzte Stephen, um mir so viel wie möglich von seiner Heimat zu zeigen. Vielleicht wollte er mir unbewusst damit auch versichern, dass ich meine Entscheidung nicht bereuen würde. Aber daran hatte ich ohnehin keinen Zweifel.

Mich plagte lediglich das schlechte Gewissen, dass ich meiner Familie und meinen Freunden noch nichts von meinen Plänen erzählt hatte. Ich wusste noch nicht, wie ich es meinen Eltern sagen sollte, und wartete auf eine passende Gelegenheit. Allzu lange durfte ich mir damit nicht Zeit lassen, das stand fest. Gleichzeitig trieb mich die Sorge um, wie meine Lieben daheim in Deutschland die Nachricht wohl aufnehmen würden. Ich beschloss, noch zu warten, bis wir zurück auf Bali waren.

Obwohl uns nach unserer Rückkehr gleich der Alltag erwartete, hielt die Aufbruchsstimmung, die uns beide erfasst hatte, an. Alles war offen, alles war möglich – aber alles war auch ungewiss. Stephen ging wieder jeden Tag zur Arbeit und bereitete Schritt für Schritt seinen Ausstieg aus seiner Firma vor. Die Abwicklung seiner Projekte und die Übergabe an seine Partner und Kollegen nahmen ihn ganz in Beschlag.

»Ich hoffe, es ist für dich nicht zu langweilig hier«, sagte er eines Abends beim Essen. »Es tut mir leid, dass ich so wenig Zeit habe, aber das wird sich in Kürze schon ändern.«

»Kein Problem«, sagte ich, auch wenn mir die Tage allmählich schon etwas lang wurden. »Ich finde es schön, mit dir hier einen ganz normalen Paar-Alltag zu teilen. So etwas habe ich mir schon immer gewünscht.«

»Bald wird dieses Kapitel meines Lebens abgeschlossen sein«, versprach Stephen. Mit einem gespielt theatralischem Blick brachte er mich zum Lachen.

»Sehr gut, ich bin schon gespannt auf das nächste Kapitel«, lachte ich.

»Wir müssen nicht sofort umziehen«, sagte Stephen nun wieder ernster, »was wird aus deiner Reise? Vergiss nicht, du hast auch noch ein offenes Kapitel in deinem Leben, das du zu einem Abschluss bringen solltest.«

»Vielleicht hast du recht«, sagte ich nachdenklich. Natürlich war mir meine Reise immer noch wichtig. Aber die letzten Wochen hatten sie deutlich in den Hintergrund gedrängt. Mein Leben war immerhin ein zweites Mal innerhalb kürzester Zeit vollständig auf den Kopf gestellt worden.

»Welche Stationen hattest du denn noch auf deinem Plan?«, wollte Stephen wissen. »Wenn ich aus der Firma raus bin und Zeit habe, würde ich dich gerne begleiten. Es ist schön, mit dir zusammen zu reisen. Außerdem habe ich doch jetzt die neue Regenjacke, die ihrem ersten Einsatz entgegenfiebert.«

Ich musste erneut lachen. In Australien hatte ich ihn noch da-

mit aufgezogen, dass er jetzt bestens für alle Situationen gerüstet war.
»Der einzige Ort auf meiner Liste, der mir noch wichtig ist, ist Myanmar«, erklärte ich ihm. »Das würde ich gerne kennenlernen. Ich hatte zwar auch Thailand und Vietnam eingeplant, aber in beiden Ländern war ich früher schon. Deshalb muss ich zumindest jetzt im Moment nicht unbedingt dorthinfahren. Von Australien aus sind sie ja auch nicht aus der Welt. Aber Myanmar würde ich gerne noch sehen, bevor ich meine Reise beende.«
»Also dann«, sagte Stephen. »In ein paar Wochen ungefähr können wir los. Bis dahin bereiten wir alles vor.« Dann nahm er sein Glas. »Auf alte Kapitel und ihren Abschluss.«

***

Seit diesem Abend hatte mich das Reisefieber erneut gepackt. Während Stephen die nächste Zeit damit verbrachte, seinen Ausstieg aus der Firma über die Bühne zu bringen, recherchierte ich die Einreisebestimmungen und organisierte unsere Reise nach Myanmar. Auf die Visa mussten wir etwa eine Woche warten, aber als schließlich die Benachrichtigung von der Botschaft eintraf, dass unsere Papiere fertig waren, konnte ich es kaum noch abwarten. Als Tourist durfte man sich maximal achtundzwanzig Tage im »goldenen Land« aufhalten, und Stephen und ich hatten vor, die Zeit ganz auszuschöpfen.
Von allen asiatischen Ländern war mir Myanmar immer am geheimnisvollsten erschienen, vielleicht weil ich am wenigsten darüber wusste. Bald schon würde ich es mit eigenen Augen sehen. Ich nutzte die Zeit, um mich intensiv auf die Reise vorzubereiten. Aus meinem neu erstandenen Reiseführer erfuhr ich, dass wir mit maximal 2000 US-Dollar pro Person

in das Land einreisen durften. Burmesische Kyats waren außerhalb Myanmars nicht zu bekommen. Oje, das konnte knapp werden. In vielen Reiseberichten hatte ich gelesen, dass Myanmar sehr teuer war. Würde unser Geld für vier Wochen reichen?

Noch irritierter war ich, als ich weiterlas und erfuhr, dass man ausschließlich neue Geldnoten ins Land bringen durfte. Sie sollten nicht geknickt oder anderweitig beschädigt sein. Was sollte das denn? Wollten sie am Ende noch kleine, nicht durchnumerierte Scheine haben? Wie sollten wir das auf der Bank erklären?

In der Tat stellte sich die Geldfrage bald als kleines Problem heraus. In zwei Banken konnte man mir keine neuen Geldscheine anbieten, so dass ich unverrichteter Dinge wieder gehen musste. Erst beim dritten Anlauf hatte ich Glück. Der Angestellte wunderte sich zwar, konnte mir aber nach einigem Hin und Her nagelneue Dollarnoten besorgen. Puh, das war erledigt.

Verglichen mit dieser Aufgabe war es beinahe ein Leichtes, einen günstigen Flug und eine bezahlbare Unterkunft zu buchen. Unsere erste Station sollte Rangun sein. Von dort aus wollten wir durchs Land reisen und uns von Ort zu Ort treiben lassen.

Doch ehe es so weit war, stand mir noch eine weitere Prüfung bevor: Für das Wochenende vor unserer Abreise hatte ich mich mit meinen Eltern zu einem Videotelefonat verabredet. Wir hatten bislang nur in größeren Abständen miteinander sprechen können, weil die Internetverbindung auf Bali nicht immer stabil genug war. Kurz nachdem ich Stephen begegnet war und zum ersten Mal für ein paar Wochen bei ihm wohnte, hatten meine Eltern und Dinah ihn zumindest von Bildschirm zu Bildschirm kennengelernt und ihn gleich ins

Herz geschlossen. So wussten sie immerhin, wie Stephen aussah und dass es zwischen uns etwas Ernstes war, aber dass wir eine gemeinsame Zukunft in Australien planten, musste ich ihnen nun noch beibringen.

Als der Sonntag näher rückte, wuchs meine Anspannung. Ich erinnerte mich an das Wochenende in München, als Dinah und ich meinen Eltern von meinen Reiseplänen erzählt hatten. Das war so lange her, beinahe schien es mir, als hätte es in einem anderen Leben stattgefunden. Natürlich hatte ich nicht vergessen, wie sehr vor allem meiner Mutter diese Nachricht zugesetzt hatte. Und nun musste ich ihr beibringen, dass ich nicht, wie geplant, bald zurückkommen würde. Sie werden bestimmt Verständnis haben, versuchte ich mich selbst zu beruhigen. Aber als es dann so weit war und meine Mutter, mein Vater und Dinah vor mir auf dem Bildschirm erschienen, rutschte mir das Herz in die Hose.

»Hallo«, rief ich gut gelaunt, um meine Aufregung zu überspielen.

»Hallo Franzi, wie geht es dir?«, fragte meine Mutter.

»Es geht mir gut, Mutti«, antwortete ich. »Stephen hat seine Firma jetzt fast übergeben, und nächste Woche können wir dann los nach Myanmar.«

Ich berichtete ihnen von den Vorbereitungen und erzählte, welche Orte wir auf unserer Reise besuchen wollten. Vor allem aber wollte ich wissen, wie es ihnen ging und was es Neues zu Hause gab.

Nachdem sie mir das Wichtigste berichtet und auch Stephen kurz begrüßt hatten, fragte mein Vater auf einmal: »Und was willst du nach Myanmar noch alles sehen? Der größte Teil deiner Reise ist doch jetzt um, bald geht es ja schon wieder zurück.«

Ich hielt kurz den Atem an. Nun konnte ich nicht länger um

den heißen Brei herumreden. Etwas zögerlich begann ich: »Also, da gibt es etwas, was ich euch sagen muss …«
»Oh nein, nicht schon wieder«, sagte meine Mutter, und ich war mir nicht ganz sicher, ob sie das im Spaß meinte.
»Das mit Stephen und mir, das ist etwas Ernstes«, erklärte ich. »Das war mir schon die ganze Zeit bewusst, aber als wir jetzt in Australien waren, da wurde mir auf einmal klar, dass ich nicht mehr ohne ihn leben möchte.«
Drei schweigende Gesichter sahen mich an.
Dinah reagierte wie immer als Erste. »Mensch, Franzi, das ist doch großartig. Ich freue mich für dich. Wer hätte gedacht, dass du unterwegs den Mann deines Lebens triffst?!«
Meine Eltern waren nicht ganz so fröhlich. Offenbar ahnten sie bereits, was als Nächstes kommen würde. Denn meine Mutter sagte: »Ihr wollt auf Bali bleiben, stimmt's?«
»Nein«, antwortete ich, »wir haben uns entschieden, es gemeinsam in Australien zu versuchen. Stephen hat die Firma so gut wie übergeben, und er möchte gerne wieder in seine Heimat zurück. Mir hat es in Australien gut gefallen, seine Familie ist sehr nett. Ich kann mir vorstellen, dort mit ihm zu leben.«
»Nach Australien?« Meine Mutter schien nicht gerade begeistert. Aber nichts anderes hatte ich erwartet. »Weiter weg konnte es ja nicht sein«, seufzte sie. Aber dann lächelte sie, wenn auch ein wenig traurig, und sagte: »So ganz überrascht uns das natürlich nicht. Und ich bin froh, dich so glücklich zu sehen, meine Große. Ich kann dich verstehen, auch wenn ich ganz schön traurig bin.«
»Wir kommen euch dann immer besuchen«, rief Dinah fröhlich.
»Na ja, also erst mal kommt Franzi uns besuchen«, brummte mein Vater. »Immerhin hat sie ja noch ihre Sachen hier.

Darum musst du dich schon noch kümmern.« Typisch Paps, dachte ich schmunzelnd. Das Wichtigste war, die praktischen Fragen zu klären.

»Jetzt fahren wir erst mal nach Myanmar«, erklärte ich. »Dann sehen wir weiter, wenn wir in Australien sind. Aber natürlich komme ich dann irgendwann meine Sachen holen, wenn wir wissen, wo wir wohnen werden.«

Das schien meinen Vater zufriedenzustellen.

»Und außerdem«, fügte ich hinzu, »bin ich ja nicht aus der Welt. Ihr könnt uns besuchen, wir kommen euch besuchen, und in der Zeit dazwischen schreiben und telefonieren wir, ja?«

Meine Mutter nickte. »Was bleibt uns auch anderes übrig?« Dann sagte sie: »Wir freuen uns für dich Franzi. Und für Stephen. Und jetzt tu mir den Gefallen und werde glücklich.«

»Das bin ich schon«, versicherte ich ihr. »Und danke. Ich vermisse euch!« Wieder einmal wurde mir bewusst, dass ich die großartigste Familie der Welt hatte. Warum nur musste Deutschland so verdammt weit weg sein?

***

»Willkommen in Myanmar, Miss.« Mit einem breiten Lächeln gab mir die Frau in Uniform meinen Pass zurück.

»Danke«, antwortete ich etwas perplex. Ich hatte noch nie eine so freundliche Passkontrolle erlebt.

»Das ist etwas anderes hier als in Indien, oder?« Stephen schien mal wieder meine Gedanken erraten zu haben.

»Das kann man wohl sagen«, gab ich ihm recht.

Unser Eindruck, dass die Menschen in Myanmar besonders waren, bestätigte sich in den nächsten Tagen. Wo wir auch hinkamen, gingen die Einheimischen auf uns zu und wollten mit uns sprechen. Mehrfach schüttelten uns Wildfremde die Hände und bedankten sich nach einem kurzen Gespräch bei uns, dass wir ihr Land besuchten. Ich war hingerissen von der Freundlichkeit und auch der Bescheidenheit, die diese Menschen ausstrahlten.

Dieses Land hatte jahrzehntelang unter einer brutalen Militärherrschaft gelitten, war Naturkatastrophen ausgesetzt und vom Rest Asiens und der Welt lange Zeit isoliert gewesen. Ein internationales Embargo gegen den burmesischen Staat hatte die Wirtschaft darniederliegen lassen, Aufstände und Demokratiebewegungen waren blutig niedergeschlagen worden. Die Menschen hatten so viel durchmachen müssen, ihr Leben war auch heute noch durch bittere Armut geprägt. Vor allem die ländlichen Gebiete hatte der Fortschritt bis heute nicht erreicht. Die Felder wurden dort mit Hilfe von Ochsenkarren bestellt, Industrie gab es nur wenig. Und wenn, dann produzierten Fabriken mit den einfachsten, beinahe steinzeitlichen Mitteln, wie wir feststellten, als man uns in der Nähe von Mawlamyine eine Produktionsstätte zeigte, in der Gummibänder hergestellt wurden.

Gleichzeitig waren mir noch an keinem anderen Ort der Welt Menschen begegnet, die so viel Stärke und Würde ausstrahlten und die Fremde wie uns herzlich in ihre Mitte aufnahmen und es sich zur Aufgabe machten, es uns in ihrem Land gutgehen zu lassen. Je mehr ich dieses Land kennenlernte, umso klarer wurde mir, dass es nichts gab, was diese Leute von mir gewollt hätten. Auch wenn ihr Leben noch so hart war, auch wenn sie noch sosehr mit Armut kämpften, sie schienen zutiefst zufrieden und glücklich zu sein.

Aus anderen Ländern Asiens war ich es gewohnt, dass man als Tourist auf Schritt und Tritt belagert wurde, überall wurden einem die Dienste eine Guides angeboten oder man sollte

Souvenirs kaufen. In Myanmar wollte uns niemand etwas verkaufen. Die Menschen wollten mit uns reden, und es war selbst als Paar erstaunlich leicht, mit den Einheimischen ins Gespräch zu kommen.

Als wir in Hsipaw einen Guide für eine mehrtägige Trekkingtour gefunden hatten, lud dieser uns kurzerhand abends in sein Haus ein. Wir aßen mit ihm und seiner Familie und fragten ihn aus über das Leben in Myanmar. Binh war der Erste, dem wir begegneten, der sich sehr offen auch zu politischen Themen äußerte. Myanmar stand zu diesem Zeitpunkt kurz vor einer Parlamentsnachwahl, bei der auch Aung San Suu Kyi antrat.

»Es wird Zeit, dass unser Land zur Ruhe kommt« sagte Binh, »und dass Burma endlich eine wirkliche Demokratie wird. Seitdem das Embargo aufgehoben wurde, geht es zwar langsam aufwärts. Aber wir sind noch lange nicht am Ziel.«

»Was müsste deiner Meinung nach passieren?«, fragte ich ihn.

»Wir brauchen endlich eine Demokratie«, antwortete er leidenschaftlich. »Damit die Menschen in diesem Land nicht länger unterdrückt werden, sondern frei ihre Meinung sagen können. Das trauen sich auch heute noch die wenigsten.«

Er zeigte auf seine Kinder, ein kleines Mädchen und zwei Jungen. »Ich möchte, dass sie ohne Angst aufwachsen und dass es ihnen später mal an nichts fehlt.«

»Denkst du, dass Aung San Suu Kyi die Wende bringen könnte?«, wollte Stephen wissen.

»Auf ihr ruhen all unsere Hoffnungen. Unser Volk verehrt sie sehr. Aber niemand weiß, ob die Militärs sie wirklich an die Macht kommen lassen und wie sich die Dinge dann entwickeln werden.«

Er hielt einen Moment inne, dann wetterte er los: »Nicht genug damit, dass die Militärs und die Geheimpolizei unser

Land beherrschen und die Menschen unterdrücken, jetzt kommen auch noch die Chinesen und reißen alles an sich. Manchmal zweifle ich daran, dass Burma jemals wirklich frei sein wird.«

Noch lange erzählte Binh uns von der politischen Lage in seinem Land, und ich hatte den Eindruck, als freue er sich, mit Besuchern darüber reden zu können. Die wenigsten Menschen in Myanmar trauten sich, ihre Meinung dazu laut zu äußern.

An diesem Abend musste ich daran denken, dass auch ich in einem Land aufgewachsen war, in dem es nicht selbstverständlich war, seine Meinung in der Öffentlichkeit zu vertreten. Die DDR war nicht Myanmar, und ich war noch sehr jung gewesen, als die Mauer fiel, trotzdem hatte ich ein tiefes Verständnis für das, was Binh erzählte.

Auch die nächsten Tage mit Binh blieben interessant und abwechslungsreich. Er begleitete uns auf einen zweitägigen Trek durch die Umgebung von Hsipaw. Unterwegs konnten wir noch tiefer eintauchen in die Kultur dieses Landes und die einzigartige Atmosphäre, die es umgab. Während unserer Tour hatte ich immer das Gefühl, in einem Mittelalterroman gelandet zu sein. Überall begegneten uns Frauen, die mit grobgeflochtenen Körben Brennholz holten, Ochsenkarren, die Güter zum nächstgelegenen Markt transportierten, alte Frauen, die mit handgebundenen Besen den Boden fegten. Es schien mir, als sei all das auf sonderbare Weise aus der Zeit gefallen. Und ich wurde nicht müde, darüber zu staunen, dass alle Menschen, denen wir begegneten, permanent lächelten. Ihr Leben musste von Sorgen und Nöten beherrscht sein, von denen ich noch nicht mal eine Ahnung hatte, und trotzdem wirkten sie zufrieden und entspannt. Beinahe fühlte ich mich schlecht, als ich darüber nachdachte, dass es mir nie an etwas gefehlt und ich trotzdem all das aufgegeben hatte. Ich glaube, die meisten von uns könnten von den Menschen in Myanmar eine Menge lernen.

Nach unserer Trekkingtour kamen wir am Inle-See an, wo wir ein paar Tage blieben, um uns von der Wanderung zu erholen. Der See war eines der Hauptreiseziele in Myanmar, und als ich die Schönheit dieses Landstrichs mit eigenen Augen bewundern durfte, wusste ich auch, warum. Die Menschen in dieser Region lebten mit und von diesem Gewässer. Jeder kannte Bilder von Einbeinruderern, ein typisches Postkartenmotiv, das man mit Asien verbindet. Hier sahen wir sie in großer Zahl und ließen uns mehrere Male in Kanus über den See und seine angrenzenden Kanäle rudern. Ein wirklich traumhafter Ort, und wieder einmal bemerkte ich, wie meine Seele zur Ruhe kam, als ich lange auf das ruhige Wasser hinausblickte.

Nicht nur die außergewöhnliche Freundlichkeit der Menschen fiel uns in Myanmar besonders auf, sondern auch die tiefe religiöse Verwurzelung der Menschen dort. Ein Ziel unserer Reise war der Tempel Botataung Paya, eine der drei Hauptpagoden in Rangun. Sein großer, goldener Stupa war innen hohl, und man konnte ihn betreten. Als wir in der Eingangshalle des Stupas standen, waren wir schon überwältigt. Von den Wänden funkelte und glitzerte es uns entgegen. Einheimische wuselten an uns vorbei, wir waren die einzigen Touristen hier. Wir schritten durch die Halle, betraten den Stupa und schlossen beinahe sofort geblendet unsere Augen. Alles, aber auch alles war mit Blattgold überzogen: Die aufwendig gemusterten Wandpaneele, die Decke, die Schreine, in denen uralte buddhistische Reliquien hinter Glas ausgestellt waren, die Schalen mit den Opfergaben wie Bananen und Ko-

kosnüsse. Es dauerte eine Weile, bis ich mich an so viel Gold auf einmal gewöhnt hatte, das war beinahe zu viel. Nonnen, Mönche und andere Einheimische gingen mit uns andächtig im Uhrzeigersinn innen an dem Stupa entlang, bis wir zum Höhepunkt der Tour kamen: dem Ort, an dem die wertvollste Reliquie der Pagode aufbewahrt wird, eine Haarsträhne des echten Buddha. Wir waren gebührend beeindruckt. Da das der erste heilige Ort auf unserer Reise durch Myanmar war, konnten wir noch nicht wissen, dass auch in vielen anderen Pagoden Haarsträhnen von Buddha aufbewahrt werden. Als man uns zum dritten Mal die besondere Reliquie anpries, bemerkte Stephen amüsiert: »Jetzt verstehe ich, warum einige Buddha-Statuen ihn kahlköpfig zeigen. Der Arme musste ständig Haarsträhnen abgeben, da blieb am Ende nichts mehr übrig.«

Der Buddhismus trieb aber noch weitere skurrile Blüten, wie wir in Mawlamyine herausfanden. Dort besichtigten wir einen gigantischen, dreihundert Meter langen liegenden Buddha, der beinahe die volle Länge der Straße einnahm. Gegenüber von diesem Buddha befand sich eine Großbaustelle. Mehr durch Zufall kamen wir mit einem Einheimischen ins Gespräch und fragten ihn, was dort gebaut wurde.

»Dort«, sagte er und zeigte auf die andere Straßenseite, »wird ein weiterer Buddha gebaut. Der wird doppelt so groß wie dieser hier.«

Ein sechshundert Meter langer Buddha? Na ja, warum eigentlich nicht, dann hatte der andere wenigstens Gesellschaft.

Die achtundzwanzig Tage vergingen viel zu schnell. Stephen und ich fühlten uns in Myanmar unglaublich wohl und waren traurig, als unsere Abreise bevorstand. Die letzten Tage verbrachten wir in Rangun, der ehemaligen Hauptstadt des Landes. Die Stadt war nicht besonders schön – die attraktivsten Teile standen noch immer im Zeichen des vergangenen Kolonialismus, die weniger attraktiven Teile waren sozialistisch geprägt. Doch auch Rangun strahlte eine besondere Atmosphäre aus, die ich nur schwer in Worte fassen konnte, die mich aber zutiefst beeindruckte. Als wir durch die Straßen liefen, entdeckten wir an beinahe jeder Straßenecke Bücherstände. Das hatte ich bislang in keinem anderen asiatischen Land gesehen, und die vielen Verkaufsstände, die zahlreiche Romane und andere Schriften feilboten, begeisterten mich. Obwohl ich weder die Schrift lesen noch die Sprache verstehen konnte, blieb ich vor mehreren Straßenbuchhandlungen stehen und betrachtete die ausliegenden Werke. Ein Verkäufer lächelte uns zu und winkte uns näher heran.

»Ich liebe Bücher«, sagte ich ihm, »es ist schön, dass sie hier so zahlreich verkauft werden.«

»Ja, die Menschen in Myanmar lesen sehr viel«, erklärte er mir. »Sie wollen mehr über die Welt erfahren, und das kann man nirgendwo besser als in Büchern.«

»Da haben Sie recht«, stimmte ich ihm zu. Noch etwas, das ich mit den Burmesen teilte.

An unserem letzten Abend leisteten wir uns ein köstliches Reisgericht mit Hühnchen und stellten ein weiteres Mal erfreut fest, dass zumindest das Essen in Myanmar alles andere als teuer war. Im Internet war ich immer wieder auf Berichte von Reisenden gestoßen, die die hohen Preise für Übernachtungen und Essen monierten. Diesen Eindruck konnten wir nicht vollständig teilen. Unser Budget hatte locker für die gesamten achtundzwanzig Tage gereicht, was auch daran gelegen haben konnte, dass die Geldwechsler sich höchst anständig verhalten hatten. Einer hatte uns sogar wieder weggeschickt, weil er keinen guten Wechselkurs anbieten konnte. Typisch Burma eben!

»Jetzt ist meine Reise wirklich vorbei«, sagte ich bedauernd, als wir an diesem Abend zurück im Hotel waren. »Ich kann es noch gar nicht glauben. Gerade hatte ich mich daran gewöhnt, mit dir durch die Welt zu ziehen.«

Stephen schüttelte den Kopf. »Wir werden noch sehr viele gemeinsame Reisen unternehmen, Franzi. Es liegt doch noch so viel vor uns.«

Auf einmal breitete sich eine merkwürdige Melancholie in mir aus. Meine Auszeit war vorbei, das letzte wichtige Ziel auf meinem Reiseplan abgehakt. Zu Beginn meiner Reise hatte ich mich vor diesem Moment gefürchtet. Ich erinnerte mich, wie ich mir am Tobasee die Frage gestellt hatte, wie es nach dem Jahr in Asien weitergehen sollte. Die Aussicht, nach Deutschland zurückzukehren, hatte mich damals sehr bedrückt.

Auf einmal wurde mir bewusst, was für eine glückliche Fügung es doch gewesen war, dass ich Stephen kennengelernt hatte. Was für ein Zufall, dass wir uns überhaupt über den Weg gelaufen waren. Und dass Simona und Georg, die beiden Schweizer, uns zusammen an einen Tisch geholt hatten. Sonst hätten wir beide an jenem Abend vermutlich jeder für sich gegessen, anschließend wären wir auf unsere Zimmer gegangen und hätten einander niemals kennengelernt. Mir wurde fast schwindelig bei dem Gedanken, an welch dünnem Faden das Schicksal manchmal hängt. Gott sei Dank war alles so gekommen, ich konnte mein Glück kaum fassen, dass ich nun mit dem Mann, den ich liebte, ein neues Leben beginnen durfte.

***

»Endlich keine Stupas mehr«, war das Erste, was Stephen sagte, als wir zurück auf Bali waren.
Ich musste ihm zustimmen. Myanmar war berühmt für seine kunstvollen und wunderschönen Stupas, und in den ersten Tagen hatten wir sie ausgiebig bewundert. Bis wir dieser typisch asiatischen kegelförmigen Bauten allmählich überdrüssig geworden waren.
»Das stimmt, meine Augen erholen sich langsam wieder«, lachte ich. »Trotzdem schade, dass wir nicht länger als achtundzwanzig Tage bleiben durften. Ich hätte es in Myanmar noch viel länger ausgehalten. Trotz der Stupas.«
»Ich auch«, pflichtete Stephen mir bei. »Aber ich hätte ohnehin nicht länger bleiben können. Nächste Woche muss ich noch einmal nach Bira. Ein letzter wichtiger Termin, bevor ich die Firma dann endgültig übergeben kann.«
»Nach Bira?« Ich wurde sofort hellhörig. »In *unser* Stranddorf?«
»Genau«, sagte er, »ich muss bei dem *Pinisi* noch mal nach dem Rechten sehen. Sonst kann ich das Projekt nicht guten Gewissens abgeben. Natürlich hatte ich gehofft, dass du mitkommen würdest.«
»Und ob ich dich nach Bira begleite«, schoss es aus mir heraus. »Ich kann es kaum erwarten.«
»Das ist schön. Wie wäre es wieder mit einer Mopedtour?«
»Das höre ich außerordentlich gerne«, antwortete ich lachend.

Schon eine Woche später bestiegen wir wieder ein Flugzeug, diesmal würden wir allerdings nur kurz unterwegs sein. Stephen hatte zwei Tage eingeplant, um sein Projekt zu beenden, anschließend wollten wir noch einen weiteren Tag an »unserem« Strand verbringen. An dem Ort, an dem alles begonnen hatte.

Während Stephen beruflich am Hafen zu tun hatte, verbrachte ich die Zeit, indem ich E-Mails an meine Eltern und meine Freundinnen schickte. Ich hatte Steffi und Elke in der Zwischenzeit geschrieben, dass Stephen und ich nach Australien gehen wollten. Beide hatten die Neuigkeiten mit einer Mischung aus Traurigkeit und Begeisterung aufgenommen. Und mir angedroht, mich regelmäßig besuchen zu kommen. Es bedeutete mir sehr viel, dass die beiden sich so mit mir freuten, und erst recht erleichterte es mich, dass auch meine Eltern sich mit dem Gedanken angefreundet hatten. »Wir kriegen das schon irgendwie hin, Franzi«, schrieb mir meine Mutter. »Lieber eine glückliche Franzi in Australien als eine unglückliche zu Hause.«

Ich würde bestimmt oft Heimweh haben. Solange ich auf meiner Reise gewesen war, hatte ich gewusst, dass ich am Ende nach Hause zurückkehren würde. Nun plante ich, ans andere Ende der Welt in ein fremdes Land zu ziehen und dort womöglich für immer zu bleiben. Das war etwas ganz anderes. Ich würde Deutschland und vor allem meine Familie und meine Freunde sehr vermissen, aber ich würde alles daransetzen, an Stephens Seite eine neue Heimat zu finden.

»Hallo«, riss Stephen mich plötzlich aus meinen Gedanken. »Woran hast du denn gerade gedacht? Du hast mich wohl gar nicht kommen hören?«

»Nein«, sagte ich, »ich habe E-Mails nach Hause geschrieben und dabei wohl die Zeit vergessen.«

Ich sah auf die Uhr. Es war viel früher, als ich gedacht hatte.

»Ich habe mich beeilt, zu dir zurückzukommen«, erklärte er. »Es ist alles erledigt, der Übergabe steht nichts mehr im Weg. Wollen wir heute Abend feiern?«

»Großartige Idee«, freute ich mich. »Das machen wir. Wie wäre es an unserem Strand?«

»Genau das war auch mein Plan«, lachte er und zeigte auf das Moped, das er von irgendwoher mitgebracht hatte.

Ich stand auf, und wir machten uns auf den Weg. Es war fast ein halbes Jahr her, seitdem wir das letzte Mal an diesem traumhaften Ort gewesen waren. Der Anblick des türkisfarbenen Meeres und des Puderzuckersandes hatte sich in mein Gedächtnis eingebrannt, und so hatte ich jetzt das Gefühl, als wäre es gerade eben erst gewesen.

»Komisch«, sagte ich, »einerseits denke ich, es muss gestern gewesen sein, dass wir hier zusammen spazieren gegangen sind. Und andererseits kommt es mir so vor, als würden wir uns schon seit einer Ewigkeit kennen.«

»Das geht mir auch so«, sagte Stephen und hielt meine Hand noch etwas fester.

Wir hatten den Felsen erreicht, auf dem wir uns zum ersten Mal umarmt hatten.

»Unser Felsen«, sagte ich und zeigte auf den dunklen Stein mit der breiten flachen Oberfläche, der im flachen Wasser lag.

»Komm mit«, antwortete Stephen und zog mich hinter sich her. Die letzten Meter rannten wir barfuß durch den Sand und setzten uns auf unseren Felsen.

Genau wie damals, schoss es mir durch den Kopf. Plötzlich fing mein Herz an zu klopfen. Das musste an diesem Ort liegen. Ein magischer Ort. Ich dachte an Jasmin und daran, was sie mir über Energien erzählt hatte. Auf diesem Felsen am Strand konnte ich die Energien ganz deutlich spüren. Es war fast, als küssten sie mich auf die Nase.

Ich schmiegte mich ganz eng an Stephen. Er nahm meine Hand. Leise sagte er: »Franziska, ich bin so froh, dass wir uns begegnet sind.« Offenbar fühlte er in diesem Moment ähnlich wie ich. »Und ich bin dir unendlich dankbar dafür, dass du nicht nach Deutschland zurückgehst, sondern bei mir bleibst.

Und mit mir nach Australien kommst und dort mit mir leben willst. Obwohl das schwer für dich ist.«

Ich drückte ihn noch ein bisschen fester. »Aber Stephen, ich hätte mir niemals vorstellen können zurückzugehen. Dafür bist du mir viel zu wichtig geworden.«

»Du bist mir auch wichtig, Franziska.« Auf einmal wurde er sehr ernst. »Sehr wichtig. Ich kann mir nicht mehr vorstellen, ohne dich zu sein.«

»Das kann ich auch nicht«, antwortete ich leise. »Und das will ich auch nicht. Nie mehr.«

»Ich will mein Leben mit dir verbringen«, fuhr er fort. Dann drehte er sich zu mir und saß mir direkt gegenüber, er nahm meine Hände in seine. Er wirkte ein bisschen nervös. So kannte ich ihn gar nicht. Dann schloss er kurz die Augen und holte tief Luft, bevor er mich ansah und sagte: »Möchtest du mich heiraten?«

Ich blickte in seine Augen und war für einen kurzen Moment unfähig zu denken oder etwas zu sagen. Mein Herz raste, nein, eigentlich sprang es vor Freude auf und ab. Mir schossen die Tränen in die Augen, und ich stammelte eher, als dass ich sprach. »Natürlich will ich das! Ja, ja, ja!«

Ich fiel ihm um den Hals, und wir küssten uns.

Der Moment kam mir so unwirklich vor, und ich konnte kaum begreifen, was gerade geschehen war. Und gleichzeitig war es der schönste und perfekteste Augenblick meines Lebens.

Als Kind und auch später hatte ich mir oft ausgemalt, wie es wohl sein würde, den Richtigen zu treffen und einen Heiratsantrag zu bekommen. Natürlich war mir dabei nie die Idee gekommen, dass ich in diesem Moment auf einem indonesischen Traumstrand sitzen würde und drauf und dran war, ans Ende der Welt auszuwandern. Aber das Leben war nun mal immer dann am besten, wenn es Überraschungen bereithielt. Wenn es einem gestattete, auch mal links oder rechts vom Weg abzuweichen und herauszufinden, was es anderswo zu entdecken gab. Wer wusste das besser als ich?

Meine Reise war in diesem Moment endgültig zu Ende gegangen. Ich hatte alles gewagt und alles gewonnen. Manch einer hatte mich vielleicht für verrückt gehalten, als ich mein Leben in Deutschland an den Nagel gehängt hatte. Natürlich hatte es Momente gegeben, in denen auch ich gezweifelt und mich gefragt hatte, ob es die richtige Entscheidung gewesen war. Aber noch mehr hatten die Augenblicke überwogen, in denen mir bewusst wurde, dass es der einzig richtige Weg für mich gewesen war. Schließlich hatte er mich am Ende einer langen Suche ins Glück geführt.

Epilog

Ich erwachte vom Regen, der laut gegen die Scheiben prasselte. Willkommen zurück in Deutschland, dachte ich und kuschelte mich noch etwas mehr in meine Bettdecke. Stephen schlief neben mir noch tief und fest. Ich betrachtete ihn eine Weile, nahm jedes Detail seines Gesichts bewusst wahr. Ein warmes Gefühl durchströmte mich, als ich ihn so daliegen sah. Langsam zog ich meine Hand unter der Decke hervor und betrachtete den goldenen Ring an meinem Finger. Mrs. Franziska Dooley, ließ ich mir leise auf der Zunge zergehen. Ja, das klang gut.

Nach Stephens Heiratsantrag an unserem Strand war alles sehr schnell gegangen. Schon am nächsten Tag hatte ich Stephen eröffnet, dass ich nach Hause wollte. Zurück nach Deutschland. Ich hatte das Gefühl, es keinen Tag länger ohne meine Familie aushalten zu können.

Es war einfach zu viel passiert, und ich wollte kein weiteres Videotelefonat führen, in dem ich meinen Eltern mitteilte, dass es schon wieder große Neuigkeiten in meinem Leben gab. Auf einmal hatte mich das Heimweh gepackt, so sehr wie noch nie zuvor.

Ich war im Begriff zu heiraten, und weder meine Familie noch meine Freunde hatten dem Mann, den ich liebte, bislang gegenübergestanden. Das musste ich ändern, so schnell wie möglich.

»Ich habe dir meine Heimat gezeigt, jetzt zeigst du mir deine«, stimmte Stephen zu.

Ein paar Wochen später saßen wir im Flieger nach Deutschland. Meine Eltern waren außer sich vor Freude gewesen, als ich ihnen sagte, dass ich nach Hause kommen würde.

»So früh haben wir gar nicht mit dir gerechnet«, scherzte meine Mutter, aber die Erleichterung war ihr anzumerken.
Es war unsere vorerst letzte Tour durch ein Land. Und diesmal konnte Stephen seine Regenjacke gut brauchen. Wir starteten in meinem Heimatdorf in der Nähe von Potsdam. Dort nahmen meine Eltern uns für einige Wochen auf, und wir nutzten die Zeit, damit sie Stephen kennenlernen konnten. Obwohl ihr Englisch nicht besonders gut war, klappte die Verständigung auf Anhieb. Am Anfang übersetzten Dinah oder ich, aber mit der Zeit gelang es ihnen, sich auch ohne uns Dolmetscher zu verständigen. Zu meiner großen Freude verstanden sie sich prächtig.
Stephen war noch nie zuvor in Deutschland gewesen, und so ließ ich es mir nicht nehmen, ihm das ganze Land zu zeigen. Wir machten Stationen in Berlin und Hamburg – mein geliebtes Hamburg, in dem ich so viele schöne Jahre verbracht hatte. Weiter ging es in Richtung Süden, bis wir schließlich München erreichten.
Ich war überglücklich, Steffi und Elke in die Arme zu schließen. Auch mit meinen besten Freundinnen verstand Stephen sich gleich. Je länger wir in Deutschland waren und je besser er meine Familie und meine Freunde kennenlernte, umso mehr noch wurde er ein Teil von mir. Ich hätte glücklicher nicht sein können, als sich der Tag unserer Hochzeit näherte. Es hatte uns im Vorfeld unzählige Stunden gekostet, alle Papiere zusammenzubringen, und wir verbrachten ganze Tage in Behörden und Botschaften – sowohl in Asien als auch in Deutschland. Am Ende aber stand unserem großen Tag nichts mehr im Weg, und so betraten wir ungefähr ein Jahr, nachdem wir uns kennengelernt hatten, das Standesamt in Potsdam und verließen es bald darauf als Ehepaar.
Auch wenn der Regen an diesem Tag nur kurze Pausen ein-

legte, hielt uns das nicht davon ab, das wichtigste Ereignis in unserem Leben zu genießen. Stephens Schwester und einige seiner Freunde hatten den weiten Weg von Australien angetreten, um unsere Hochzeit mit uns zu feiern, und sogar Simona und Georg, die uns quasi zusammengeführt hatten, kamen unseretwegen nach Potsdam. Alles war so, wie ich es mir immer gewünscht hatte: ohne viel Schnickschnack, dafür umgeben von Familie und Freunden.

What a wonderful world ertönte es, als Stephen und ich zur Trauung schritten. Dem gab es nichts hinzuzufügen.

***

Am Morgen unserer Abreise nach Australien durchsuchte ich mein altes Kinderzimmer nach Dingen, die ich noch einpacken wollte. Zwar platzte mein Koffer bereits aus allen Nähten, aber ich wusste nicht, wann ich wieder nach Deutschland zurückkommen würde.

Die erste Zeit in Australien konnten wir bei Annette und Ron leben. Sie hatten einen kleinen Bungalow auf ihrem Grundstück, den sie uns zur Verfügung stellten. So hatten wir zumindest schon mal ein Dach über dem Kopf, und alles andere würde sich finden. Zwar hatte mir die Einwanderungsbehörde in Sydney mitgeteilt, dass es bis zu einem Jahr dauern konnte, bis ich eine permanente Aufenthaltsgenehmigung bekam, aber Stephen und ich waren dennoch zuversichtlich. Sobald ich die Genehmigung hatte, konnten wir unseren Plan in die Tat umsetzen: eine eigene Firma gründen. Mehrere Ideen geisterten uns bereits durch den Kopf, und sobald wir in Australien waren, wollten wir unsere Pläne in die Tat umsetzen. Die Kapitel unserer Vergangenheit waren nun endgültig abgeschlossen, und die Zukunft konnte beginnen.

Als ich vor meinem alten Bücherregal stand, fiel mir auf einmal das Fotobuch in die Hand, das Steffi und Elke mir vor meiner Abreise nach Asien geschenkt hatten. Ich schlug es auf und betrachtete wehmütig die Stationen unserer Freundschaft. Hatte ich den beiden jemals gesagt, wie großartig sie waren?

Stephen streckte den Kopf zur Tür herein. »Kommst du? Wir verpassen noch den Flieger.«

Ich stellte das Buch zurück ins Regal und nahm meinen Koffer. »Keine Sorge«, antwortete ich. »Ich bin bereit.«